Psicologia cultural da mídia

GIUSEPPE MININNI

Psicologia cultural da mídia

Tradução
Mario Bresighello

A Girafa Editora

Diretores
Alessandro P. Veronezi
José Nêumanne Pinto

Supervisora Comercial
Claudia Costa Manso
(gerentecomercial@agirafa.com.br)

Gerente Administrativo e Financeiro
José Francisco Mendes Cindio

Tradução: Mario Bresighello

Coordenação Editorial: Adir de Lima

Revisão: Texto&Contexto

Capa: Daniel Rampazzo/Casa de Idéias

Diagramação: Jordana Chaves/Casa de Idéias

edições SESC SP
Serviço Social do Comércio
Administração Regional no Estado de São Paulo

Presidente do Conselho Regional
Abram Szajman

Diretor do Departamento Regional
Danilo Santos de Miranda

Superintendente Técnico Social
Joel Naimayer Padula

Superintendente de Comunicação Social
Ivan Giannini

Gerente de Estudos e Desenvolvimento
Marta Colabone

Gerente Adjunto
Andréa Araújo Nogueira

Gerente de Desenvolvimento de Produtos
Marcos Lepiscopo

Gerente Adjunto
Walter Macedo Filho

Copyright © 2008 Giuseppe Mininni – Não é permitida a reprodução desta obra parcial ou integralmente, sem a autorização expressa da editora e do autor.

Dados Internacionais de Catalogação (CIP)
(Câmara Brasileira do Livro, SP, Brasil)

Mininni, Giuseppe
  Psicologia cultural da mídia / Giuseppe Mininni ; tradução Mario Bresighello. -- São Paulo : A Girafa Editora : Edições SESC SP, 2008.

  Título original: Psicologia culturale dei media
  Bibliografia
  ISBN 978-85-7719-028-7 (Editora A Girafa)
  ISBN 978-85-98112-64-0 (Edições SESC SP)

  1. Comunicação 2. Comunicação de massa
  3. Comunicação de massa - Aspectos psicológicos
  4. Comunicação de massa - Aspectos sociais
  5. Meios de comunicação de massa 6. Mídia (Propaganda)
  7. Psicologia social I. Título.

  08-05885   CDD-302.2

Índices para catálogo sistemático:
  1. Mídia : Comunicação : Psicologia social   302.2

Os direitos para publicação desta obra em língua portuguesa estão reservados por

A GIRAFA EDITORA LTDA.
Avenida Angélica, 2503, cj. 125
01227-200 – São Paulo – SP
Tel.: (5511) 3258-8878 Fax: (5511) 3255-1192
www.agirafa.com.br

EDIÇÕES SESC SP
Avenida Álvaro Ramos, 991 - Belenzinho
CEP 03331-000 - São Paulo - SP
Tel. (5511) 2607-8000 Fax. (5511) 2607-8080
www.sescsp.org.br

A Maria, Alba e Marco

Sumário

Apresentação **11**
Introdução **13**
1. A psicologia na mídia **15**
2. A psicologia para a mídia **19**
3. A psicologia da mídia **21**

**Capítulo 1: A contribuição da psicologia para
o estudo da interação mediada** **31**

1. Saber (de) viver na aldeia global **33**
    1.1. Mitos, ideologias, representações sociais 34
    1.2. Senso comum e ciências da interação mediada 36
    1.3. A contribuição da psicologia... 38
    1.4. ... num horizonte discursivo 41

2. O regime da comunicação da mídia **44**
    2.1. Evolução tecnológica 44
    2.2. A indústria cultural 46
    2.3. Não só instrumentos, mas ambientes simbólicos 47

3. A pertinência da psicologia 50
   3.1. Os eixos do comunicar 51
   3.2. Modos do participar 53
   3.3. Contratos do interagir 56

4. A mídia como construtora da interação parassocial 58
   4.1. Necessidades de relação 60
   4.2. A fábrica dos semideuses 64
   4.3. As fantasias dos fãs 66
   4.4. Tipos de vínculos possíveis 68

Capítulo 2: Influenciar 71
Premissa 71

1. Os efeitos psicossociais da mídia 73
   1.1. A evolução dos paradigmas de pesquisa 74
   1.2. A mídia como gestora de consenso 78

2. A matriz de influência na comunicação televisiva 81
   2.1. As imagens no poder 82
   2.2. A ambivalência da videosfera 83
   2.3. A epopéia da violência 86

3. Estratégias da influência no ciclo de vida 90
   3.1. Mídia e crianças se domesticam reciprocamente 91
   3.2. O papel da mídia na crise da adolescência 96

4. A forma da influência na comunicação publicitária 99
   4.1. Da persuasão à fascinação 100
   4.2. Fantasias subliminares 103
   4.3. Cultura de consumo publicitário 105
   4.4. Retóricas da enunciação política 108

Capítulo 3: Informar 111
Premissa 111

1. A mídia como ativadora de percursos interpretativos 113
   1.1. Espelhos deformadores da realidade social 113
   1.2. Megafones dos estereótipos 115

1.3. Manipuladores de verdades 118
　　　1.4. Práticas de veridicção verossímil 121
2. A informação como seiva vital da cultura **123**
　　　2.1. Os "valores notícia" na "sociedade da informação" 123
　　　2.2. Vínculos e oportunidades 125
　　　2.3. Estratégias de recepção das notícias 126
　　　2.4. Opinião pública e interesse privados 128
3. A trama contratual da notícia **129**
　　　3.1. Os "fatos" como versões dos eventos 130
　　　3.2. Memória social em curto prazo 133
　　　3.3. A informação como recurso identitário 134
　　　3.4. Em formatos especiais 135
4. As armas da informação **139**
　　　4.1. A golpes de notícias 140
　　　4.2. A informação-escândalo 141
　　　4.3. A bomba dos "casos humanos" 144

Capítulo 4: Divertir 147
Premissa **147**
1. O espetáculo como forma de vida da mídia **148**
　　　1.1. Não há rivais para o esporte 149
　　　1.2. A novela: mistério sem fim discutível 152
　　　1.3. O público vai à cena 157
　　　1.4. O espetáculo da palavra 159
2. A mídia como ancoragem existencial **164**
　　　2.1. Revistas de recursos identitários 165
　　　2.2. Trama de educação sentimental 169
　　　2.3. Veículos e vínculos de narração fática 175
　　　2.4. Na prisão com a mídia 181

Capítulo 5: Dominar a internet 187
Premissa **187**
1. Características da comunicação mediada por computador **189**

1.1. Internet como artefato cultural 190
1.2. Hipermidiática 192
1.3. Hipertextual 194
1.4. Interativa 196

2. Potencialidades dos gêneros discursivos na CMC **198**
2.1. E-mail e newsgroups 199
2.2. Chat e MUD 200
2.3. Os blogs 202

3. Riscos e oportunidades da CMC **204**
3.1. Identidades fluidas 205
3.2. Relações saturadas 207
3.3. Dependência da internet e psicoterapia na rede 209
3.4. Conclusão 211

Conclusão **213**

Referência bibliográfica **217**

Apresentação

Um olhar da psicologia sobre o fenômeno da mídia

Para desvendar os segredos da mídia ordenadora e onipresente, exige-se um olhar livre e dialético, de alguém que consiga enxergar as relações humanas diretas e também aquelas mediadas pelos instrumentos de comunicação de massa, como as emissoras de televisão e a internet.

Giuseppe Mininni coleciona essas virtudes cruzadas do sentir e do conhecer, seja por meio da rica interação interpessoal, seja por meio da imersão crítica no universo dos canais de difusão. O acadêmico é capaz de estabelecer pontes entre o concreto imediato e a vida reconstituída nos pixels das janelas eletrônicas domésticas.

Ao identificar as invisíveis ligações entre o visível e o invisível, entre o explícito e o oculto, Mininni revela a sutil tessitura da cultura ocidental, modelada cada vez mais pelo imaginário televisivo. Nesse novo mundo de elementos intangíveis, a publicidade estipula estilos de vida e a memória coletiva é remodelada pelos conteúdos informativos.

Mininni percebe as sutilezas da espetacularização da intimidade e identifica os componentes da nova realidade que emerge das interações com o mundo virtual. A análise aponta para riscos e oportunidades, para encantamentos e manipulações.

O autor mostra ainda como os receptores acabam por reproduzir padrões de interpretação da notícia. Assim, trata das comunidades interpretativas que surgem da adesão aos sistemas de tradução midiática dos eventos. São padrões para decodificar a realidade, erguidos sobre alicerces simbólicos moduláveis, num fenômeno que afeta a interação social e parassocial.

Mas essas relações, sempre dinâmicas, admitem a reciprocidade. O "influenciar", o "dominar a internet" e o "divertir" se dão em ambientes de compenetração entre o sistema da mídia e os processos de construção da identidade pessoal e social. Se a mídia difunde padrões de comportamento, também é certo que passa a atender às demandas das consciências que ajuda a moldar, num sistema circular de definição das identidades.

Paradoxalmente, os meios destinados à integração entre as pessoas constituem-se freqüentemente em instrumento de domínio, distante da sonhada gestão compartilhada e da promoção de uma consciência inspirada na justiça e na solidariedade.

Ao publicar Psicologia Cultural da Mídia, o SESC São Paulo, em parceria com a Girafa Editora, oferece uma obra estimulante e inovadora, que nos convida a refletir sobre a presença hegemônica dos meios de comunicação de massa em nosso cotidiano e a pensar alternativas para a construção de uma mídia plural e democrática.

DANILO SANTOS DE MIRANDA
Diretor Regional do SESC São Paulo

Introdução

A PERGUNTA DE FUNDO à qual a "psicologia da mídia" procura responder pode ser feita deste modo: quando leio jornal, vou ao cinema, escuto uma música no rádio, apaixono-me num *talk show* de TV e, via telefone, conecto meu computador com vários outros (ou, como se diz, "navego na internet"), o que revelo de minha natureza humana? Naturalmente, presume-se que quem venha a fazê-lo não seja um sujeito individual (eu ou você), mas sim um "eu plural", uma comunidade interessada em compreender o que todos nós fazemos em nossa "aldeia global". A primeira resposta que circularia nessa comunidade de estudiosos curiosos de si mesmos é: ao fazermos tais coisas, vivemos como homens e mulheres do nosso tempo, isto é, tentamos dar sentido à nossa presença no mundo, tornando ativa a cultura com a qual nos identificamos e participando da história que compromete a humanidade em sua cansativa pretensão por dignidade.

Portanto, um âmbito tão amplo visa legitimar a expressão "psicologia da mídia", primeiramente no plano epistemológico, como uma possível extensão das metas prático-teóricas atribuídas ao saber da psicologia. Na verdade, a psicologia da mídia teve, até agora (e continua a ter), pouco reconhecimento institucional, pois é difícil reproduzir em laboratório as condições para o controle experimental das hipóteses que poderiam explicar os fenômenos dos quais tende a tratar. A multiplicidade dos paradigmas teóricos e o privilégio concedido ao método experimental favoreceram a validação da psicologia entre as ciências (humanas), mas lhe impediram de abordar alguns temas extremamente importantes como, justamente, o papel da mídia na vida cotidiana.

Mesmo assim, tende-se a atribuir à ação geral da mídia não somente a capacidade específica de elevar "mais de 10%" o coeficiente de inteligência médio das pessoas, mas ainda uma capacidade mais geral e significativa de intervir "nos processos de elaboração e nas estratégias cognitivas, nas representações de si mesmo, nas motivações e nas relações interpessoais" (Caprara, 2003, 53), isto é, em todas as principais coordenadas da construção humana da realidade. Na verdade, a trama complexa de relações que os seres humanos instauram com a mídia interessa à psicologia, pois lhe oferece a oportunidade de controlar uma ampla gama de procedimentos com os quais eles tentam dar um sentido a sua experiência no mundo.

Porém, pensando bem, a expressão "psicologia da mídia" pode ser interpretada de várias maneiras, dependendo da ênfase que se dá:

a) na "mídia" considerada como uma série de ambientes nos quais os psicólogos podem pôr em prática seu saber de especialistas. Nesse caso, seria mais adequada a expressão "psicologia *na* mídia" (Broder, 1999);
b) na "mídia" entendida como um série de artefatos culturais que difundem uma certa imagem da psicologia em geral. Nesse caso, a expressão mais transparente seria "psicologia *para* a mídia".
c) na "psicologia" como saber científico preocupado em entender a experiência que as pessoas fazem graças às mídias.

Enquanto as interpretações em a) e b) parecem estar estritamente associadas uma a outra, a ligação entre os percursos a) e c) aparece como a mais problemática, mesmo por que, no plano acadêmico, não há um curso que forme psicólogos especializados nos meios de comunicação.

1. A psicologia na mídia

"Criança se joga da janela porque achava que poderia voar como o Super-Homem" e "Adolescente entra em crise epilética depois de navegar 15 horas na internet": essas são duas notícias que, provavelmente, levariam os profissionais dos meios de comunicação (jornalistas, âncoras da televisão e do rádio) a pedir o parecer de um psicólogo. De fato, a expressão "psicologia da mídia" é reconhecida como legítima também a partir do interesse que a mídia manifesta pela psicologia. Essa situação, que decorre da interação que todos temos com a mídia, significa ao menos três coisas:

1. a mídia é "reflexível", isto é, é sensível a seus próprios efeitos. Muitas vezes é até mesmo auto-referencial, já que tende a fechar-se em seu próprio mundo. A mídia é o sistema nervoso do corpo social, razão pela qual é capaz tanto de recolher as informações que provêm de fora dele, e de reagir a elas prontamente, quanto de controlar, de maneira mais ou menos eficaz, seu funcionamento. A mídia é reflexiva, pois é composta de sistemas capazes de pensar em si mesmos: tem recursos para passar do plano operacional da comunicação ao plano cognitivo da metacomunicação. Conseqüentemente, caso se admitisse que a comunicação da mídia está exposta a determinados riscos, tais riscos valeriam não somente no nível operacional, mas também lá onde as mídias se representam e "se estudam". A mídia está preocupada em apanhar as perguntas repletas de preocupação e de esperança que provêm do corpo social, em formulá-las em sua linguagem e tentar respondê-las, valendo-se de um saber específico. No mundo contemporâneo, vale também o inverso: o saber científico mede a força de seu prestígio mediante o grau de visibilidade que consegue obter graças a sua penetração na comunicação de massa.
2. O recurso ao saber do psicólogo ocorre quando a questão levantada pelos meios de comunicação de massa permite reforçar o senso comum que, neste caso específico, salienta a imagem "sanitária" do psicólogo como "o médico dos loucos". Consulta-se o psicólogo

quando se supõe que o irromper de uma patologia psíquica (que pode avançar até produzir efeitos letais para a pessoa) seja causado pela ação dos meios de comunicação de massa. Tende-se a negligenciar a ação normal (e "normalizadora") da mídia, para a qual o saber científico deveria dirigir seu foco.

3. A mídia tem necessidade de mostrar que para cada fenômeno há uma explicação e/ou que, para todo problema, tem-se à mão uma solução. Quando consultados pela mídia, os psicólogos tendem, sobretudo, a satisfazer tal necessidade, até o ponto de banalizar seus próprios esquemas interpretativos. Por exemplo, solicitado para explicar por que um homem havia trucidado a esposa, um famoso psicanalista deu aos ouvintes do jornal transmitido às 8 horas pelo rádio, na RAI1 italiana, no dia primeiro de junho de 2003, a seguinte e esclarecedora resposta: "Há um forte conflito na família que faz suscitar emoções incontroláveis e, se alguém tem à disposição uma arma, mesmo que seja uma faca, um pedaço de pau, pode se transformar em um assassino".

Portanto, a expressão "psicologia da mídia" pode ser entendida na acepção mais especial da relação que a mídia estabelece com o saber (e com a profissão) da psicologia. Nesse caso, a ênfase recai especificamente sobre a prática e emergem como relevantes as questões sobre o papel profissional do psicólogo desempenhado *na* mídia: como os psicólogos podem trabalhar em defesa das agências de publicidade, escrever colunas para jornais, participar dos programas televisivos e dos eventos em ambientes CMC (Computer Mediated Communication).

Na década dos 1980 registrou-se, sobretudo nos Estados Unidos, uma notável "abertura" da mídia para os psicólogos, os quais mostravam um interesse cada vez maior em exercer sua profissão na área. Um indicador dessa tendência foi a criação de um módulo especial da American Psychological Association — a divisão 46, definida esquematicamente como *Association for Media Psychology* (Broder, 1999).

A presença dos psicólogos na mídia começa a ser percebida como relevante pelo grande público também na Itália e isso é verdade, pois, dentre as motivações declaradas pelos estudantes que se inscrevem nos cursos de graduação em psicologia, ganha peso a vontade de virem a se tornar "gurus da mídia" (Violani, 2002). Todavia, deve-se logo esclarecer que, por mais atraente que a cena midiática possa parecer para o exercício da psicologia, ela comporta insuperáveis processos de hibridação da identidade. Quando é consultor de uma revista, o psicólogo deve ser também (pelo menos um pouco) jornalista; quando participa de um *talk show*, o psicólogo é um hóspede que deve saber adaptar-se às técnicas alusivas a uma conversa superficial transmitida na tela (ou saber adotá-las). Como pode uma psicóloga que exerce sua profissão na TV compor a "dissonância cognitiva" em que é colocada por ter ciência de que se tornaria, sem dúvida, mais convincente se apenas tivesse um aspecto melhor? E, enfim, por que os psicólogos deveriam ser hóspedes e tornar-se diferentes do que são, visto que tentam justificar as melhores vias para serem felizes consigo mesmo?

Entretanto, programas de consultoria e/ou terapia psicológica via rádio, televisão e computador têm progressivamente se colocado ao lado das tradicionais colunas e seções de informações e assistência psicológicas presentes na imprensa, sobretudo a periódica. "O parecer do psicólogo" é um dos atrativos que muitas revistas de hoje oferecem aos leitores para que eles as comprem. Muitos psicólogos dedicam-se "em tempo integral" aos meios de comunicação (Friedland e Koenig, 1997) mesmo que, muitas vezes (por sorte!), revelem uma sensibilidade ética suficiente e conservem suas atividades de *couseling* dentro dos limites do previsto pelo "senso comum" (Blandino, 2000). Dessa forma, contribuem para legitimar uma imagem deformada da psicologia perante o público que a eles assiste.

Os psicólogos que trabalham nos meios de comunicação enfrentam o duplo ataque à imagem de si mesmos, a eles desferido pelos acadêmicos e pelos responsáveis pelos ambientes midiáticos (diretores de jornais, condutores de programas de rádio e televisão, etc.). Os acadêmicos nutrem um comportamento generalizado de desconfiança em relação aos colegas cortejados pela mídia, não só por que preferem fazer parte do considerável grupo dos "apocalípticos", mas também por que tendem a atribuir as motivações dos colegas a exageradas necessidades narcisistas. Naturalmente, a acusação de vaidade, que muito freqüentemente visa remover uma experiência de inveja mascarada de aversão, é um apoio formidável à imagem de "charlatão", oportunamente desenhada para o "exímio colega" que atua na mídia. Ele se teria prestado a "prostituir" os conhecimentos arduamente elaborados para fins bem mais elevados do que o vil dinheiro ao qual se subjugam, definitivamente, quase todas as atuações na cena midiática.

Aos psicólogos que atuam na mídia, a deformação do saber psicológico mostra-se como conseqüência inevitável das pressões exercidas sobre eles pelos responsáveis pelos ambientes midiáticos. Já o objetivo que lhes é atribuído, o de facilitar a compreensão de questões complexas por parte de massas indefinidas no que diz respeito a competências e seus interesses, gera incerteza; além do mais, os vínculos temporais e/ou de administração do contexto no qual devem atingir aquele objetivo provocam-lhes a desagradável noção de que, ao tratarem de seus temas, não podem ser precisos, rigorosos e completos como deveriam.

Para enfrentar esse duplo ataque, os psicólogos da mídia poderiam, de forma útil, seguir um *training* inspirado em sete recomendações (mais ou menos "mágicas"):

1. Estar sempre atento às exigências midiáticas de generalização e de simplificação;
2. Cultivar as habilidades necessárias para ilustrar um assunto, imaginando públicos com graus diferentes de familiaridade com ele (desde a pessoa que desconhece completamente o assunto até o *expert* com opinião diferente);
3. Resistir à tentação de falar de assuntos sobre os quais não tenha total domínio e cujo conhecimento não se baseie na experiência direta;
4. Recusar todo e qualquer convite para resolver casos "ao vivo", com interpretações explícitas do que uma determinada pessoa pode ter pensado, sentido, vivido;
5. Negociar com antecedência as condições das intervenções, como, por exemplo, estabelecendo se a entrevista será transmitida ao vivo ou gravada; predefinindo as próprias contribuições baseando-se no fato de ser o único "especialista" ou de vir a ter de contra-

argumentar com outros, controlando a possibilidade de manter o próprio ritmo argumentativo, e assim por diante;
6. Elaborar um plano de intervenção, fazendo-se já as perguntas previsíveis e elaborando uma série de "frases de efeito" capazes de conduzir a atenção para os objetivos da apresentação;
7. Aprontar alguns ganchos para escapar de eventuais "armadilhas" que o obrigariam a falar de problemas sobre os quais não tem conhecimento, evitando assim dizer "não sei" (que é um verdadeiro tabu nos meios de comunicação).

Se quer atuar da melhor maneira possível *na* mídia, desfrutando de suas melhores oportunidades sem trair demasiado as especificidades do próprio saber, a psicologia deve ocupar-se da mídia e de como ela organiza os complexos ambientes de sentido para as pessoas que as usam. Para estender a aplicabilidade das próprias técnicas nos contextos midiáticos, o psicólogo deve adquirir um conhecimento maior sobre a maneira pela qual as pessoas interagem com a mídia.

2. A psicologia para a mídia

Se a "psicologia da mídia" não pode ser confundida com a "psicologia na mídia", ou seja, com os temas ligados à presença sempre mais difusa dos psicólogos na cena midiática, não pode também ser trocada pela "psicologia para a mídia". Essa expressão refere-se à imagem da psicologia difundida pela mídia graças à ação de seus representantes legítimos – os profissionais que atuam *na* mídia *como psicólogos* – e, sobretudo, às intervenções enunciativas dos profissionais dos meios de comunicação de massa (jornalistas, apresentadores de *talk show*, DJs, animadores, etc.). Para a mídia, a psicologia é um saber classificatório que se inspira essencialmente em interesses clínicos. Ocupa-se de determinar distúrbios (de personalidade) e de lhes fornecer um remédio. A imagem paródica do "médico de loucos" domina a representação social do psicólogo divulgada pela mídia. O efeito deformador atua em múltiplas direções, perpetuando pelo menos as seguintes classificações (Blandino, 2000):

1. *Reducionismo prático*: a mídia consolida a necessidade do senso comum de justificar a pesquisa psicológica no fato de poder ser traduzida em técnicas terapêuticas: o psicólogo só é oportuno se demonstra saber curar as pessoas acometidas por qualquer distúrbio mental ou comportamental;
2. *Reducionismo teórico*: as mídias seguem a propensão do senso comum na direção do que parece mais simples e unívoco. São postos em prática diferentes percursos de simplificação conceitual, razão pela qual tudo o que é complexo é reduzido a fórmulas banais, baseadas em modelos de casualidade linear; o que é abstrato é ancorado em casos concretos e, definitivamente, para todo problema psicológico, prevê-se que, em sua base, haja um mecanismo biológico.
3. *Unitariedade*: a mídia confirma a expectativa do senso comum de que a psicologia seja uma ciência compacta de princípios partilhados, enquanto a seus cultores parece ser uma ciência plural ou até mesmo dispersa ao longo de eixos epistemológicos divergentes.
4. *Orientação consoladora-manipuladora*: a mídia valoriza a confiança mágica do senso comum segundo a qual toda dificuldade é capaz de ser superada, todo medo vencido, todo sofrimento aplacado. O saber da psicologia é tido como remédio infalível (santo remédio) para as dificuldades de viver: a mídia encarrega-se de difundir a receita de felicidade que obtém a partir dos frios protocolos das pesquisas mais recentes realizadas num laboratório texano ou neozelandês.

Portanto, os psicólogos da mídia também questionam como a mídia representa a psicologia (e a ciência em geral) e como podem contribuir para modelar tal imagem atuando profissionalmente nesses meios. Na verdade, a representação geral que a mídia fornece da pesquisa científica acadêmica é comprometida por muitos estereótipos e preconceitos, razão pela qual, por exemplo, a informação é geralmente apresentada como se fosse uma "descoberta" e divulgada segundo a retórica da "mudança" radical. Os temas científicos são corroborados pela mídia quando jogam luz nova, novos conhecimentos que revelam o estado verdadeiro das coisas. Ao darem conta de tais "descobertas", das quais se espera a "invenção" de produtos úteis à vida humana na Terra, a atenção concentra-se na figura heróica do "chefe", responsável pelo projeto; outras pessoas da equipe são deixadas de lado e, sobretudo, não é dada atenção a incertezas teóricas e aos detalhes técnicos metodológicos. O que conta é o resultado.

Essencialmente, a psicologia está interessada também em se dedicar *à* mídia só por um legítimo mecanismo de defesa: para melhor contrastar as estratégias de aproximação e de deformação praticadas pela mídia é indispensável procurar compreender as razões e as conveniências pelas quais a mídia difunde crenças parciais e tem comportamentos inadequados em relação à psicologia. Mas o vasto e complexo território da mídia requer que a psicologia redefina seu objeto e suas metodologias de pesquisa de modo a tornar o arranjo de seus conhecimentos e técnicas mais adequado às exigências de compreensão do homem na era pós-moderna (Mecacci, 1999). Para isso, a contribuição mais decisiva que pode ser fornecida pela psicologia da mídia consiste em contribuir no remodelamento de sua representação social para que não corresponda somente a "um saber esperado, destinado às pessoas em dificuldade (com os outros e consigo mesmo)", mas que saiba propor-se como "um saber interessado a promover a autonomia, a dignidade e a cidadania das pessoas".

3. A psicologia da mídia

A multiplicidade de interpretações evocadas pelas preposições ("nas", "para as" e "das") testemunha quanto a relação entre a psicologia científica e o mundo da mídia é regida pela ambivalência. Na verdade, de um lado, observa-se uma forte atração recíproca, já que estudiosos e operadores da mídia vêem na psicologia oportunidades notáveis de verificar as leis que governam o comportamento das pessoas e dos grupos sociais. De outro, deve-se registrar um impulso de negação recíproco, já que os psicólogos consideram os fenômenos midiáticos tão complexos, fugazes e de evolução tão rápida a ponto de deixarem fora de jogo qualquer aspiração para que se estabeleça um nexo de causa e efeito, segundo os procedimentos do método experimental. Por sua vez, os operadores (e os usuários) da mídia tendem a endossar uma representação parcial da psicologia pela qual a disciplina baseia-se nas patologias possíveis da mente individual. As disciplinas relacionadas aos meios de comunicação de massa tendem a desacreditar a contribuição da psicologia, considerando-a comprometida pelo individualismo conceitual e/ou pelo solipsismo metodológico.

Não obstante, a pertinência de uma "psicologia da mídia" resulta, antes de tudo, do reconhecimento do fato de que muitas teorias dos meios de comunicação de massa têm um quadro de referências que, mesmo num nível implícito, evoca claramente coordenadas psicológicas. Por exemplo, a teoria seminal dos "Usos e Gratificações" (Katz, Blumler e Gurevitch, 1974) tem suas evidentes bases na psicologia motivacional. Tal abordagem baseia-se em cinco núcleos conceituais que se articulam coerentemente entre si, de tal maneira a se observar que o uso da mídia é:

1. intencional, isto é, amparado em escopos, objetivos e metas;
2. guiado por necessidades, ou seja, tende a satisfazer às expectativas e aos desejos das pessoas;
3. filtrado por diferenças individuais (predisposições, competências, traços de personalidade, etc.) e por fatores ambientais;
4. inserido num jogo competitivo entre vários recursos (meios) culturais;
5. consciente: muito freqüentemente o usuário tem o controle da situação em que se encontra.

Os "usos" que as pessoas fazem da mídia são guiados pelas "gratificações" esperadas, isto é, pelo fato de ela ser considerada capaz de satisfazer às necessidades essenciais para o bem-estar individual e social. De fato, neste texto se mostrará como uma versão mais refinada dos "Usos e Gratificações" seja possível de ser formulada em termos de "Significados e Motivações", com o objetivo de captar a ligação entre disposições psicológicas, fatores sociais e contextos situacionais, segundo a qual as pessoas recorrem à mídia para corroborar suas identidades pessoal e social.

Uma outra abordagem que atualmente prevalece entre os midiólogos – a análise das modalidades com as quais o público (em suas possíveis segmentações) participa na elaboração dos significados propostos pelas mídias – tem uma característica marcadamente psicológica, pois o público, afinal de contas, é formado de pessoas. Mas a perspectiva midiológica, cujo valor psicológico será colocado em evidência aqui, é a teoria da *dependência da mídia* (Ball-Rokeach e DeFleur, 1976). Segundo essa teoria, hoje amplamente aceita, a experiência humana no mundo é moldada pela mídia, que coloca à disposição das pessoas os principais sistemas de significado para que elas entendam o mundo (externo e interno), para que orientem o próprio percurso existencial num equilíbrio entre busca por informações ("fazer seriamente") e desejo de evasão ("fazer por brincadeira"). Até a escolha das roupas a serem usadas depende do hábito, muito comum, de consultar a "previsão do tempo", sendo que os mais obsessivos chegariam até a comprar os vários serviços de meteorologia utilizados pelos jornais, pelo rádio, pela TV e pela Internet. Pensando bem, porém, a teoria da dependência das pessoas à mídia baseia-se numa análise atenta das necessidades psicológicas e das motivações que dirigem as condutas humanas. Dependemos da mídia porque ela é (e até que seja) considerada capaz de nos fornecer informações para fazer com que o mundo (externo e interno) torne-se, a nós, mais compreensível, para nos dar sugestões de como nos comportarmos e fornecer oportunidades para sairmos da solidão e da angústia existencial.

Portanto, vale assinalar o quanto o comportamento de recíproca exclusão é danoso, já que impede que se colham aspectos relevantes da atual experiência humana do mundo. Por exemplo, num estudo sobre as relações interpessoais profundas (Aron et al., 1991), alguns sujeitos declararam achar mais fácil produzir uma imagem mental vívida da estrela *pop* americana Cher do que a da própria mãe. Claro que seria excessivo considerar que tal dado seja suficiente para comprometer a fidedignidade de algumas hipóteses famosas (de base prevalentemente psicanalítica) a respeito da natureza modeladora das relações primárias; todavia, a tendência da informação mediada de prevalecer sobre a relação imediata na construção de um recurso simbólico tão importante quanto o rosto humano deveria interessar muito aos psicólogos. Por sua vez, a natureza perturbadora desse dado passou quase que completamente despercebida pela comunidade acadêmica, pois ainda não está disposta a considerar a presença penetrante da mídia na experiência humana do mundo como digna de máxima atenção.

Uma ajuda para a superação da tendência ao recíproco isolamento entre psicólogos e operadores e/ou midiólogos pode provir da difusão de novos programas de pesquisa – como a psicologia cultural e a psicologia discursiva – que visam estender a pertinência da psicologia à pesquisa sobre os processos estimulados pelas pessoas na gestão dos significados com os quais tentam orientar-se em sua experiência no mundo físico e social. Assim que essas perspectivas se consolidarem, dentro e fora da comunidade acadêmica, os psicólogos (culturais e discursivos) poderão fornecer instrumentos interpretativos úteis para a compreensão de muitos aspectos psicológicos da comunidade dos meios de comunicação de massa.

Como acontece em outros âmbitos de pesquisa, muitas investigações de psicologia da mídia a que se faz referência neste texto foram realizadas em contextos histórico-culturais outros, que não o italiano. Todavia, mesmo a possibilidade de estender também a sua validade ao contexto italiano prova que a mídia contribuiu notadamente para produzir um ecúmeno global. Na verdade, no que diz respeito à dimensão psicológica da comunicação de massa, seria prudente não se empenhar em nenhuma teoria geral, pois o desenvolvimento da mídia está tão inextricavelmente emaranhado numa série complexa de outras mudanças econômicas, sociais, políticas e culturais que não é possível prefigurar um esquema de causa-efeito.

A abordagem tradicionalmente seguida pelos psicólogos da mídia é de natureza reativa, isto é, visa responder as perguntas que repercutem nos discursos sociais sobre a complexa relação entre as "pessoas" e as "mídias". Esse tipo de impostação transparece tanto na maneira de organizar projetos únicos de pesquisa, quanto extensos relatórios de estudos (Schwartz, 1999). Os psicólogos julgam-se no dever de fornecer respostas às preocupações socialmente difundidas acerca dos "efeitos" da mídia nas pessoas em relação aos seguintes temas, aqui listados segundo ordem de prioridade:

1. A relação entre violência exibida e agressividade estimulada e/ou posta em prática;
2. As repercussões da mídia a respeito das práticas sexuais;

3. As violações do imaginário atribuídas à publicidade;
4. As alterações do consenso induzidas pela propaganda política nas mídias;
5. Os riscos de catástrofe cultural na dissipação dos valores;
6. A construção de falsas crenças por meio da manipulação da informação;
7. As oportunidades e os limites nos usos "pró-sociais" da mídia.

O posicionamento tendencialmente "assustado" dos psicólogos pode ser testemunhado também pelo fato de que, quando os manuais e/ou dicionários de psicologia registram o lema "meio de comunicação de massa", tratam a matéria geralmente nos termos de condutas agressivas e violência, manipulação e persuasão e estereotipização dos papéis (sexuais, étnicos, etc.). Mas a relação com as mídias é muito mais intrincada, pois revela como as pessoas e as comunidades culturais se auto-representam, para além da mídia. Por exemplo, a tendência tão comum de não assistir à publicidade na TV (indo ao banheiro, fazendo *zapping*, etc.) é uma prova de que, como usuários, as pessoas rejeitam, por meio de suas decisões, qualquer informação sobre a qual não possam ter total controle ou mesmo que lhes pareça banal ou vulgar.

A abordagem que será delineada neste livro tenta superar a natureza meramente reativa da psicologia da mídia, atribuindo-lhe a tarefa de inserir, dentro de um programa autônomo de pesquisa, as questões provenientes dos discursos sociais. Uma psicologia da mídia organizada de maneira *ativa* visa mostrar como, também na experiência que as pessoas têm com as mídias, elas revelam sua natureza de "animal simbólico", interessado em encasular-se numa trama de significados. Isso faz que os estudos realizados pela "psicologia da mídia" sejam colocados numa interface particular entre a "psicologia geral" e a "psicologia social", sendo capaz de ser evidenciada mais eficazmente na perspectiva da "psicologia cultural".

O posicionamento reativo tomado tradicionalmente pelos psicólogos da/na mídia é passível de ser criticado, pois contribui para difundir a idéia de que seja possível fazer frente aos problemas psicológicos levantados (trazidos) pelas mídias com os recursos da mídia. Claro que abandonar as tendências reducionistas e simplistas implícitas em tais *idola tribus* para dar à psicologia da mídia um posicionamento ativo, focalizado nas específicas exigências de compreensão, não significa fazê-la ignorar os problemas que a mídia hoje coloca para a experiência humana no mundo. De forma alguma! Uma psicologia cultural e discursiva da mídia é intrinsecamente *crítica*, pois está interessada em revelar de que modo as potencialidades do *sense-making* colocadas à disposição da mídia podem escapar do controle das pessoas e ser funcionais aos programas de domínio social.

Totalmente ciente disso, a psicologia da mídia pode examinar o nível mais profundo de problematicidade psicológica que verificamos nas sociedades pós-industriais e pós-modernas, isto é, o indefinido fragmentar-se das comunidades interpretativas numa multiplicidade de linguagens e de práticas discursivas, muito freqüentemente inacessíveis entre si. Um exemplo claro disso é o fato de que o tradicional "*gap* de gerações" entre pais e filhos (e certamente entre avós e netos) tenha-se transformado num "*gap* cognitivo" graças aos artefatos culturais, cada vez mais freqüentes, por meio dos quais as pessoas interpretam sua experiência no mundo. As crianças e os adultos jovens de hoje estão imersos numa "realidade feita de mensagens rápidas, dotada de uma fascinação que deriva de um enredo competente de imagens, sons e estímulos ricos de cargas pulsionais" (Oliverio, 1995, 36). Os adultos e os idosos estão ligados a uma construção da realidade feita por assimilação lenta de informações, elaborada geralmente na interação interpessoal e na leitura pessoal de textos escritos.

Essa diferença nos estilos de formação pessoal marca o funcionamento da mente que segue procedimentos de interpretação em sintonia com os contextos de vida. De fato, a mente não é um mero analisador de informações, mas um "capta-significados" guiado por emoções e por *scripts* situacionais. O valor diferente das imagens e o peso diferente da velocidade de elaboração da experiência implica que, num caso, a mente se apaixone pelo concreto e, num outro, pelo abstrato, e enfatize, num caso, a inércia passiva em direção daquilo que surge e, num outro, a busca ativa de sentido.

As dificuldades, sempre mais evidentes, de comunicação entre as gerações são, pelo menos em parte, devidas ao fato de viverem em climas de mídia notadamente distintos e, conseqüentemente, estimularem diferentes procedimentos mentais de elaboração de significados. A matriz midiática do sentimento de estranhamento recíproco gerado pelo "*gap* de gerações" pode ser ampliada para explicar as repercussões psicológicas de outras incongruências sociais: entre "público" e "privado", entre "centro" e "periferia", entre "global" e "local", entre culturas "dominantes" e culturas "dominadas". A teoria geral elaborada neste livro afirma que a ação dos meios de comunicação de massa tenha-se instalado firmemente no macroambiente instituidor de qualquer discurso psicológico, tanto do senso comum quanto dos múltiplos níveis da análise científica, isto é, a que se serve da metáfora espacial "*fora/dentro*".

Como aprendemos com Lakoff e Johnson (1980), trata-se de uma analogia ontológica, pois permite estruturar infinitos mundos possíveis, começando pelo habitado pela própria mente. De fato, a mente pode ser pensada como "externa" e "interna" ao corpo. A psicologia cultural da mídia mostra que esta interceptou a metáfora básica para a construção do Si, que toda pessoa elabora, por meio da gestão dos significados na vertente "externa" dos artefatos (tecnologias, rituais, instituições, etc.) e na vertente "interna", rotinas interpretativas de *scripts* interacionais. A construção discursiva da identidade (*Self*) depende das tecnologias comunicativas utilizadas e das modalidades de estímulo de dispositivos enunciativos específicos.

As pessoas são reconhecíveis como sujeitos de enunciação de sentido com base nos artefatos culturais dos quais se servem: falar, escrever, telefonar, "postar", "teclar", etc. comportam conseqüências na elaboração da imagem de si-mesmo que derive das características sociocognitivas dos meios utilizados. Mas as pessoas são individuáveis como sujeitos de enunciação também com base no modo singular, único e irreproduzível no qual enlaçam dois modelos gerais de inserção nos mundos de referência e de interpretação de qualquer situação de enunciação: "narrar" e "argumentar". Em suma, se a construção do Si é modelada pela analogia psicológica primordial de "exterior/interior", o primeiro é dado pelas potencialidades dos artefatos, o segundo é fornecido pelos dois tipos de texto que moldam quase todos os tipos de situação comunicativa: *contos* e *pensamentos*.

Essa "hélice dupla" da mente (interna) encontra nas propriedades da mídia um ambiente (externo) que pode promover novos desenvolvimentos para o potencial de ação humana no mundo. Em seus protótipos abstratos, o texto narrativo e o argumentativo correspondem a perfis de importância opostos, como se na ação revelassem duas modalidades opostas de funcionamento da mente: o "pensamento narrativo" e o "pensamento lógico-paradigmático" (Bruner, 1990). De fato, é possível detectar uma série de oposições que parecem poder caracterizar os modelos do "narrar" e do "argumentar/raciocinar": por exemplo, "particularidade" versus "generalidade", "determinação espaço-temporal" versus "indeterminação espaço-temporal", "mobilidade" versus "imobilidade", "tensão na trama" versus "tensão na diferença" e assim por diante. A possibilidade de sua separação é um efeito da posição de domínio progressivamente reconhecida à escrita no interior do sistema dos meios de comunicação utilizados pelas várias organizações sociais, sobretudo no Ocidente. O potencial de divergência evocado pela escrita é corroborado pela difusão de práticas e de regimes de sentido cada vez mais percebidos como incompatíveis entre si, ou seja, a "literatura" e a "ciência".

A psicologia cultural da mídia visa investigar como a mídia configura os diferentes perfis de importância para as práticas discursivas do "narrar" e do "argumentar" e como as pessoas recorrem à mídia, fundamentalmente porque suas mentes sabem reconhecer oportunidades para "contar" e "explicar" melhor a si mesmas o mundo em que vivem.

A adoção de um modelo psicológico – como, por exemplo, o da "mente em mais dimensões" (Bruner, 1986) – pode fazer-nos compreender melhor a evolução diacrônica das tecnologias comunicativas e sua estrutura específica, segundo um determinado perfil sincrônico. Graças às intuições de McLuhan (1964), sabemos que todo novo instrumento de comunicação "amputa e amplia" as formas de conhecimento do mundo, pois modifica as relações entre os aparatos sensoriais de construções das mensagens, basicamente entre os olhos e os ouvidos. Todavia, a mídia não somente apóia e valoriza as potencialidades comunicativas do corpo humano, como também concretiza as potencialidades da mente humana. Ao determinar o prevalecer da visão, a escrita e a imprensa permitem que se usufrua ao máximo dos procedimentos analíticos do "pensamento lógico-paradigmático"; ao atribuírem valor à audição, o rádio e a TV confiam na capacidade de envolvimento global do "pensamento narrativo" (cf. Realdon e Anolli, 2003, 335).

Este texto examina as questões principais da comunicação de massa a partir de um ponto de vista psicológico. Consequëntemente, no primeiro capítulo, circunscreve-se a esfera da intervenção psicológica, fazendo referência a um modelo capaz de explicar de que modo os meios de comunicação de massa intervêm em muitos dos processos que permitem a construção do Si pessoal, gerindo os significados atribuídos às interações sociais possíveis no âmbito de uma cultura compartilhada. Esses processos estão esquematizados no "*paradigma dos dois is e dois ds*" ("Influenciar / Informar / Divertir / Dominar a Internet"), cujas problemáticas são tratadas, respectivamente, no segundo, no terceiro, no quarto e no quinto capítulos.

O "paradigma dos dois is e dois ds" projeta a experiência dos meios de comunicação de massa ao longo das principais coordenadas da explicação psicossocial, por meio da qual as pessoas interpretam sua presença no mundo em termos de Ação, Conhecimento, Afetividade e Relação. Os bens simbólicos que as pessoas conseguem interagindo (umas com as outras) e com a mídia, modelam suas condutas, seus saberes, seus sentimentos e seus vínculos possíveis. Descobrir quanto e por que somos dependentes dos meios de comunicação de massa no entender o que fazemos, o que conhecemos e como nos sentimos no mundo é indispensável para potencializar o desenvolvimento de nossa capacidade comunicadora em relação a objetivos de maior consciência, criatividade e crítica.

O "paradigma dos dois is e dois ds" segue o ritmo binário encontrado em muitas teorias da comunicação (da mídia). Na verdade, enquanto o "influenciar" e o "divertir" concebem a atuação da comunicação de massa como relevante, respectivamente, sobretudo para os objetivos do transmissor (das redes) e para as necessidades do público, o "informar" e o "dominar a internet", por sua vez, representam uma ação equilibrada já que a gestão dos significados é contrabalanceada entre as duas instâncias do processo comunicativo. Na verdade, o último capítulo ("dominar a internet) pretende encontrar as linhas ao longo das quais se organiza o debate sobre a "Comunicação Mediada por Computador", que deu origem a uma revolução que ainda está em curso e, portanto, não é possível controlar precisamente a consistência das mudanças temidas e/ou esperadas. Todavia, não há dúvida de que quando a teia de informações telemática atingir o grau de difusão que hoje tem a televisão, será tudo diferente do que é hoje.

Este texto pretende ajudar o leitor a perceber, de modo fundado historicamente, a construção interacional do simbólico proposta pela mídia. Em termos gerais, a ação dos meios de comunicação de massa é psicologicamente relevante, pois torna transparente o recíproco adaptar-se entre as lógicas da significação e as dinâmicas da comunicação. Em especial, o "paradigma dos dois is e dois ds" visa evidenciar como os meios de comunicação de massa contribuem para modelar a experiência da realidade, fornecendo às pessoas, nas várias situações de interação, novas modalidades de "tecer os relatos" e "articular pensamentos" funcionais a si mesmos. O reconhecimento da raiz psicológica implícita a muitos fenômenos da mídia e a abertura da psicologia a paradigmas teórico-metodológicos dirigidos para a pesquisa qualitativa determinam as condições favoráveis ao desenvolvimento de uma psicologia da mídia. Mesmo cientes dos limites inerentes aos aparatos interpretativos dos quais atualmente dispõem, os psicólogos da mídia são atraídos pelo extraordinário fascínio de questionar as múltiplas relações entre as pessoas e a mídia.

CAPÍTULO 01

A contribuição da psicologia para o estudo da interação mediada

DADA SUA NATUREZA SOCIAL, é impossível ao homem não comunicar. Desde sempre, encontra na relação com os outros um apoio para melhor perseguir seus objetivos. A história da civilização humana é também a história das formas de interação nas quais as pessoas puseram em prática várias modalidades de comunicação. Por muitos milênios, a sociabilidade do homem ficou entregue às potencialidades do corpo, usado como meio de comunicação: a postura, a mímica, a gestualidade, a palavra. A liberação da mão e o "excedente" córtex cerebral fizeram com que a espécie *Homo Sapiens Loquens* se dotasse progressivamente de instrumentos externos ao corpo que o capacitaram a operar "artefatos culturais" cada vez mais complexos. A adoção de tais tecnologias tem como efeito geral a transformação da natureza da interação possível: de imediato, como é na situação Face a Face, o *agir comunicativo torna-se mediado*.

Quando os canais em que as mensagens circulam são do tipo que envolvem um número impreciso, mas potencialmente grande, de pessoas, estamos diante do *mass media*: uma expressão inglesa, de origem latina, que significa "instrumentos (de comunicação) de massa". A comunicação de massa configura-se como uma dupla especificação da comunicação mediada. Em sua versão mais estudada é "broadcasting" (difusão), ou seja, realiza-se por meio do regime "um-muitos", pois pressupõe tecnologias que permitem a uma "fonte" difundir os conteúdos de seus atos comunicativos para diversos destinatários possíveis (é o caso da imprensa, do rádio e da televisão). Em sua versão menos estudada, ao contrário, realiza o regime "muitos-muitos", pois está relacionada com o uso que todos podem fazer de determinadas tecnologias para se relacionar com outros (rede postal, telefônica, informática).

O psicólogo compartilha com outros estudiosos da comunicação de massa principalmente a preocupação com os efeitos que a evolução tecnológica tem sobre a condição humana, em geral e sobre os indivíduos (cf. Cap. 02). Mas a relevância da mídia é também mais geral, pois ela ocupa, de forma cada vez mais destacada, o papel dos "outros significativos", originalmente desempenhados pela família e pelo grupo de pares, pela igreja e pela escola. Essas antigas agências de socialização foram, em grande parte, substituídas pelos meios de comunicação de massa na tarefa de transmitir aos indivíduos os valores culturais e as tramas de significado que sustentam a construção dos mundos de referência potencialmente partilhados por todos.

Hoje, a construção do cotidiano é midiática em vez de interativa (Trognon et al., 1994), já que o universo simbólico que nutre nossos conhecimentos e nossas emoções é ancorado na experiência de mundo que todos dispomos, graças à imprensa, ao cinema, ao rádio, à TV e às redes de informática. A vida em grupo é regulada pela pressuposição de que os indivíduos adquirem o status da cidadania quando aderem às formas, historicamente determinadas, de seu encontrar-se no "espaço público", onde vigem os contratos fundadores da experiência comum.

Quando nossa sociedade apresenta-se como "sociedade da comunicação", devemos tal pretensão, apropriadamente criticada como tautológica por Sfez (1998), à grande difusão dos meios de comunicação de massa. Nossa sociedade parece ser a "da comunicação", pois as mais importantes decisões (em matéria econômica, social e política) são transmitidas em tempo real nos circuitos de uma relação virtual entre as pessoas, que a nova mídia permite. Além das vantagens das novas formas de interatividade, tem-se a impressão de uma comunicação obrigatória, pois excessiva, intrusiva e imposta de fora. Num regime de *comunicação desmedida* (Mininni, 1995), como é o atual, a ampliação ilimitada das possibilidades de informação comporta a restrição gradual das possibilidades de relações interpessoais satisfatórias. Quando o espaço comunicativo se rompe pelo excesso de oportunidades, o homem corre o risco de ser ameaçado em seu horizonte fundamental de liberdade de escolha.

O mínimo de verdade que se esconde no sintagma "sociedade da comunicação" consiste em dar visibilidade, de modo eficaz, à insuperável ambigüidade da comunicação. Quando o evento dito "comunicativo" diz respeito às massas, graças a tecnologias cada vez mais sofisticadas e potentes, chega-se a *provar* que se trata sempre de fenômenos intrinsecamente ambíguos, pois a comunicação pode ser tanto instrumento de poder, como arma revolucionária, tanto produto comercial, como projeto educacional. No comunicar, podem-se perseguir tanto objetivos de liberação quanto de opressão, tanto o crescimento da personalidade individual, como a redução de todos em modelos uniformes.

1. Saber (de) viver na aldeia global

A expressão "aldeia global", cunhada pouco depois da metade do século passado, por McLuhan (1964) para indicar a transformação que os instrumentos de comunicação de massa estavam produzindo em nossa experiência no mundo, não é apenas um slogan feliz, mas a precisa descrição de um dado de fato. A humanidade descobre, a cada dia, a linha de tensão que interliga o nível micro ao nível macro na série de fenômenos conhecidos como "globalização". O caráter de época do processo, que impôs a representação de todo o planeta como se fosse uma única e grande aldeia, ressoa intensamente em suas repercussões, não apenas no plano econômico-social e político-ideológico, mas também no plano psicológico da construção do Si e da gestão das relações com os outros, graças à experiência penetrante da mídia.

1.1. Mitos, ideologias, representações sociais

Na época antiga, as sociedades deixavam a cargo dos *mitos* a tarefa de procurar dar uma resposta às grandes questões do homem: o nascimento e a morte, o bem e o mal, a ordem e a desordem no mundo. Os mitos são grandes narrações que, tendo como base o falar comum, permitem às pessoas partilhar uma determinada visão da realidade. As principais funções desempenhadas pelos mitos são:

1. A *identificação social*, já que fornecem às comunidades recursos interpretativos para se distinguir, diferenciando a própria experiência histórica das outras;
2. A *racionalização* das respostas elaboradas para as questões existenciais. Os mitos articulam razões e propõem soluções para os imensos mistérios do mundo humano. Para cada enigma (natural ou social) há uma narração que tenta desvendá-lo: lá onde a mente descobre o inexplicável, a cultura popular intervém com seus extraordinários recursos narrativos e imaginativos para dar apoio aos "esforços na direção do significado" com os quais os seres humanos visam dar ordem e valor à sua experiência cotidiana.

Na época moderna, tais funções foram desempenhadas pelo regime discursivo das *ideologias*. O estabelecimento da economia capitalista, nas ondas contínuas de industrialização, que culminou na atual "revolução pós-materialista", e a progressiva secularização dos arranjos socioculturais, fizeram que opiniões, atitudes, comportamentos e interesses das várias camadas sociais se cristalizassem em "sistemas de idéias valorizadas" que orientaram a conduta de muitas pessoas nos últimos três ou quatro séculos, graças à progressiva difusão social da mídia.

As brilhantes análises de Roland Barthes (1957) nos permitiram entender a relação entre a mídia e os "mitos de hoje". O grande semiólogo francês reconheceu na conotação o mecanismo sígnico-simbólico que coloca mito e ideologia no mesmo plano. O procedimento do significado conotativo consiste em fazer com que o vínculo existente entre o significante e seu significado se carregue de uma nova função sígnica, razão pela qual, por exemplo, a palavra "pizza" denota certo alimento, mas o alimento pizza conota "italianidade". Este mecanismo de mudança de sentido atua seja no mito, seja na ideologia, segundo uma regra que consiste em naturalizar uma história e/ou objetivar um ponto de vista. Barthes, argutamente, desnudou a atuação de tal mecanismo na cultura de massa produzida pelas modernas tecnologias da informação.

Uma contribuição relevante para o esclarecimento da relação entre a mídia e os recursos simbólicos socialmente disponíveis foi fornecida pelo psicólogo Serge Moscovici, que determinou, na noção de "Representação Social", o procedimento psicológico que é ativado quando as funções mítico-ideológicas dos discursos são realizadas nas condições históricas das relações interpessoais e sociais enquadradas pela lógica da comunicação de massa. À medida que as práticas do comunicar abrangem uma série de tecnologias cada vez mais potentes, cria-se uma situação histórica especial na qual as pessoas (e as massas) se permitem aderir ao simbólico que requer modalidades específicas de funcionamento mental. Em sua investigação pioneira sobre as transformações sofridas pelos conceitos da psicanálise na passagem do universo reificado da ciência ao universo consensual do falar comum, Moscovici (1961) determina a dinâmica enunciativa da mídia (mais precisamente da imprensa) como sujeita a diversas lógicas: da difusão, da divulgação e da propaganda. A imprensa, e a mídia em geral, criam as condições de nascimento, circulação e penetração das representações sociais, ou seja, "dos sistemas cognitivos com uma linguagem e uma língua próprias (...) sistemas de valor, idéias e práticas com uma dupla função: estabelecer uma ordem para capacitar os indivíduos a se orientar em seu mundo material e social e controlá-lo; possibilitar a comunicação entre os membros de uma comunidade" (Moscovici, 1969, 13).

A abordagem de Moscovici tenta explicar a articulação que o conhecimento institui entre as práticas da comunicação e o âmbito da realidade. A concepção individualista do conhecimento é definitivamente colocada em crise pelo emergir da ação modeladora da mídia. Tudo o que nós sabemos do mundo e de nós mesmos (incluído o fato que sabemos de saber e, ainda mais, o que ignoramos de ignorar) devemos à capacidade de interagir com os outros, capacidade essa que se serve, de maneira cada vez mais intrincada, dos meios de comunicação de massa.

1.2. Senso comum e ciências da interação mediada

A passagem dos mitos às representações sociais não só documenta um aperfeiçoamento conceitual no plano diacrônico, mas também exemplifica a necessidade de utilizar instrumentos interpretativos que, sem romper os vínculos com a experiência partilhada pelas pessoas, permitem enquadrar os processos da comunicação mediada a partir de um ponto de vista científico. De fato, o fenômeno complexo da comunicação de massa levanta uma série intrincada de questões, as quais podem ser tratadas a partir de diversas perspectivas. Há, antes de tudo, a perspectiva das pessoas "irreais", que constitui a população diversificada das pesquisas de opinião. Quando param para refletir sobre o papel que a mídia exerce em suas vidas cotidianas (e por vezes são convidadas a fazê-lo pela própria mídia), as pessoas tendem a dar voz ao senso comum, ou seja, a um saber de fundo muito estratificado, construído de crenças consideradas aceitas e por julgamentos tidos como de bom senso. Por exemplo, "somos bombardeados pela publicidade" e "todos os jornalistas são parciais" são duas expressões típicas do senso comum relativas à ação social dos meios de comunicação de massa.

Entre o saber ingênuo das pessoas e das massas e o saber "aprimorado" (ou seja, teórica e metodologicamente fundado) do especialista há o saber intermediário do operador da mídia que, para o ato de "criar comunicação", de onde seu saber é gerado, tem a possibilidade de se colocar como interface (ou tradutor) cultural. Jornalistas, autores e apresentadores de programas de rádio e televisão, webmasters, são facilitadores relativamente hábeis de representações sociais, já que os textos midiáticos por eles produzidos constantemente reaproveitam o modo de compreender um ou outro aspecto mais comumente aceito da realidade.

A menção à noção de "senso comum" é importante para quem averigua a comunicação de massa a partir de um ponto de vista psicológico, pois é intrinsecamente ambivalente. Em verdade, o "senso comum" é tanto o receptáculo de generalizações incorretas (como o são todos os estereótipos), quanto a fonte que alimenta o espírito crítico, ainda que manifestado nas simples modalidades dos conhecimentos *naïve* da resistência popular.

Todavia, o "senso comum" é somente o ponto de partida necessário para tratar das questões que a mídia suscita, questões estas que são passíveis de ser enquadradas no âmbito das diversas disciplinas científicas.

Todas as ciências humanas encontram problemáticas pertinentes a seu quadro conceitual. Apenas para se limitar às grandes subdivisões disciplinares, a ciência econômica vê a comunicação de massa como uma série de processos correspondentes às duras leis de mercado; as ciências jurídicas trazem a lume o emergir de uma regulamentação compatível com os critérios éticos e políticos mais gerais da sociedade; a sociologia examina as relações intrincadas que ligam aqueles processos às dinâmicas da construção social; a semiologia encontra os regimes de produção e de circulação dos significados.

À primeira vista, o papel da psicologia para a compreensão da mídia parece incerto. Em verdade, de um lado parece mostrar a ótica mais marginal, lá onde é considerada um saber centrado na estrutura individualista do ser humano, razão pela qual tende(ria) a considerar as condutas das massas como uma mera resultante da ação dos indivíduos. De outro, no entanto, mesmo a perspectiva da psicologia acaba sendo central quando se considera que quase tudo aquilo que acontece na comunicação de massa diz respeito ao modo pelo qual as pessoas produzem seu mundo humano e se reproduzem como seres sociais preocupados em salvaguardar sua dignidade.

A relevância da psicologia parece evidente, exatamente pelo fato de que seu aparato conceitual permite colher os aspectos mais novos e enigmáticos da comunicação de massa, isto é, as *dinâmicas da interação mediada*. Com efeito, a contribuição da psicologia para o estudo da comunicação de massa é decisivo em pelo menos três pontos, já que se encarrega de:

1. explorar a trama finíssima da *intencionalidade* da mídia. Quando as pessoas, os grupos e as organizações estão envolvidos em interações de tipo comunicativo, procuram se encontrar de modo intencional, ou seja, verificam se têm finalidades comuns, apresentam seus objetivos e tentam reconhecer as finalidades dos outros, equilibrando as tendências opostas à colaboração e à competição. Nos atos do comunicar, as pessoas realizam uma sintonia sempre

precária entre as metas que se propõem e o suporte dos conhecimentos de base que se presumem recíproca e temporariamente compartilhados;

2. evidenciar os objetivos dos atores sociais envolvidos nos circuitos da comunicação de massa, analisando os *processos cognitivos* estimulados na interpretação dos textos: da atenção prestada seletivamente a certas mensagens até a sua compreensão e fixação na memória;
3. exibir o *grau de envolvimento emocional* que as pessoas realizam quando interagem com e por meio da mídia.

À luz dos fatos, o horizonte de compreensão fornecido pela psicologia permite conservar a análise da relação entre as pessoas e a mídia em termos de "comunicação" e não de mera transação *cash* entre produtores e consumidores de bens simbólicos.

1.3. A contribuição da psicologia...

Com efeito, o interesse social para as problemáticas da comunicação aumentou de maneira proporcional ao crescimento da consciência em relação às irrefreáveis mudanças produzidas pelas tecnologias, as quais permitem tanto uma ampla difusão de informações no mundo, quanto práticas (às vezes muito sedutoras) de relações interpessoais e intergrupais. Como é sabido, o exemplo mais recente é constituído pelo computador, que se mostra capaz não só de gerir formas novas de aculturação, mas também de fornecer bases mais sólidas e, ao mesmo tempo, mais dinâmicas, para o contrato social. Se assumirmos a comunicação como lugar central para a cultura das massas (Rouquette, 1994), projetamo-nos no "nível macrossocial" no qual a rede das redes mostra a forma altamente intrincada das articulações que vincula o agir de cada um ao agir de todos (McQuail, 1994).

O labirinto das relações e das influências midiáticas tem um grau de complexidade comparável apenas ao do cérebro humano. Portanto, exige não só atenção das pessoas comuns e homens políticos, mas também o empenho cognitivo dos psicólogos (especialmente dos psicólogos sociais), junto dos juristas e dos economistas, dos semióticos e dos sociólogos. De fato, a comunicação (sobretudo no nível da massa) é um objeto de análise que obriga os pesquisadores a repensar e, eventualmente, a recompor os arranjos e o cunho disciplinares – por mais que isso seja difícil e exija um percurso tortuoso (Deetz, 1994). As contribuições da psicologia para a análise das problemáticas advindas do fato de a comunicação ter se tornado uma série de atos da massa podem ser sistematizadas segundo critérios muito diferentes, tais como:

1. As *potencialidades das tecnologias*. Por exemplo, um texto de notícias é construído de forma diferente, dependendo do meio que o disponibiliza (imprensa, rádio, televisão, internet), portanto pressupõe estratégias diferentes, tanto no uso dos recursos cognitivos, quanto na valorização emocional do que é veiculado. Tal valorização interessa ao psicólogo, porque a preferência por um meio ou por outro se revela não só como o lugar privilegiado no qual se refletem as múltiplas articulações da sociedade e, por isso, como mecanismo potente que sanciona e perpetua a diferença entre os grupos sociais, mas também como o espelho revelador dos processos de construção da identidade.

2. As *características dos usuários/ouvintes*. As principais operações de segmentação das massas são produzidas, antes de tudo, pelas variáveis tradicionais em psicologia, como idade, sexo, grau de escolaridade, etc. Além disso, de acordo com a recente abordagem dos "audience studies"(Livingstone e Lunt, 1994), os psicólogos estão preocupados em assimilar as mais refinadas estratégias de recepção dos conteúdos da mídia, já que visam identificar os percursos de atribuição de significados que marcam as expectativas de uma determinada cultura. Uma relevância especial assume a necessidade de explorar a alfabetização televisiva, que acaba sendo a ligação mais comum dos indivíduos com a cultura compartilhada, pela adesão a certas "comunidades interpretativas".

3. As *funções dos gêneros do discurso* praticado. Mais uma vez, é sobretudo na linguagem televisiva que podemos encontrar os exem-

plos mais elucidativos de programas que mostram a relevância específica dos processos de valorização psicológica dos gêneros discursivos. A diferenciação tradicional dos gêneros do discurso é fortalecida pelas situações potencialmente comunicativas da mídia, pois seus procedimentos de serialização e de fidelização requerem especialização funcional dos subcódigos (próprios aos textos de informação, de diversão, de publicidade...) e, ao mesmo tempo, sua recíproca contaminação. Daí resulta que as massas, embora fragmentadas por interesses e competências bem diferentes, mostram-se capturadas por uma nova "ordem do discurso", cuja tendência generalizada à mistura e à hibridação implica o caráter cinzento do "pensamento único". Em todo caso, certos gêneros do discurso, praticados por alguns tipos específicos de mídia, revelam um grau maior de pertinência psicológica. Por exemplo, o uso que os adolescentes fazem da escrita no telefone celular na prática do *Short Message System* (v. Cap. 04) é um claro indicador da necessidade de relacionamento ou conectividade no *intergroup* desencadeada, primeiramente, pelo estado de perene busca de si mesmo e dos outros que caracteriza esta fase do ciclo da vida das pessoas, pelo menos daquelas que a atravessam nas atuais condições histórico-culturais da sociedade ocidental;

4. As *propriedades do que está em jogo*. Para poder reconhecer o caráter comunicativo das práticas nas quais as massas estão envolvidas, acaba sendo decisiva a definição do que está em jogo, questão esta que muitas vezes é subentendida. Mesmo deste ponto, a comunicação televisiva é paradigmática enquanto os determinismos da espetacularização a todo custo e do fluxo contínuo podem alterar os procedimentos conversacionais da memória e da elaboração de um projeto coletivo.

A psicologia da mídia explora as relações complexas que, a partir das principais potencialidades de interação corporal, se estabelecem entre os processos de significação e da comunicação humana. Como se sabe, eles podem ser ilustrados esquematicamente por triângulos de relações (cf. Fig. 1).

FIGURA 1:
A matriz psicosemiótica da interação mediada

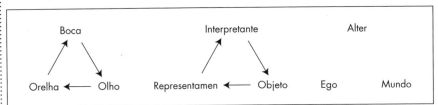

Como a semiótica esclareceu que, para ocorrer a existência do signo, algo deve remeter a alguma outra coisa para algum intérpret(ant)e; da mesma forma, a psicologia social (Moscovici, 1984) documentou que toda pertinência humana irrompe da relação ternária "Eu-Alter-Mundo". Em verdade, se o fenômeno humano está no "dar sentido" às coisas e aos eventos, não posso fazer outra coisa a não ser interpretá-los junto com os outros. A psicologia da mídia mostra como eles estão inseridos em todas as flechas da Fig.1, operando por artefatos culturais que modificam radicalmente as potencialidades humanas.

A Fig.1 sintetiza a idéia de que a dinâmica enunciativa de significado, própria da mídia, seja modelada por uma mesma lógica trirelativa que organiza seja o modo de funcionar do signo, sejam as principais potencialidades sensório-motoras do homem como "animal simbólico", sejam as relações geradoras e constitutivas da sociedade humana. O valor propositivo da imagem reside na possibilidade de assemelhar a posição da "boca" e do "Outro" com a do "interpretante": a análise psicológica da mídia confirma que, para poder ser interpretado como significante, algo deve poder ser "dito" ao Si do "Outro". A mídia nos permite dizer quem somos, já que nos coloca a disposição um mundo compartilhado, ainda que de maneira provisória e às vezes conflituosa, com os outros.

1.4. ...num horizonte discursivo

A abordagem tradicional da psicologia é alimentada pelo interesse, socialmente difundido, para os *efeitos* que a mídia provoca nas pessoas e na comunidade (v. Cap. 02). Esta macroárea de pesquisa é relevante também porque permite documentar o confronto entre as diferentes abordagens teórico-metodológicas em psicologia, ressaltando um percurso específico de evolução do paradigma comportamentalista no cognitivista. Atuando por cortes nítidos, ou seja, segundo um procedimento compatível com o estilo televisivo, pode-se dizer que os psicólogos da primeira metade do século XX pensavam poder fazer ciência ocupando-se somente da cadeia de eventos observáveis no nexo "Estímulo-Resposta", enquanto, na segunda metade do século, os psicólogos se dedicaram à tarefa de estender o saber científico à operacionalidade da mente.

Esta diferença radical orienta também os programas de pesquisa psicológica aplicada à mídia. Em verdade, na linha comportamental, a ênfase é dada na eventual influência da mídia sobre as condutas efetivas das pessoas, enquanto na ótica cognitiva questiona-se a capacidade da mídia de organizar conhecimentos, de produzir consonância e dissonância cognitiva, de guiar a elaboração interna dos comportamentos para o mundo físico e social (Arcuri e Castelli, 1996). Todavia, mesmo partindo de pressupostos teóricos tão diferentes, os psicólogos da mídia de orientação comportamental e cognitiva compartilham da matriz epistemológica e metodológica que os induz a privilegiar a investigação experimental, com base na qual presumem poder verificar os "efeitos" da mídia em laboratório, por meio do confronto dos dados fornecidos pelos sujeitos numa tarefa pré-teste e pós-teste.

Como se mostrará nos capítulos sucessivos, que confrontarão algumas delas, as investigações produzidas dentro deste quadro teórico-metodológico têm permitido esclarecer aspectos específicos da relação complexa entre as pessoas e a mídia. Porém, a abordagem que será aqui apresentada tende a colocar a psicologia da mídia naquele *horizonte discursivo* que confere a todos os fenômenos humanos a configuração específica de produtores de sentido (Mininni, 2003). Desde que uma série de "guinadas" na direção "cultural", "narrativa" e "crítica" sugeriram à psicologia adotar o discurso como ambiente unificador das "formas de vida" acessíveis ao homem, verificou-se uma mudança profunda, ou até mesmo uma "revolução paradigmática" nos programas de pesquisa, razão pela qual o novo posicionamento teórico e epistemológico implica também, para a psicologia da mídia, diversos critérios de preferência nas opções metodológicas.

Um antigo debate ainda constringe os psicólogos a orientar sua pesquisa quer para um sentido quantitativo, quer para um sentido qualitativo. Essencialmente, esta opção elucida dois objetivos diferentes da pesquisa nas ciências humanas: controlar/prognosticar *versus* compreender o modo de agir (e de ser) das pessoas. Ao aderir às perspectivas epistemológicas da psicologia cultural e discursiva, a psicologia da mídia declara-se preocupada em colher os significados que as pessoas, ou as comunidades de fruição, obtêm de suas interações com (e na) mídia, em vez de explicá-las em termos de controle e de previsibilidade; conseqüentemente, no plano metodológico, considera mais adequados os instrumentos da pesquisa qualitativa (notas etnográficas, análises do discurso, entrevistas, *focus group*).

As críticas dirigidas geralmente a quem submete os textos das interações midiáticas à Análise do Discurso, em seus vários enfoques no sistema narrativo e/ou retórico, referem-se ao risco de subjetividade, causado pela impossibilidade declarada de propor procedimentos rigorosamente operacionalizáveis, e à incapacidade de conferir se à trama discursiva evidenciada correspondem verdadeiramente determinados "efeitos" na vida das pessoas envolvidas naquelas interações midiáticas. Tais objeções evocam um debate muito acalorado que, partindo da reflexão sobre os métodos, freqüentemente ataca até a consistência do saber psicológico (Mantovani, 2003; Mazzara, 2002) e das ciências humanas em geral (Sparti, 2002). Uma psicologia da mídia de orientação discursiva atribui-se o objetivo mais limitado de contribuir para esclarecer qual "potencial de significado" está contido em determinados formatos de interação mediada, e como tais formatos podem renovar as práticas da construção recíproca entre cultura e mente.

A abordagem cultural, discursiva e crítica, à psicologia da mídia visa superar totalmente a impostação das "representações", pois esta se apóia na tese referencial de uma realidade pré-existente à intervenção da mídia. Quem considera que a mídia seja penetrante a ponto de moldar a natureza da psique até a essência, tende a ver sua ação em termos de construção de significado: na mídia, as pessoas procuram (e encontram) não "representações" abstratas, mas sim modos concretos para se compreender, lugares e tempos para edificar a compreensão de seu mundo comum de referência.

2. O regime da comunicação da mídia

À primeira vista, a expressão "comunicação da mídia" (de agora em diante, CM) indica que há práticas comunicativas – ver um cartaz, ler jornal, ir ao cinema, ouvir rádio, ver televisão, "navegar" na internet e assim por diante – que envolvem um número indeterminado de pessoas, pertencentes a diversas camadas da população. As práticas da CM configuraram-se em estreita conexão com as transformações profundas que marcaram a idade moderna em nível econômico, político e sóciocultural; portanto, é extremamente difícil explicitar propriamente a gama de variações psicológicas que podem ser colocadas em relação à elas.

Todavia, a principal característica deste tipo de prática comunicativa consiste na necessidade de utilizar tecnologias, por isso a experiência de mundo que daí resulta é modelada pela mídia, ou seja, por instrumentos de comunicação disponíveis potencialmente a um número indeterminado de pessoas. Foi exatamente o desenvolvimento das tecnologias comunicativas que tornaram visíveis (e, em certa medida, operacionais) as "massas": graças à mídia, os indivíduos confirmam certos determinismos psicológicos elementares e revelam novas possibilidades de ação social.

2.1. Evolução tecnológica

O desenvolvimento histórico das tecnologias usadas para comunicar pode ser articulado em várias fases. Não há dúvida de que a invenção da *escrita* representa o momento mais decisivo na transformação das potencialidades comunicativas, acima de tudo porque permite uma transmissão mais fiel das mensagens, tanto no espaço quanto no tempo. Para que nos convençamos disso, bastará fazer referência aqui a dois "eventos" transmitidos à cultura compartilhada como ligados à escrita: Moisés levou os Mandamentos de Deus talhados na rocha e o povo romano lutou para ter as leis esculpidas em bronze, de modo a evitar que os patrícios sempre as adequassem a seus próprios interesses.

A história social do homem deu um outro salto quando, em 1445, Gutenberg encontrou um modo para tornar automática a operação de escrever. Os amanuenses foram substituídos pelos tipógrafos e os grandes volumes dos *in-folio*[1] começaram a ser conservados como preciosas raridades. Graças às técnicas da *imprensa*, as grandes obras religiosas, filosóficas, científicas e artísticas, enfim, grande parte do saber arduamente acumulado e transmitido pelas gerações humanas nos séculos, fez-se disponível à maioria.

Ainda mais radical foi a transformação ocorrida nas tecnologias comunicativas graças à substituição da energia mecânica pela elétrica. A invenção do *rádio* e da *televisão* unificou a comunidade dos homens numa "aldeia global", tornando acessíveis, em tempo real, informações e documentos visíveis sobre eventos que aconteciam no mundo.

A introdução do computador permitiu unir várias tecnologias numa rede de relações cada vez mais estreitas que tornaram a vida dos homens mais organizada, embora mais controlada. A natureza informatizada e telemática da sociedade atual é evidente na integração "telefone-computador-televisão", que torna possível o trabalho dos grandes mercados financeiros. As novas fronteiras das tecnologias comunicativas são os satélites e as fibras óticas.

Em geral, pode-se observar que a evolução dos suportes foi, até agora, mais encorajada a melhorar o "conteúdo" do que a "relação", mesmo se os novos instrumentos visam simular também a interatividade da comunicação interpessoal (v. Cap. 05). Em verdade, observada pelo desenvolvimento dos artefatos materiais, a comunicação da mídia realiza-se nas seguintes condições:

- Tecnologização da linguagem verbal;
- Profissionalização da situação interacional;
- Institucionalização socioeconômica das relações entre pessoas e/ou grupos humanos.

Tal cenário global gerou, algumas vezes, determinadas linhas de interpretação das potencialidades inatas ao sistema de comunicação da mídia

---

[1] Livro no qual a folha de impressão é dobrada apenas em duas, formando, portanto, quatro páginas, duas de cada lado. Da locução Latina **in folio**, "na folha", ou seja, "impresso na folha inteira do papel". (N. do T.)

que tendem a legitimar várias posições de "determinismo tecnológico". Trata-se de um horizonte de compreensão que salienta de tal forma as propriedades estruturais dos instrumentos utilizados que vincula aos próprios a natureza dos processos de comunicação de massa possíveis com eles.

2.2. A indústria cultural

A experiência do homem contemporâneo registra a afirmação planetária do modelo capitalista na organização econômica e dos princípios liberal-democratas no ordenamento político-governamental. Esses processos históricos estão estreitamente emaranhados na institucionalização progressiva dos meios de comunicação de massa. O emaranhado, cada vez mais intrincado, entre a estrutura econômica da sociedade e a função de intermediação desempenhada pelos meios de comunicação de massa, fez com que a produção de cultura (no âmbito da arte, da literatura, do cinema, da ciência, etc.) se submetesse às mesmas leis de produção dos objetos materiais. Este dado, de fato, continua a ser avaliado diversamente, dependendo dos fenômenos salientados pelas linhas de interpretação adotadas.

A concepção crítica desenvolve a impostação da "Escola de Frankfurt" (de Adorno a Habermas) e salienta que:

- A cultura é desumanizada porque é manipulada por potentados econômicos que visam ao lucro;
- Os bens simbólicos são submetidos à lógica do mercado (segundo a lei da oferta e da procura), que recompensa a realização em séries padronizadas em detrimento da qualidade;
- O usuário é levado à condição passiva de consumidor.

Por sua vez, a concepção positiva:

- considera globalmente vantajosa a difusão, em larga escala, dos bens ideais, que do contrário permaneceriam privilégio de elites aristocráticas;
- considera socialmente necessário fornecer produtos de entretenimento, atualizando a fórmula "*panem et circenses*" às novas condições sociais de exercício de poder;

- evidencia que, ao risco de homogeneização do gosto, corresponde um potencial que nunca é suficientemente apreciado de democratização da experiência do mundo;
- destaca a renovação estilística que os subprodutos da indústria cultural – das histórias em quadrinhos aos *spot* (anúncios) publicitários, do romance policial e/ou romance água-com-açúcar ao romance adaptado – têm provocado na chamada "alta cultura".

Esse debate demonstra que a cultura, à qual os indivíduos têm acesso na vida cotidiana, não é uma mera verificação de artefatos ou de símbolos solidificados, mas é um processo dinâmico de forças muitas vezes contrastantes, que guiam escolhas interpretativas. Hoje, o consumo de produtos culturais (sobretudo realizado por meio da televisão) corresponde, para o indivíduo, ao tempo gasto em ativar processos de construção de um ambiente simbólico comum.

O script mais comum que controla as questões da "comunicação de massa" é vinculado ao debate sobre a "cultura de massa", claramente resumido pelo inspirado título do livro de Umberto Eco (1964), *Apocalípticos e Integrados*. Alguns tendem a ver os perigos degenerativos implícitos nas práticas da comunicação de massa: passividade, heteredireção, dependência, uniformização, mistificação. Toda nova tecnologia inserida na conduta comunicativa aumenta os riscos de catástrofe para a dignidade do homem. Outros tendem a exaltar as potencialidades de desenvolvimentos trazidas pela mídia: crescimentos do potencial experiencial médio, circulação do saber, disseminação dos estilos, aproximação das sensibilidades culturais, etc. Enquanto os "apocalípticos" ressaltam os riscos de desagregação pessoal e social, os "integrados" encarregam-se de indicar na mídia os recursos de maior coesão social. Esse confronto interpretativo, às vezes árduo na dura divergência das posições, alimenta o paradigma de pesquisa sobre os "efeitos psicossociais da mídia" (v. Cap. 02).

2.3. Não só instrumentos, mas ambientes simbólicos

Uma das mais felizes intuições de Marshall McLuhan foi expressa no famoso slogan: "O meio é a mensagem". O ilustre midiólogo canadense visava então contestar "a opaca posição do idiota tecnológico" (1964), segundo a qual o que conta é o modo em que a mídia é usada. Mais geralmente, o slogan chama nossa atenção para as modificações pelas quais passam os conteúdos comunicativos pelo fato de serem veiculados por várias tecnologias. A escolha deste ou daquele meio não é apenas irrelevante, mas implica uma redefinição implícita do que se pode compreender no comunicar. Ler a Odisséia é uma experiência cultural diferente do que ver a sua história adaptada na televisão.

Cada invenção tecnológica remodela toda a semiosfera, ou seja, todo aquele universo de signos, imagens e textos que sustenta o rico e diversificado projeto cultural do homem, obrigado a reformatar o conjunto de potencialidades com as quais se confronta com o mundo. O alvo da argumentação crítica sustentada por McLuhan revive hoje na posição transparente do *especialista* tecnológico que se limita a registrar as potencialidades da mídia, entendendo-a como mero instrumento, produzido por um irrefreável desenvolvimento técnico-científico. Há um modo de se posicionar no debate psicossocial acerca da mídia que pretende subtrair-se do contraste entre os defensores entusiastas (os tecno-utopistas integrados) e opositores irredutíveis (os tecno-céticos), refugiando-se no grau zero da eficácia instrumental. É o comportamento neutro de quem considera que as tecnologias sejam somente suportes técnicos, capazes de nos fazer superar as barreiras espaço-temporais do comunicar. Essa posição redutiva despreza o fato de que todo meio constrói o seu modo de entender o mundo e, por isso, opera como "ambiente simbólico".

As investigações sobre o consumo midiático que melhor permitem colher essa dimensão da comunicação de massa são amplamente inspiradas nas abordagens conhecidas como *Cultural Studies* e *Audience Studies*. Ambas abarcam um conjunto amplo de opções teóricas que, superando os limites disciplinares colocados inutilmente entre a psicologia e a sociologia, a semiótica e a etnografia, procuram explicar as modalidades nas quais os indivíduos e os grupos constantemente renovam todo o inventário das crenças, dos valores e das instituições sociais. Os sujeitos intervêm ativamente e, muitas vezes, de maneira conflituosa, nos processos concretos de elaboração intelectual, espiritual e estética que levam à construção dos significados compartilhados por uma comunidade.

A abordagem dos *"Cultural Studies"* considera insustentável a distinção entre "cultura alta" (ou acadêmica) e "cultura baixa" (ou de massa), portanto procura as "culturas vivas" em todas as "práticas significantes": dos objetos tradicionais da crítica literária à música pop, das políticas que alimentam as identidades nacionais às telenovelas, das ideologias racistas e sexistas aos videoclipes, das tensões ideais dos discursos ecologistas à trama de valor subentendida nos programas de ficção da televisão.

As metodologias utilizadas são prevalentemente de natureza qualitativa (reconstrução histórica, descrição etnográfica, entrevistas, etc.) e postulam um comportamento crítico (e muitas vezes até mesmo politizado) por parte do estudioso.

A abordagem dos *Cultural Studies* sustentada por Stuart Hall (1980) ressalta que o processo de produção, circulação e consumo de bens simbólicos, estimulado pela mídia, pode ser configurado no formato da comunicação se as várias fases são enquadradas como *técnicas discursivas de gestão social dos significados*. Particularmente, em relação ao "encoding" de sentido por parte dos produtores de texto da mídia, as práticas de "decoding" por parte do público podem ser inspiradas por três modelos de comportamento:

1. *validação* do código dominante adotado pelos produtores, quando os textos da mídia são incorporados pelo público assim como foram intencionados; portanto, os espectadores nem sequer percebem que contribuem para que se perpetue uma certa hegemonia cultural;
2. *negociação*, quando o público identifica a estratégia do código dominante subentendido nos textos midiáticos, reconhece sua legitimidade, mas tem o objetivo de adaptar a validade desses textos à especificidade dos próprios contextos interpretativos;
3. *negação*, quando os espectadores resistem à rede de significados dados aos textos midiáticos, pois são capazes de interpretá-los segundo uma intencionalidade contrária.

Nenhum desses três percursos está livre de contradições ou aberrações, porque em cada caso se trata de organizar uma modalidade específica de "luta para o sentido". O que as pessoas fazem quando recorrem à mídia é adaptar a essas formas de "quase-interação" os princípios de cooperação e de competição que regulam toda a prática discursiva na qual possam vir a se empenhar.

Os *Audience Studies* delineiam uma abordagem ao consumo cultural que tende a ressaltar a multiplicidade de significados inerentes a qualquer texto (conversacional ou literário, fílmico, televisivo ou musical) e a evidenciar a contribuição decisiva fornecida pela interpretação do ouvinte ou do leitor ou do telespectador. Partindo de algumas hipóteses apresentadas pela hermenêutica tradicional e pela crítica literária mais recente (de impostação "desconstrucionista"), os teóricos da recepção documentaram a autonomia do ato de leitura em relação à autoridade do texto. Ang (1991) demonstrou que há inúmeras diferenças no modo em que é fruída uma série "popular" como *Dallas*: do prazer melodramático da identificação com os protagonistas ao distanciamento de quem reconhece o projeto mistificador inerente àquele gênero de programa e "resiste". Estas pesquisas também verificaram a tendência do mercado simbólico a despedaçar-se em setores, razão pela qual os protagonistas da mídia visam atingir somente seu segmento-alvo.

A perspectiva de dar ênfase na recepção por parte do público (Livingstone, 1998) mostrou os limites inerentes ao paradigma de pesquisa dos efeitos psicossociais da mídia. A matriz reducionista desta tradição de pesquisa transparece na tese de que as conseqüências da suposta ação causal realizada pela mídia seriam produzidas independentemente do contexto histórico-cultural e do potencial de resistência implícito no amplo repertório de recursos pessoais passíveis de serem ativados. A difusão de perspectivas culturais e de metodologias discursivas liberaram a psicologia da mídia do inútil vínculo com os modelos reducionistas.

3. A pertinência da psicologia

Os estudos sobre as estratégias de recepção dos conteúdos midiáticos seguidas pelo público ocupam um papel central na psicologia da mídia, pois consentem focalizar a atenção na dimensão da participação ativa e na determinação da condição dos usuários da mídia. À primeira vista, a ênfase no público parece privilegiar mais a pertinência do saber sociológico e semiótico (cf. Bourdon, 1997) do que a do saber psicológico, já que se quer mostrar que a (o conteúdo da) mídia não se dirige a um único usuário, mas às camadas da população relativamente vastas, definidas por partilharem a mesma maneira de interpretar necessidades, gostos e valores. Todavia, por mais relevantes que sejam as variáveis sociodemográficas e as rotinas hermenêuticas que constituem os vários tipos de público, "sem processos cognitivos não pode haver recepção alguma" (Hoijer, 1992, 584). Na relação com a mídia, a pesquisa que as pessoas fazem do significado do que vêem, escutam ou lêem é filtrada por seu grau de envolvimento com determinados grupos, orientados para práticas interpretativas precisas, mas a pesquisa de significado passa também por meio de processos de atenção seletiva, elaboração e memorização de informações, coordenação com os suportes motivacionais e emocionais da experiência pessoal.

Em seu sistema, relativamente complexo, de relações com a mídia, cada pessoa reorganiza os recursos culturais, que lhe permite traçar o próprio horizonte de compreensão da realidade e de si mesma. Normalmente, para interpretar a relação com a mídia, tanto as pessoas comuns quanto os estudiosos, recorrem à esfera conceitual da comunicação.

3.1. Os eixos do comunicar

Quando as pessoas se comunicam, ativam uma série de processos dinâmicos que correspondem a múltiplos âmbitos de pertinência. Em verdade, por serem as práticas comunicativas a trama por meio da qual se constitui a sociabilidade, estão na articulação entre os mecanismos biológicos e os modelos culturais, entre os determinismos naturais e as finalidades históricas. Este emaranhado especial compromete os envolvidos nas práticas comunicativas a buscarem um equilíbrio móvel entre o "informar" e o "pertencer/vincular-se".

O que entendemos por "comunicar" engloba uma série de atividades desempenhadas em situações da vida cotidiana e reguladas pela atração para a informação e pelo interesse para a participação no mundo social. No comunicar, estão emaranhadas pelo menos as necessidades do conhecer e do interagir. Essencialmente, a atividade de comunicar é *bifocal*: por um lado, veicula conteúdos, possibilitando conceitos e difundindo crenças; por outro, organiza relações e, portanto, deixa transparecer como nos confrontamos com os outros, como fazemos algo de sensato com eles, que emoções sentimos quando compartilhamos um determinado mundo de referência.

Esses dois núcleos internos do comunicar obedecem a tensões contrastantes: *a informação corresponde à lógica da falta, a relação à lógica do excesso*. Uma pessoa pode não estar presente lá onde certo conhecimento foi produzido; portanto, é necessário dar-lhe a "informação". Comunicar como passagem de informações requer que, entre os participantes, haja uma diferença espacial e/ou temporal. Os atenienses não souberam que venceram os persas na batalha de Termópolis. Foi necessário que alguém lhes comunicasse a vitória: o bom soldado Filipe correu por quase 40 km para dar a seus concidadãos a "boa nova". Carlo ignora que sua esposa tem um caso amoroso com o carteiro até o momento em que recebe uma carta anônima que venha a "informá-lo". A lógica dos "vasos comunicantes" responde à tendência da informação de "circular", de superar as barreiras, de cobrir distâncias. A desvalorização causada por ausência física se enche de valor simbólico: quem não tem informação está (e se reconhece) num status inferior a quem pode fornecer informações (não por acaso "quem está ausente nunca tem razão").

Ao contrário, a relação corresponde à lógica do excesso: mediante a interação comunicativa, as pessoas exploram novos motivos para "estarem juntas", constroem um mundo pelo menos parcial e temporariamente partilhado, desenvolvem as razões da colaboração e da competição, se enlaçam (e se enroscam) nos sentimentos, se ancoram em posições afetivas, tecem todas as paixões de uma existência. Como a informação pressupõe uma diferença de poder comunicativo, já que quem dá a informação está mais numa posição mais alta do que quem a recebe, da mesma forma a relação é permeada por uma tensão à igualdade e por uma aspiração à solidariedade.

3.2. Modos do participar

Quando se pensa na comunicação, o primeiro modelo de referência natural é o diálogo, o encontro entre duas ou mais pessoas dispostas a "fazer alguma coisa com as palavras". A conversa é a célula da interação comunicativa e a unidade formadora da construção cultural. O cenário do alternar-se normal das pessoas na hora de falar torna não só transparente a validade do Princípio de Cooperação como ideal regulador de qualquer evento comunicativo (Grice, 1975), como evoca a estrutura polifônica que o grande semiótico russo, Michail Bakhtin, nos ensinou a reconhecer em toda enunciação de significado. Atrás de toda produção de sentido há um concurso de vozes, ritmado pelas dinâmicas da composição e da distinção, do confronto e da pausa. Os contextos da CMM colocam condições especiais de desafio para a concepção dialógica do que o homem pode significar.

Do ponto de vista epistemológico e metodológico, o conjunto de situações potencialmente comunicativas que envolve as pessoas no uso dos meios de comunicação de massa tende a diferenciar-se nitidamente, opondo-se até da comunicação face a face ou interpessoal (Chaffee e Mutz, 1988). Visto que as dinâmicas do sentido compartilhado e/ou co-construído na instantaneidade da interação atribuem ao encontro interpessoal *in presentia* o valor de protótipo para qualquer evento comunicativo, a tradição das pesquisas psicossociais sobre a comunicação de massa visavam ressaltar mais a distância do que a proximidade das situações midiáticas daquele modelo.

Do ponto de vista psicológico, a comunicação de massa pode ser colocada no centro de dois eixos ortogonais que descrevem a polaridade "social *vs.* (inter)pessoal" e "público *vs.* privado" (cf. Fig.2).

A rigor, a expressão "comunicação social" é pleonástica, já que a comunicação é, por si, "transpessoal", pois, para que se torne possível, há de haver pelo menos duas pessoas. A utilidade dessa redundância consiste em chamar a atenção para o fato de que toda a prática interacional organiza-se numa base de saberes partilhados, de crenças comuns, de scripts e modelos já convencionados. Como dimensões da comunicação, os termos "social" e "(inter)pessoal" são traduzíveis em "geral" e "particular".

FIGURA 2:
Coordenadas geradoras da CMM

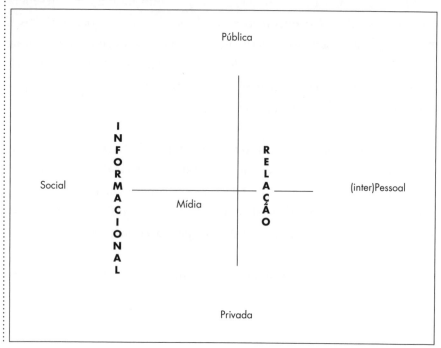

O caráter social manifesta-se concretamente na "comunicação pública", ou seja, quando os assuntos tratados dizem respeito à "esfera pública" da existência, para as quais vige a dinâmica da opinião pública.

Uma galáxia muito extensa do universo da comunicação diz respeito ao que as pessoas fazem como atores sociais que colocam em cena seu grau de participação na vida pública. Podemos identificar diversos níveis de operacionalidade nos processos da comunicação pública: a comunicação institucional (abrange em seu interior os subníveis da comunicação organizacional, empresarial, etc.), a comunicação política (persuasão, propaganda, afiliação, etc.), a comunicação estética (literária, teatral, etc.). A comunicação pública emerge assim que a vida social "vem à cena", se teatraliza, há uma ruptura ou somente uma distância entre a experiência vivida e sua "representação", portanto configura-se a possibilidade de um público (*audience*). À comunicação pública são inatas uma especial sensibilidade para as "técnicas do comunicar" e uma tendência à espetacularização.

De modo análogo, a comunicação (inter)pessoal se manifesta concretamente na "comunicação privada" quando as pessoas assumem uma atitude protetora específica na troca de informações e na relação existente entre elas, visto que hipervalorizam esses expedientes para os objetivos mais íntimos da construção de sua identidade. Os ambientes da comunicação de massa tornam transparentes os modos por meio dos quais as representações sociais que atuam na esfera pública se enraízam na experiência (inter)pessoal da identidade privada.

A distinção entre "esfera pública" e "privada" é instituída pelas referências aos três vínculos normativos do nexo entre texto e contexto de interação, ou seja, o *topic*, o teor e o modo (Halliday e Hasan, 1985). O *topic* estabelece o tipo de *argumentos* abordáveis num evento comunicativo e, de fato, a "esfera pública" contém temas de envolvimento pessoal. O teor evidencia o tipo de *vínculos* possíveis a um evento comunicativo e, de fato, na "esfera pública" estão disponíveis modelos de relações (do poder à solidariedade) diferentes dos praticados na "esfera privada". O modo, enfim, remete aos tipos de *configurações* que um evento comunicativo pode assumir e, na verdade, na "esfera pública" são ativadas estratégias enunciativas e estilos de tessitura de sentido muito diferentes das recorrentes na "esfera privada". Aqui, um sorriso pode mostrar-se muito eficaz e seu correspondente valor argumentativo na "esfera pública" pode requerer o desencadeamento de procedimentos lógico-formais mais complexos.

Por conseqüência, na "esfera pública" as pessoas elaboram significados relativos a mundos de referência comuns para estabelecer relações de um determinado tipo, e o fazem segundo modalidades adequadas ao que pode ser dito "na cena". Na "esfera privada", ao contrário, as pessoas elaboram os significados que dizem respeito a seu mundo interior a fim de estabelecer um tipo diferente de relações e o fazem segundo modalidades adequadas ao que pode ser dito "nos bastidores" (Goffman, 1959). Os meios de comunicação de massa atuam como se fosse um amplificador das práticas comunicativas possíveis na "esfera pública" e visam, progressivamente, a penetrar nas formas de constituição da "esfera privada".

3.3. Contratos do interagir

À primeira vista, é justamente o quadro da comunicação de massa que ainda pode dar validade (e até certa visibilidade) ao paradigma intuitivo, formalizado pela teoria cibernética, que nos induz a pensar na comunicação como transmissão de informações. A difusão das mensagens feita pela mídia está em sintonia com a passagem de conteúdos de mente para mente. De fato, o cenário generalizado da comunicação de massa nos forçaria a:

1. focalizar a análise na *mensagem* produzida/recebida, mesmo se hoje se apresente renovada com uma nomenclatura mais atual, como o "texto" utilizado;
2. justificar a *assimetria* da relação social, enquanto o emitente e o destinatário das mensagens estão empenhados numa distribuição desigual de direitos e deveres.

Como se sabe, tal paradigma revelou-se amplamente insatisfatório no plano teórico, pois foi incapaz de reconhecer, sobretudo, a natureza inferencial e as raízes contextuais que legitimam a especificidade e a produtividade da comunicação humana. Uma alternativa radical ao modelo da comunicação entendida como mero processo de codificação/decodificação das informações é fornecida pela teoria da *comunicação como contrato*, como negociação de significados (Ghiglione, 1988). Tal abordagem pode fornecer também coordenadas eficazes para contextualizar a capacidade invasora da mídia na sociedade atual. De fato, o novo paradigma, que torna válida a "pragmática inferencial aberta" à contribuição dos contextos, nos permite penetrar nos mistérios desta instituição "global" da vida social, já que a noção de "contrato" comporta referências, tanto no plano estrutural das transações econômicas, quanto no plano superestrutural (ou ideológico) dos vínculos, das normas e dos controles.

Em situações desse tipo, a noção instransponível "do que está em jogo" especifica que, nas transações simbólicas dos textos midiáticos, o entendimento sobre o sentido não pode deixar de passar pelas negociações das intenções que, dependendo das circunstâncias, são reconhecidas nas situações. Além disso, sendo aberto às dinâmicas da interpretação, tal paradigma permite reinterpretar o núcleo da macroquestão psicossocial neste âmbito

("Quais os efeitos da mídia sobre as pessoas?"). De fato, a noção de contrato pode, oportunamente, se estender sobre a linha contínua que vai dos riscos (sempre iminentes) da padronização e da homogeneização cultural, devidos a contratos aceitos de maneira passiva, até às turbulências (sempre mais desejáveis) da crítica e da inovação, devidas a contratos firmados de maneira ativa pelos públicos. São justamente os argumentos da influência e da persuasão que mostram como a mídia usa de estratégias para vencer o que foi posto em jogo e, dependendo do caso, confiado aos textos que ela entrega às massas, relativamente extensas, dos interlocutores potenciais.

A mídia realiza múltiplos percursos de influência graças à gama muito refinada de contratos de comunicação que as pessoas podem estabelecer com ela, segundo modalidades mais ou menos conscientes e tácitas. Até mesmo a teoria da persuasão, que se mostra corroborada por provas empíricas – ou seja, a teoria das "duas rotas" elaborada por Petty e Cacioppo (1986) – se aplicada no campo da mídia, exige ser contextualiza de acordo com uma perspectiva contratual. Como se sabe, os psicólogos consideram alcançado o objetivo da persuasão se for possível observar (e medir) uma mudança no comportamento de uma pessoa em relação a um determinado tema. Foi observado que, em caso de igualdade de condições, a mídia prefere orientar as pessoas a praticar o percurso "periférico" de elaboração de informações e não o percurso "central". Com essa preferência, pode-se explicar a forte atração do conhecido slogan "Menos impostos para todos" que, difundido por meios de comunicação gigantescos, em grande parte decidiu a sorte de uma recente propaganda política. Seu enunciador logo previu que o público o teria interpretado na superfície ("convém a mim") em vez de se aventurar a fazer uma análise em profundidade dele ("é impossível, tanto no plano lógico, quanto no plano concreto"). Com efeito, o empenho em avaliar a exatidão e a pertinência das informações na interação mediada, na maioria das vezes requer uma cláusula de contratação mais onerosa do que a colocada pela possibilidade de verificar a aceitabilidade da imagem de quem as propõem.

As mil variações da interação mediada – da mobilidade dos espectadores expressa em termos de características sociodemográficas, traços de personalidade, interesses, humores, estratégias ou estilos cognitivos, etc., à multiplicidade de situações expressas em termos de tecnologias utilizadas, gêneros discursivos, elaborações de projetos ideológicos, etc. – comprometem as pessoas a especificar, caso a caso, a trama de cláusulas contratuais que dão sentido e validade à pratica de CMM em que estão envolvidas.

A CMM é um "pluriverso" extremamente complexo que requer a contribuição de muitos programas de estudo. Em verdade, ainda que se limitando aos últimos decênios, muitas foram as investigações realizadas desde que Barthes (1957) vislumbrou a tarefa da nova retórica, semiologicamente fundada, como uma (semio)crítica dos "mitos de hoje" e de que McLuhan (1964) intuiu a nova retribalização da humanidade operacionalizada pela mídia. No quadro dos estudos sobre a mídia, a psicologia (cultural) tem a responsabilidade de determinar o regime contratual próprio às práticas de comunicação que envolvem vastas massas de pessoas. Tais práticas atuam ainda no horizonte da comunicação porque (e até que) as pessoas se inspiram nos princípios da cooperação e da competição. A especificidade de seus "contratos" reside nos ritmos que a fazem ser ao mesmo tempo experiência parcialmente compartilhada, recurso para construção da identidade e patrimônio cultural co-gerido "à distância".

Os circuitos da CMM colocam à disposição das pessoas algumas modalidades de negociação dos significados correspondentes à situação histórica específica que eles contribuem para definir. Elas se mostram transparentes em um novo formato de interação, que exalta a capacidade de simulação imaginativa dos seres humanos. Os processos psicológicos da CMM correspondem, em grande medida, aos contratos de *interação parassocial*, um modelo de relação entre as pessoas e a mídia capaz de satisfazer às necessidades de identificação e de projeção fantasmática que amparam muitas escolhas inspiradoras das condutas humanas.

4. A mídia como construtora de interação parassocial

Alguns anos atrás, uma pequena cidade perto de Foggia, na Puglia, uma região no sul da Itália, atraiu uma multidão de jornalistas que foram até lá para documentar os mínimos detalhes de um evento, à primeira vista, inexplicável: duas adolescentes haviam estrangulado uma colega de escola. O fato fora tão perturbador que a discussão a respeito na mídia (não só local) acompanhou as várias fases de desenvolvimento do processo judicial. Depois de quase dois anos, foi proferida uma primeira sentença de culpabilidade que condenou as rés confessas à prisão perpétua. A decisão da corte inflamou mais uma vez a discussão sobre o caso, que tornou a gozar, por dias, da notoriedade enunciativa da mídia. Na versão midiática do debate, as famílias das acusadas e da vítima tornaram-se protagonistas da discussão sobre as modalidades de se pedir perdão. Os parentes das homicidas disseram aos jornalistas e aos apresentadores dos programas de televisão que já haviam pedido perdão à família da vítima e, mesmo embora já o tivessem pedido, estariam dispostos a fazê-lo mais uma vez; por sua vez, os parentes da vítima declararam que o pedido de perdão era inválido, pois havia sido feito pelos jornais e pela televisão. Diante da experiência aguda da dor e do abismo de autenticidade aberto pela possibilidade do perdão, os artefatos culturais revelam toda sua opacidade. Qualquer tecnologia comunicativa (a começar pela incorporada na linguagem) mostra-se impotente para mediar experiências de vida tão carregadas de mistério.

Esse episódio esclarece a ambigüidade da interação midiática: do ponto de vista de quem se atém ao que acontece na mídia, o que se fez na esfera pública, graças à mídia, representa o máximo de visibilidade e transparência, que no caso específico do pedido do perdão comporta o máximo de humilhação. Aquele que pede perdão na mídia admite publicamente: "gerei uma assassina". Por isso, autoriza a todos a desvalorizar sua imagem do Si. Do ponto de vista de quem fica ligado à validade única da interação face a face, o que ocorre somente na mídia tem um quê de constrição e artificialidade que, no caso específico do pedido de perdão, comporta o máximo de facilidade, pois não há o risco do vexame da negação ou da repreensão. A dor projeta os coadjuvantes dessa tragédia humana em duas posições opostas na avaliação da interação comunicativa possível com a mídia: quem é responsável pela ferida considera que um pedido de perdão entregue à mídia tenha o valor de uma interação social efetiva, enquanto quem sofreu o injustificável acometimento da morte tende a contextualizar o pedido midiático de perdão como mera "interação parassocial".

4.1. Necessidades de relação

Uma compreensão não reducionista, mas comparável àquela proposta em termos de "efeitos psicossociais da mídia" pela amplitude dos fenômenos aos quais é aplicável, é fornecida pelo modelo da Interação Parassocial (de agora em diante, IPS). A expressão "interação parassocial" foi cunhada por Horton e Wohl (1956) para indicar um tipo especial de vínculo que se estabelece entre os usuários da mídia e as figuras – pessoas reais e papéis fictícios – que nela atuam. Este vínculo serve como correspondente ao fato de que os meios de comunicação de massa possibilitam um tipo muito significativo de "mensagem indireta ao receptor", pois é realizado no formato de uma "quase-interação mediada" (Thompson, 1995).

Este tipo de interação foi brilhantemente lembrada na recordação apaixonada de "um homem chamado Vidal", feita pelo grande escritor chileno Luis Sepúlveda (2000, 63):

"Num outro bolso tinha uma foto recortada da *Écran*, uma revista de cinema.
"Sabe quem é", perguntou mostrando-me uma mulher bonita e enigmática.
"Greta Garbo", respondi.
"Levo-a comigo porque me protege. Sou ateu, mas é sempre bom ter alguém a quem pedir proteção", disse Vidal."

Na época do encontro com Sepúlveda, o sindicalista equatoriano Vidal, que ainda luta pelos direitos dos camponeses por meio de seu *site* na Internet, exibiu uma prática de "interação parassocial" tão popular quanto pobre: portar sempre consigo a imagem de uma figura midiática da qual tirar algum tipo de conforto, ainda que ilusório. Esse exemplo esclarece também o nexo entre as formas de interação parassocial e as manifestações do estrelismo, que se tornaram possíveis por causa da mídia. A alusão ao âmbito religioso confirma uma das metáforas mais eficazes à qual se pode recorrer para ilustrar a penetração da mídia na formação da experiência cotidiana das pessoas. Para o homem moderno (e mais ainda para o pós-moderno) a mídia representa o que a Igreja representava para o homem medieval: um horizonte de compreensão total do mundo e de si mesmo.

A *interação parassocial é a forma mediada do caráter relacional humano* e se realiza numa série intrincada de configurações em nível cognitivo, afetivo e comportamental. As pessoas estão envolvidas em uma interação parassocial quando cultivam uma paixão secreta por uma estrela do rock, quando respondem à saudação de um apresentador de um programa de televisão, quando participam tão ativamente no que a mídia coloca em cena que acabam se servindo do que lhes é oferecido para compreender e conduzir a própria experiência de vida.

A interação parassocial exige que os usuários da mídia atribuam um determinado status de "realidade" às figuras que nela atuam para que se sintam prontos para ativar um modelo de relação com elas. Se depois de ter lido um artigo de Scalfari[2] me pego dizendo, exaltado: "Ah, não! Em relação a isso, Eugênio, você está errado", estou me comportando como se o autor do texto estivesse presente e pudesse interagir comigo. É possível estabelecer uma relação parassocial com uma figura midiática de muitas maneiras: antes de qualquer coisa, com seu ser pessoal "de carne e osso"; depois, com o papel que ela personifica em um programa e até com a forma pessoal que essa figura simula. Os usuários da mídia podem estabelecer interações parassociais com as pessoas reais (por exemplo, com Maurizio Costanzo[3]), com o papel que desempenham no programa midiático (por exemplo, o comissário Montalbano[4]) e até com o "personagem" representado (por exemplo, com o "azarão malvado" que o Gato Frajola personifica). O modelo de IPS pressupõe que as pessoas estabeleçam laços com as figuras midiáticas como pessoas ou semipessoas.

---

2 Eugenio Scalfari (1924 -), jornalista e economista italiano, cujo campo principal de análise é a Economia. (N. do T.)

3 Maurizio Costanzo (Roma, 1938 -), jornalista, cinegrafista, diretor e apresentador de televisão. (N. do T.)

4 O Comissário Montalbano é um personagem de uma série de livros e contos publicados pelo escritor siciliano Andrea Camilleri para as editoras Sellerio e Mondadori, caracterizados pelo uso de um italiano fortemente contaminado por elementos do dialeto siciliano. (N. do T.)

A IPS cobre uma gama muito vasta de manifestações, desde provar aquela doce simpatia por Charlie Brown até a vontade de dar um tiro naquela atriz cujo personagem em uma novela é por demais perverso. O sistema da mídia permite a seus usuários estabelecer uma série múltipla de IPS com vários tipos de figuras midiáticas, diferenciáveis não só no arco da polarização afetiva (positiva *vs.* negativa), mas também no grau de envolvimento.

Uma vez que o modelo da IPS teve uma vasta repercussão entre os pesquisadores que tentaram compreender as razões da difusão social da novela televisiva, a função mais relevante tendencialmente atribuída à IPS é satisfazer, de maneira substitutiva, uma necessidade de relação interpessoal. As pessoas amarradas à solidão fazem como se as figuras midiáticas pudessem interagir com elas, ou seja, as acolhem em sua vida cotidiana, ora como hóspedes de honra, ora como companheiro de confiança. A relação parassocial pode configurar-se em muitos tipos de vínculos: da sensação/descoberta de uma leve (e provisória) afinidade às expectativas de uma sólida identificação. O fenômeno da IPS é intrinsecamente ambivalente, pois, por um lado, pode ser julgado positivamente. Por exemplo, o sucesso de muitas iniciativas midiáticas (colunas jornalísticas, programas de televisão, etc.) pode ser medido segundo sua capacidade de fidelização. Foi notado que a substituição (por doença ou férias) de alguns apresentadores de telejornais, por exemplo, pode ocasionar uma queda no número de telespectadores sintonizados numa emissora. Por outro lado, o fenômeno também não escapa de uma avaliação negativa, porque um indício muito seguro de que as pessoas estão envolvidas em uma forma de IPS é reconhecível quando se percebe que a dependência se manifesta.

O modelo da IPS favoreceu o desenvolvimento de vários instrumentos de levantamento e pesquisa. Um dos mais conhecidos é a escala sistematizada por Mark Levy (1979) e voltada para medir a força da IPS entre os espectadores idosos e jornalistas de TVs locais: mostra que os itens que obtiveram pontos mais elevados foram: "Eu confronto as minhas idéias com as do jornalista" e "Acho mais fácil assistir ao telejornal quando os jornalistas brincam um pouco entre eles".

O modelo da IPS deu início a um debate não só sobre a validade dos instrumentos de medida propostos, mas sobre a própria consistência e sobre a especificidade do fenômeno. Esse contexto argumentativo se origina da oposição de quem salienta a semelhança da IPS com os modelos produtivos das relações sociais efetivas e de quem salienta sua especificidade, vinculando a IPS com a difusão dos meios de comunicação de massa. Quem tende a considerar que a IPS seja semelhante a uma rede de relações "normais" evidencia o fato de que a sensação de ligação que as pessoas vivenciam em relação à figura midiática é comparável à experiência do vínculo construído nas relações interpessoais "reais", pois ambas as situações são reguladas pelo mesmo princípio cognitivo de redução da incerteza. Segundo a teoria elaborada por Berger e Calabrese (1975), a freqüência maior dos contratos interpessoais comporta um aumento da previsibilidade das condutas ("redução da incerteza"), com o qual é normalmente associado um contentamento recíproco. Quanto mais eu convivo com uma pessoa, mais fácil fica a tarefa de interpretá-la; a maior transparência de suas ações traduz-se num ganho cognitivo que, na ausência de outros motivos de contraste, tende a tornar mais gratificante a relação. Essa teoria é aplicável à IPS, haja vista a correspondência verificada entre o nível de envolvimento nessa interação e a noção de similaridade (homofilia) entre si mesmo e a figura midiática no que diz respeito ao aspecto físico, aos comportamentos, aos valores (Turner, 1993).

A tese da integração da IPS no tecido mais vasto das relações sociais "reais" encontra força maior no argumento de quem tende a diminuir as especificidades midiáticas da IPS a fim de enquadrá-la nas "relações sociais imaginárias" que podem vir a ser observadas em todas as comunidades culturais (Caughey, 1984). Num certo sentido, hoje, as pessoas precisam partilhar algumas informações e ter algum tipo de ligação com Michele Santoro ou Michelle Hunzicher, que nunca encontram pessoalmente, só para poder trocar impressões, bisbilhotando a respeito deles num bar, assim como em outras épocas era necessário conhecer os hábitos dos vários deuses, espíritos, ninfas, duendes e elfos, para poder pertencer à própria comunidade. Desse modo, a IPS é enquadrada como produção fantasmática funcional para certas finalidades do falar comum (Mininni, 2000).

O valor das tentativas de "normalizar" a IPS consiste também na crítica implícita a quem tende a interpretar a diversidade da IPS em termos de relação patológica, considerando prototípicas certas condutas extremas atribuíveis a ela, como, por exemplo, o caso do menino que se joga do sexto andar porque acredita ter o poder de interagir com/como o Super-Homem. Naturalmente, os defensores da especificidade da IPS têm facilidade para fazer valer sua radical diferença das relações inter-pessoais, que consiste no fato de não prever reciprocidade. Enquanto nas interações reais cada qual convalida sua posição no amor, assim como no ódio, na simpatia como na antipatia, graças à correspondência que o outro fornece, as interações parassociais são tais justamente porque não é exigida nenhuma troca, ao contrário, pressupõe um regime de desigualdade, já que a figura midiática é objeto de valor e alvo do investimento de desejo por parte dos usuários.

4.2. A fábrica dos semideuses

A mídia é a reveladora e ao mesmo tempo construtora do *star system*. Não só as posições de poder – econômico, político, simbólico – encontram visibilidade na ação dos meios de comunicação de massa: eles também alimentam, de maneira vigorosa, a tendência inerente a toda instituição social de atuar por "inclusão e exclusão". O efeito mais relevante dessa tendência, por parte da mídia, é dar origem a um status especial – os astros do espetáculo – que cada vez mais especifica novos tipos profissionais (do ator ao recordista esportivo, do cantor ao animador do programa de televisão, da "locutora" à "assistente do animador") e se propõe sempre com maior força entre as metas de aspiração da identidade juvenil.

Os astros são admirados porque a mídia os faz parecer vencedores e, por isso, apresenta-os como modelos de personalidade capazes de se proteger das forças padronizadoras da sociedade atual (Oliviero Ferrarsi, 1999). As histórias de algumas pessoas parecem materializar certos arquétipos da cultura de uma sociedade. Por exemplo, Lady Di se impôs no imaginário coletivo por sua capacidade de personificar a "Princesa das Fábulas", partilhada por milhões de telespectadores. Os circuitos da comunicação da mídia tornam possível esta mediação cultural, atribuindo a algumas individualidades o papel de encarnar certas idéias-força.

Para alcançar a fama, uma condição necessária e muitas vezes suficiente é dada por poder subir ao palco midiático. O mecanismo que impele as pessoas a tentar se tornar celebridade por meio da mídia é acionado pela consciência que se difunde de fazer parte de um grupo social privilegiado em nível econômico e simbólico. As vantagens materiais incontestadas da condição de "celebridade" (alto rendimento, favorecimentos, admiração social, etc.) comportam também custos, pagos geralmente como exposição aos seguintes riscos psicológicos:

a. *Estereotipização* no papel: a pessoa é reduzida àquele aspecto que a tornou celebre em algum programa da mídia (Piero Angela[5] é "a ciência na TV").
b. *Narcisismo*: a confirmação do sucesso aciona uma pesquisa obsessiva por novas oportunidades para estar no centro das atenções. Tal dinâmica pode gerar comportamentos de auto-absolvição para a prática de tomar certos atalhos morais e de hipertrofia do Ego, até o ponto de não colocar mais limites na própria arrogância;
c. *Intolerância* à perda de privacidade por causa do ataque feito por parte da mídia a sua existência, interpretada globalmente como "propriedade pública";
d. *Inibição reativa*, ou seja, uma condição especial de *burnout* (esgotamento) produzido pela tensão em conservar o status de celebridade e a conseqüente visibilidade midiática. O terror de tornar a ser "um qualquer" pode ser vivido como tão estressante que a mídia não é mais percebida como um suporte promocional do Si, mas como ameaça conspiratória.

A mídia cria e destrói deuses num ritmo vertiginoso. A vida das pessoas pode sair daí transtornada, como bem demonstra a morte recente de Marco Pantani[6]. Para quem é o alvo inconsciente desse fenômeno na "tela" midiática, o formato da IPS autoriza a experimentar níveis de

---

5   Piero Angela (Turim, 1928) é jornalista, divulgador científico e pianista. Em 1968, realizou o primeiro documentário, de uma série, para a TV, cujos temas estavam relacionados à ciência. (N. do T.)
6   Marco Pantani foi um ciclista profissional italiano. Nascido em 1970 em Cesena, era reconhecido mundialmente como um dos melhores de sua geração. Morreu em fevereiro de 2004, em Rimini, de parada cardíaca provocada por overdose de cocaína. (N. do T.)

auto-estima compatíveis com o Olimpo, no qual são projetados pela devoção dos próprios fãs, mas também riscos de depressão por abstinência de relações simuladas com eles.

4.3. As fantasias dos fãs

Quando as modalidades de relação parassocial não mais se configuram como simples respostas individuais, mas alimentam formas grupais de fruição dos produtos da mídia, estamos diante daquele tipo especial de vínculo afetivo que inspira os *fãs*. Em verdade, o étimo dessa palavra já nos esclarece a respeito da origem religiosa de seu significado – *fanaticum*, isto é, referente ao templo e, por isso, inspirado pelas divindades – e deveria fazer contrapeso à interpretação habitual que tende a contextualizar a atividade dos fãs em suas manifestações extremas de dedicação injustificada e/ou de agressividade insensata. Ser fã de alguma coisa significa cultivar uma paixão capaz de orientar a busca (parcial) dos significados para a própria existência.

O fã não percebe que insere o objeto de sua admiração num verdadeiro culto da persona(lidade), pois sua relação de identificação parassocial é estimulada por ímpetos idealistas. Os fãs tendem a acreditar que vivem num mundo justo no qual o fato de perseguirem a fama (à qual eles mesmos aspiram fazendo as vezes do astro) é a promessa de uma condição/existência beatificada e beatificadora: o estrelismo.

Quando evitam ações que podem apenas prejudicar a si mesmos e aos outros, os fãs realizam uma mediação cultural no corpo pulsante da própria existência, porque reinterpretam um determinado material simbólico mediante o investimento total dos próprios recursos – cognitivos e afetivos, de tempo e de dinheiro, etc. – pensando naturalmente em tirar daí uma vantagem em termos de bem estar ou de satisfação pessoal. Quando milhares de pessoas gritam em coro "Força Roma", toda semana, emprestam suas vozes à elaboração do mito – uma esperança mascarada de crença – de que o próprio time do coração seja "o vencedor".

A respeito da mídia, a análise mais aprofundada foi realizada por Jenkins (1992), que estudou o mundo dos fãs de Star Trek, uma lendária séria televisiva. Segundo Jenkins, os fãs da série podem ser considerados como um verdadeiro grupo por um processo marcado por quatro fases:

1. *iniciar uma estratégia diferente de recepção*: o fã de Star Trek não pode se permitir o luxo de não assistir a um capítulo do programa; ao contrário, cada capítulo não é só visto, mas gravado e discutido, pois sua fruição é uma forma estável de produção de significado na vida cotidiana;
2. *constituir uma comunidade interpretativa*: produz-se um primeiro grau de institucionalização da recepção (clube, debates, revistas especializadas, etc.), de modo a gerar um ambiente comum de referências culturais. Os fãs de Star Trek tornam-se visíveis entre si e começam a "se agrupar".
3. *delinear um mundo artístico*: o prazer de ver Star Trek se traduz na convicção de partilhar um cânone estético, com valores precisos de referimento e determinadas indicações críticas. Os fãs de Star Trek sabem que podem "voar alto" e apostam na qualidade de seu julgamento.
4. *sugerir uma comunidade social alternativa*: os fruidores de Star Trek podem atribuir-se uma nítida intencionalidade coletiva quando ressaltam o valor "político" de seu mundo de significados que, por causa de sua natureza utópica, poderia atrair indivíduos marginalizados e grupos minoritários.

Naturalmente, não se quer dizer que é possível percorrer essas fases pelos modos múltiplos de desenvolvimento da IPS nas atividades dos fãs. Em verdade, o modelo elaborado por Jenkins para o fã de Star Trek tem, seguramente, traços que valem apenas para os apaixonados por "viagens interestelares" porque, nesse caso, as pessoas se projetam em tempos e espaços que dilatam conforme a fantasia e podem preencher um universo inteiro com as tramas colocadas à disposição pelos autores do programa. Bem diferente poderia ser a experiência dos fãs relacionada a um único astro do espetáculo, como, por exemplo, para os fãs de Elton John.

A morte – sobretudo se inesperada ou acontecida em condições trágicas – do "sujeito de culto" midiático constitui um momento particularmente crítico, que algumas vezes se configura como um verdadeiro "luto parassocial" (Giles e Naylor, 2000). Em tais circunstâncias, as pessoas descobrem a natureza paradoxal da IPS mediante o transtorno emocional que muitas vezes tentam mascarar com uma fórmula de distanciamento que racionaliza como:"Eu não vou atrás de fofocas sobre famosos, mas a morte de Lady Di me chocou bastante".

Colocada diante dos desafios lançados pelos intrincamentos da IPS, a psicologia da mídia tem um território ilimitado para explorar, que se tornou ainda mais atraente por ser constantemente aberto à experimentação de novos gêneros e novos produtos midiáticos e pelo emprego de novas práticas interpretativas.

4.4. Tipos de vínculos possíveis

A psicologia da mídia dispõe de um modelo geral capaz de articular algumas dimensões que configuram as relações humanas ao longo de um continuum que vai da interação real a vários níveis de IPS (Giles, 2002). As modalidades de encontro, o tipo de inserção espacial ou localização (perto *vs.* longe), a natureza (formal *vs.* informal) tanto dos vínculos quanto do potencial inerente à relação permitem gerar uma série de oportunidades que se dissipam, gradualmente, de um máximo de sociabilidade a um máximo de "parassociabilidade" (cf. Fig.3).

A Fig. 3 mostra como a IPS prevê configurações moldadas apenas por vínculos formais e por um potencial de relação igualmente formal. Os níveis de IPS dependem do grau de transparência e opacidade da função sígnica desempenhada pela figura midiática:

- no nível 1 da IPS é objeto de investimento relacional enquanto representa a si mesma: fico ansioso se quem me dá as notícias não é Lili Gruber[7] pois para mim, só ela faz o mundo ficar menos horrível;
- tem-se o nível 2 de IPS quando a figura midiática se desdobra em sua figura sígnica, agindo como se fosse um pólo de atração tanto como pessoa como um personagem de uma história (num filme de televisão, numa novela, etc.);

---

7   Lili Gruber (1957) é jornalista famosa na Itália. Durante anos, foi âncora do TG1, o principal noticiário televisivo da RAI. (N. do T.)

- tem-se o nível 3 da IPS quando a figura midiática se impõe como fonte de relação imaginária, mesmo se seus traços de figura humana são apenas o efeito de uma técnica construtiva (por exemplo: Pocahontas, no desenho animado do mesmo nome).

FIGURA 3:
Dimensões das relações interpessoais (adaptado por Gilles, 2002)

		Vínculos		Potencial de relação	
Encontro	Localização	Formal	Informal	Formal	Informal
SOCIAL					
Diádico	Perto	Entrevista	Conversa	Colega de trabalho	Amigo íntimo
	Distante	E-mail	E-mail	Futuro associado	Cyberamigo
Pequeno grupo	Perto	Grupo de trabalho	Comitiva de amigos	Colega	Amigo em um grupo
Grande grupo	Perto	Reunião ampliada	Festa	Futuro colega	Futuro amigo
	Distante	Conferência	Conferência	Semiparassocial	Amigo/colega futuro
Encontro com figura midiática	Perto	Convenção de fã	Encontro casual	Diádico, mas vinculado ao papel	Como na díade normal
	Distante	Telefonema em show na TV	Carta "pessoal"	Diádico, mas vinculado ao papel	Semiparassocial
IPS de 1° grau	Distante	Telejornal	–	Parassocial, mas com possibilidade de contato	–
IPS de 2° grau	Distante	Personagem de novela	–	Parassocial, pode estabelecer contato somente em nível representativo (por exemplo, com um ator)	–
IPS de 3° grau	Distante	Figura dos desenhos animados	–	Puramente parassocial, nenhuma oportunidade de contato	–
PARASSOCIAL					

Naturalmente, quando aumenta o nível de IPS, diminui a possibilidade de estabelecer relações reais (até que esta se anule). O modelo descrito pela Fig. 3 especifica que a IPS é necessariamente de natureza formal, pois as pessoas nunca podem superar seu profundo estranhamento aos olhos das figuras midiáticas. Quando também me acontece — como prometem e/ou permitem certos programas de televisão — de encontrar a minha estrela e por mais esforços que eu faça para parecer íntimo, usando todas as informações que sei a seu respeito (signo do zodíaco, preferências gastronômicas e sexuais, cacoetes, etc.), dificilmente sairei da condição de anonimato na qual a minha estrela prefere me manter.

O modelo da IPS tenta explicar uma série de processos psicológicos, não necessariamente patológicos, ativados pelos usuários da mídia quando se confrontam com as figuras humanas que nela atuam. Nesse caso, as modalidades de resposta são, essencialmente, duas: a identificação e a interação imaginada (Honeycutt e Wiemann, 1999). Na identificação, o fruidor limita-se a colocar-se no lugar da figura midiática que assumiu como modelo de referimento numa certa situação; na interação imaginada, o fruidor faz como se pudesse intervir no modelo midiático, a partir do momento que lhe dirige comentários, sugestões, pedidos.

Em suma, a psicologia da mídia pode contribuir para esclarecer as formas de interação mediada de muitos modos, especificando as "motivações e os significados" que as pessoas reconhecem quando acessam os circuitos da comunicação de massa. Nesse ponto, os indivíduos obtêm seu status social quando aderem ao horizonte comum marcado pela mídia, que muitas vezes se delineia segundo cláusulas previstas pelo ritmo da inclusão/exclusão. As pessoas reconhecem os traços da própria presença no "espaço público" inspirados na "cultura de massa" procurando integrar os recursos da mídia com o processo de construção da própria identidade. Os níveis de IPS correspondem a diversos aspectos de tal necessidade de integração.

CAPÍTULO 02

Influenciar

Premissa

QUANDO QUESTIONA O ENVOLVIMENTO recíproco entre as pessoas e as formas de comunicação de massa, a psicologia registra uma ordem precisa de relevância, cujo ápice é a questão da "influência" da mídia. Na divisão do trabalho científico, parece apropriado esperar que os psicólogos se encarreguem de responder à pergunta que indaga se a mídia tem *conseqüências* sobre as condutas e/ou mente das pessoas. A fácil confirmação de tal atribuição é dada pelo fato de que os midiólogos, críticos de qualquer paradigma de pesquisa sobre os "efeitos", são capazes de caracterizar tal impostação teórica como "psicologística", ou seja, como substancialmente individualista.

Na realidade, tal modo de colocar a questão tem uma vasta ressonância social, mas uma implícita fraqueza teórica, pois esquematiza a intrincada relação entre a mídia e as pessoas no âmbito de um modelo de casualidade linear (A determina B). Na realidade, a trama de razões que nos liga à mídia é tão intrincada que requer um modelo de casualidade circular (A determina B que determina A...). Uma vez que a mídia é um artefato cultural que organiza a experiência humana do mundo, sua capacidade de influenciar a mente e a conduta das pessoas é inegável. A expectativa geral de uma *influência determinada* da mídia em seus usuários é justificável diante de alguns dados que se impõem por sua inequívoca evidência, dentre os quais se destacam:

1. o fato de que as organizações da mídia atraem gigantescos investimentos de recursos econômicos;
2. o fato de que a vida política das comunidades esteja integralmente ocupada pela cena midiática;
3. o fato de que os vários discursos midiáticos sejam construídos segundo as regras da publicidade, ou seja, por um tipo de texto intrinsecamente programado para "orientar".

Naturalmente, a expectativa comum a respeito da capacidade extraordinária de influência da mídia pode ser verificada quando se especificam as múltiplas modalidades nas quais pode se explicar. Claro que uma questão tão ampla e complexa não pode ser tratada de maneira detalhada e exaustiva nos limites de um capítulo. O percurso de compreensão traçado aqui parte do exame crítico de algumas propostas gerais, que interpretam a "influência" em termos de "efeitos" e depois seleciona dois núcleos argumentativos que alimentam ainda mais o debate sobre a "potência da mídia". A primeira escolha diz respeito ao meio ao qual é atribuído o maior poder de moldagem da mente humana: a *TV*. A segunda escolha diz respeito a prática discursiva que se tornou prototípica da influência midiática: a *publicidade*.

Talvez o modo mais eficaz de sintetizar as dinâmicas do imaginário coletivo na TV seja fornecido pelo paradoxo a que recorre o romancista francês Daniel Pennac, ao apresentar da seguinte forma a autodescrição que o protagonista do livro *La fée carabine* (A fada carabina) faz de sua capacidade de contar estórias: "Eu era mais forte do que a TV num período em que a TV era mais forte que tudo". Escolhi esse texto, pois há nele um outro dizer com uma pitada de humor irônico que atribui à TV o prolongamento da vida intra-uterina da criança, para além dos canônicos nove meses de gestação materna: "Talvez ali dentro haja uma TV e, vendo o mundo como é, ele não tenha muita vontade de sair de lá". A hipótese fantasiosa de que as crianças conseguem "assistir à televisão", mesmo antes de nascer, evoca as grandes preocupações sobre os riscos de deformação que um uso excessivo da TV pode ter no desenvolvimento cognitivo, afetivo e social das crianças.

O poder penetrante da publicidade midiática transparece por sua fundamentada capacidade de penetrar nas modalidades de constituição do debate político. Amplificando as oportunidades inerentes às antigas técnicas da persuasão, caracterizadas pela retórica e pela arte oratória, a mídia coloca definitivamente a humanidade na "era da propaganda" (Pratkanis e Aronson, 1992). Na origem da *Mass Communication Research* há a consciência dos graves riscos de manipulação aos quais estão expostas as pessoas e a sociedade.

1. Os efeitos psicossociais da mídia

Uma vez que a instituição da mídia tem pouco a pouco modificado (e modificará) toda a ordem econômica, social e cultural da humanidade, é razoável questionar-se sobre as repercussões que a imprensa, o rádio, a televisão e a Internet podem ter na organização das crenças, dos comportamentos e das condutas individuais. Tais repercussões são tão certas quanto ambíguas. Por exemplo, é certo que os artefatos culturais dos quais a espécie humana se dotou no curso do tempo permitam-lhe vivenciar, em novas formas, o confronto entre *Eros* e *Thanatos*, isto é, as duas pulsões elementares que orientam a experiência de vida das pessoas. Conseqüentemente, no longo percurso que vai da invenção da escrita à Internet, registra-se um debate recorrente acerca dos efeitos que a mídia tem na sexualidade e na agressividade. Contudo, pode-se considerar que questões debatidas tão ardentemente como a violência e a pornografia permitam a utilização da mídia como bode expiatório e permitam tirar delas o peso da responsabilidade pelo lado obscuro do Si (tendência à agressividade, o fascínio do mal, etc.).

A mesma ambigüidade pode-se revelar quando se consideram os resultados que são atribuídos às campanhas de utilidade pública: promoção do senso cívico, prevenção de patologias sociais, sensibilização ambiental, proteção dos bens comuns e/ou culturais, etc. Embora sejam exploradas as técnicas publicitárias mais refinadas, percebe-se a existência de uma diferença, sempre possível, entre quem projetou os conteúdos e a forma de uma determinada campanha e o modo no qual poderiam funcionar os processos de persuasão junto ao grande público. Por exemplo, pode acontecer que o apelo a emoções negativas, como o medo ou o senso de culpa, e/ou a modalidades de estranhamento, mostrem-se menos influentes do que, em teoria, se poderia esperar.

1.1. A evolução dos paradigmas de pesquisa

Ao tratar da questão dos efeitos psicológicos da mídia, o debate que se registra em todas as ciências da interação mediada faz referência a três grandes cenários os quais, em certa medida, correspondem também a três segmentos temporais que compõem a experiência histórica do século XX. Podemos nos reportar aos paradigmas da influência perturbadora, da influência limitada e da influência modeladora (Cheli, 1992).

Nos primeiras décadas do século XX, a maior parte dos estudiosos se reconhece no paradigma da *influência determinante*. Refletindo acerca de como a propaganda havia atuado na primeira guerra mundial e nos processos de afirmação dos regimes políticos totalitários na Europa, pareceu legítimo considerar que os indivíduos eram uma presa passiva das mensagens lançadas nos comícios, nos manifestos, nos panfletos e nos cinejornais. Afirmam-se teorias iluminadas a partir das metáforas do "projétil mágico" e da "agulha hipodérmica": os meios de comunicação de massa operam como projéteis que vão necessariamente ao alvo, pois visam desencadear os mecanismos automáticos que governam os comportamentos das multidões. Na sociedade de massa, a mente das pessoas está em poder das informações simplificadas e sobrecarregadas de afetividade, nela inoculadas pelos novos potentes "estímulos condicionadores" da vida cultural.

Ainda que em posições em grande parte contrapostas, as teorias psicológicas que prevaleciam à época – a psicanálise e o comportamentalismo – fornecem quadros conceituais compatíveis com esses sistemas de interpretação. Para os psicólogos das primeiras décadas do século XX, todas as condutas humanas, e, portanto, todas aquelas ligadas ao uso da mídia, são controladas por pulsões internas ou por estímulos externos.

O valor deste paradigma consiste em ter evidenciado a unilateralidade tendencial implícita no regime da CMM que, essencialmente, exigiria um processo linear e unidirecional "um → muitos", isto é, da fonte validada pela mídia aos destinatários dispersos. O modelo de pesquisa mais claro proposto por tal abordagem explora a capacidade de influência da mídia por meio de respostas que são fornecidas a cinco perguntas: 1. Quem diz? 2. O quê? 3. A quem? 4. Por qual canal? 5. Com que resultado? (Lasswell, 1948).

Como se vê, a questão dos "efeitos" é o êxito de um procedimento interpretativo que trabalha com a pressuposição (ideológica) de uma assimetria estrutural entre "quem diz" e "a quem" e de uma univocidade intencional do "o quê". No todo, admite-se que o "emitente" seja mais ativo e responsável do que o "receptor" e que seja possível subtrair a interpretação do "conteúdo" (ou da "mensagem") de qualquer variação de origem contextual ou sociocultural.

O paradigma da *influência limitada* afirma-se por volta da metade do século XX. Algumas pesquisas de campo, realizadas pelo psicossociólogo Lazarsfeld acerca dos movimentos nos fluxos eleitorais, sugerem redimensionar a eficácia da mídia como operadora de mudança nas declarações de voto. Lazarsfeld e seus colaboradores (1944) destacam que os textos midiáticos de política (artigos de jornais e programas de rádio) podem mostrar-se persuasivos se passam por meio do filtro de "*gatekeepers*" da atenção, ou seja, aquelas pessoas que se dispõem a considerar como "*opinion leaders*". A mensagem midiática é mais "eficaz" se quem a recebe pode verificar que é valorizado pela adesão de pessoas dignas de sua confiança (o farmacêutico, o sacerdote, o psicanalista, etc.). Portanto, a mídia estimula um fluxo de comunicação em dois níveis (*two-step flow*). Seu primeiro objetivo é obter o consenso daqueles que são mais sensíveis e/ou interessados na própria mídia e que poderão agir como "opinion leader" para aqueles que assim os consideram num segundo momento.

Esse modelo coloca a influência da mídia sob o controle das relações interpessoais (Katz e Lazarsfeld, 1955).

A idéia de que a mídia possa exercer apenas uma influência limitada foi confirmada nas pesquisas de laboratório realizadas pelo psicólogo Carl Hovland (1953) a respeito da alteração dos comportamentos, que permite evidenciar toda a gama das diferenças individuais. Hovland submete a controle experimental diversas variáveis que podem modificar o êxito das mensagens midiáticas com objetivos de persuasão. Os primeiros sujeitos de suas pesquisas foram os soldados americanos que deveriam ser convencidos a não achar irremediável a derrota de Pearl Harbour e a desenvolver um senso de auto-eficácia coletiva durante a Segunda Guerra Mundial. Hovland mostrou que, para serem eficazes, as mensagens da imprensa e dos filmes devem passar por uma seleção ativa das pessoas, que podem dar crédito ou resistir a elas com base em múltiplos fatores (idade, sexo, cultura do público; credibilidade, respeitabilidade e/ou aprazibilidade da fonte; estrutura da mensagem, etc.).

Pesquisas posteriores, realizadas em tempos de paz, permitiram a Hovland fornecer uma elaborada validação empírica das intuições propostas pela retórica clássica e também mostrar como a eficácia da mídia pode ser "limitada" pela recorrência de algumas condições, como:

1. a *atenção*: as mensagens devem superar o limiar da relevância cognitiva para as pessoas, para que lhes possa causar transformações;
2. a *compreensão* e a *assimilação*: as mensagens devem ser analisadas em sua estrutura de significado e ser conservadas na memória das pessoas, de modo a poder ser rememoradas na situação pertinente;
3. o *incentivo*: as mensagens devem ser aceitas não apenas como válidas em sua pretensão de verdade, mas também como idôneas para alcançar seus objetivos e adequadas aos interesses das pessoas.

Vale a pena ressaltar dois resultados particulares da abordagem neocomportamentalista de Hovland à comunicação persuasiva (tanto em nível interpessoal quanto midiático) e os vínculos que são postos pela credibilidade do persuasor e pela organização da mensagem. Sobretudo quando atuam na mídia, os persuasores (publicitários, políticos, apresentadores de programas de televisão) cuidam detalhadamente das condições de sua credibilidade. Todo um grupo de signos – da mímica do rosto ao que dizem, das roupas que usam aos títulos que ostentam orgulhosamente – deve confirmar a expectativa do auditório de que são competentes e honestos, participantes das iniciativas mas desprendidos e, portanto, no conjunto, confiáveis e merecedores de confiança. Por isso, sobretudo na mídia, trata-se de uma *credibilidade construída* por processos de negociação entre exibição e atribuição de intenções (Gili, 1999). Quem pede o nosso consenso deve ser, antes de tudo, reconhecido em sua plausibilidade.

O êxito de um programa de persuasão pode ser também decidido pelo modo no qual as mensagens são formuladas. A variação mais relevante concerne à escolha de dar ao discurso uma organização unilateral ou bilateral (*one-side vs. both sides*). Alguns contextos – por exemplo, quando estão envolvidos indivíduos com traços de personalidade insegura e temas de alta relevância emocional a serem tratados em situações marcadas pela exigência da rapidez na tomada de decisão – facilitam a persuasão se o discurso apresenta apenas as razões favoráveis à conclusão a que se quer chegar. Noutros contextos, em contrapartida, o processo de persuasão exige que o discurso exiba um confronto de vozes, de modo a fazer emergir tanto as razões a favor, quanto as contrárias à tese da qual se quer obter o consenso do interlocutor, haja vista que se quer deixar a ele (pelo menos a ilusão) a liberdade de escolher a própria posição.

No conjunto, considerando a complexidade dos vínculos sociocognitivos que os processos de persuasão devem respeitar de qualquer forma, pode-se elaborar uma concepção que tende a atribuir à mídia uma capacidade limitada e seletiva de produzir "efeitos" nas pessoas, às quais, por outro lado, são reconhecidas, talvez de modo demasiado confiante, amplas margens de controle cognitivo e de sabedoria. Além disso, a influência da mídia é explicitamente limitada aos temas "nos quais seja bem evidente a falta de opinião do público no momento da exposição" (Klapper, 1960).

Nas últimas décadas do século XX, afirmou-se progressivamente o paradigma da *influência modeladora*, articulável em múltiplas teorias, com um raio relativamente amplo de aplicabilidade. À medida que a televisão ganhou uma posição absolutamente dominante entre os meios de comunicação de massa, cresceu também a consciência crítica do enorme poder por ela exercido na mente e na conduta das pessoas (sobretudo crianças e idosos) ou dos grupos.

A TV obriga a ver o enorme e invasivo poder que a mídia exerce na sociedade. Os efeitos evidenciados são de tal dimensão que legitimam o temor de uma alteração radical da espécie no Homo videns (Sartori, 1997). Além do embate, jamais aplacado, entre apocalípticos e integrados, prevalece um comportamento de cautela, porque os efeitos esperados são projetados em longo prazo, ou seja, como êxito cumulativo de específicas práticas midiáticas na construção social da realidade. As pessoas e as formas de relação entre elas são forjadas pela mídia porque a maior parte dos conhecimentos acerca do mundo, dos modelos de papel, dos valores e dos estilos de comportamento chega à mente do homem não pela experiência direta do mundo físico e das relações com os outros, mas cada vez mais pela *mediação* da comunicação social.

1.2. A mídia como gestora de consenso

Mesmo procedendo por simplificações esquemáticas, a análise dos paradigmas de pesquisa sobre a influência psicossocial da mídia, mencionada anteriormente, demonstra que, no conjunto, uma abordagem em termos de "efeitos" implica a adesão tácita a precisos pressupostos de ordem epistemológica. Com efeito,

1. procurar "efeitos" tem sentido quando se julga poder estabelecer "causas";
2. indagar "efeitos" implica a necessidade de reduzir a pertinência do objeto da psicologia da mídia entre os fenômenos "observáveis" (e mensuráveis);
3. em geral, os efeitos (observáveis) com os quais nos (pre)ocupamos são entendidos em termos de mudança, na maior parte das vezes pejorativa;
4. enfim, conjeturar que a mídia tenha essa ou aquela dimensão de "efeitos" nas pessoas significa assumir que é capaz de mudá-las em seus comportamentos, crenças, humores, etc.

Esta abordagem à psicologia da mídia é incapaz de apanhar o que acontece quando a trama de relações entre a mídia e as pessoas deixa as coisas como estão, isto é, autoriza as condutas, justifica os comportamentos, legitima as crenças, estimula os humores existentes.

Todas essas pressuposições são passíveis de críticas. Por exemplo, a curvatura "apocalíptica" da pesquisa acerca dos efeitos pode se reconduzir ao conhecido "erro fundamental" previsto pela teoria psicológica da atribuição, que diferencia o ponto de vista do "ator" do ponto de vista do "observador". Como se sabe, quando se está envolvido diretamente num programa de ação, os procedimentos com os quais articulamos o sentido daquilo que fazemos são diferentes dos procedimentos que ativamos quando estamos a observar outros envolvidos naquele mesmo programa de ação. Se devo explicar meu sucesso (no amor ou na profissão), irei considerar como fundamentais os meus dotes pessoais; se, em vez disso, devo explicar o sucesso dos outros, eu o irei atribuir preferencialmente a circunstâncias situacionais especialmente favoráveis.

Uma das poucas certezas que podemos assumir de discussões decenais acerca das conseqüências atribuídas à mídia diz respeito ao chamado "efeito terceira pessoa": uma armadilha da qual ninguém parece ser capaz de escapar. Consiste na tendência a superestimar os efeitos exercidos pela mídia nos outros, especialmente se menos instruídos, e a subestimar as influências que a mídia exerce sobre nós e sobre a comunidade a que pertencemos (Duck, Hogg e Terry, 1999). O "efeito terceira pessoa" estende continuamente para o ato de fruição da mídia uma "lei geral" conhecida, que regula as relações entre os grupos, de modo a garantir sempre certo "favorecimento intragrupo".

A necessidade de superar a análise da influência em termos de "efeitos" está já presente num rico e articulado paradigma de pesquisa baseado nos *usos e gratificações*, que visa explicar os objetivos gerais pelos quais normalmente os indivíduos recorrem à mídia (imprensa, rádio, TV, cinema), isto é, para se informar, para se divertir e para consolidar a identificação com o grupo de pertença. O modelo dos *Uses & Gratifications*, proposto por Katz, Blumler e Gurevitch (1974) é importante porque, na questão dos efeitos da mídia, desloca a ênfase da formulação tradicional

("O que a mídia faz às pessoas?") para uma formulação psicologicamente mais congruente ("O que as pessoas fazem com a mídia?"). Tal redefinição do problema permite considerar as pessoas e os grupos (a *audience*) não mais nos termos de uma massa amorfa e passiva, mas sim como participantes ativos, ainda que no papel de "consumidores" ou "usuários" de bens simbólicos.

Mais que ser registrável como uma série de efeitos previsíveis, a influência da mídia nas pessoas é exercida como *orientação dos processos de atribuição de sentido*. Naturalmente, para explicar como a mídia possa cumprir tal ação modeladora da mente, são mais indicados os procedimentos de pesquisa qualitativa que se inspiram na perspectiva hermenêutica, situacionista ou sistêmica (Sparti, 2002). Por exemplo, a análise de amplos dados estatísticos, levantados durante a campanha para as eleições presidenciais dos Estados Unidos em 1976, permitiu a Reith (1999) estabelecer uma correlação positiva entre a preferência para o gênero policial e uma atitude favorável aos militares. Contudo, seria excessivo deduzir disso que programas como esse sejam suficientes para desenvolver uma estrutura de personalidade autoritária e agressiva. Neste caso, a influência midiática pode limitar-se a operar em um nível mais geral, já que muito freqüentemente a paixão pelo gênero policial responde a uma necessidade de ter segurança e de acreditar num mundo mais justo.

Para esclarecer a oportunidade de enquadrar a influência midiática em ambientes interpretativos abertos à grande variabilidade das "Motivações e dos Significados" apresentados pelas pessoas, é útil mencionar a questão de como a mídia (des)valoriza a sexualidade. Dentro de certos limites, a fruição de programas pornográficos não sinaliza necessariamente condutas desviantes ou anti-sociais, mas pode até ter efeitos pró-sociais se serve para alimentar a pulsão sexual numa relação íntima ameaçada pelo tédio e/ou facilitar o conhecimento de diversas modalidades de gratificação sexual. O efeito mais grave encontrado nos apaixonados pela pornografia tem a ver com o sistema de crenças, já que a visão desse gênero de programas parece correlata a um compartilhamento mais fácil dos "mitos sobre o estupro". Dado que a estrutura de sustentação cognitiva que serve de fundo para as fracas tramas narrativas dos programas pornográficos sustenta-se em determinados lugares-comuns, como por exemplo, "só mulher-da-vida corre o risco de ser estuprada", "se uma mulher quiser de verdade, sabe como se opor à violência sexual" e "as mulheres, quando estupradas, só gritam quando são largadas", tais mitos são facilmente assimilados pelos pornófilos (Burt, 1980).

Portanto, ainda no que diz respeito a esse tema, é decisivo o contexto de interpretação dos conteúdos midiáticos. Entendidos como "textos-em-interação", também os programas pornográficos autorizam tanto leituras orientadas à instrumentalização degradante dos corpos quanto leituras inspiradas na valorização lúdica dos gestos. O exemplo mais convincente é constituído pela hipótese de uma carga anti-social menor da pornografia gay e lésbica, a partir do momento em que tais contextos geram a possibilidade que se lhes atribuam um significado irônico (Ross, 2000).

2. A matriz da influência na comunicação televisiva

Grande parte do fluxo de "notícias" e de "relações" nos quais estamos envolvidos hoje passa pelo sentido da visão: da escrita às artes plásticas, do teatro à gráfica, das histórias em quadrinhos ao cinema e à televisão. Todavia, mesmo compartilhando um recurso de sistemas de signos icônicos, todos esses modos de comunicar são também profundamente diferentes por causa da sua organização interna, pelos processos psicológicos que ativam e pela distribuição social dos usuários. Um lugar bem especial cabe ao cinema e à televisão por que:

- Revelam os grandes sucessos na evolução de tecnologias comunicativas, capazes de produzir novos nexos na informação sensorial possível com os ouvidos e com os olhos;
- Atraem grandes *massas* de usuários, consentindo-lhes novas formas de consumo simbólico, mesmo se freqüentemente os introduzem em circuitos de sentido sem lhes fornecer as argumentações necessárias para dominá-los criticamente;

- Exibem uma nova linguagem (feita de "imagens falantes") e um novo marco da condição humana atual, marcada *pelo aceleramento da experiência*.

De tímido, como parecia a McLuhan, o "gigante" TV tornou-se tão ensurdecedor que ninguém mais duvida de sua capacidade de influência. Até sua presença na decoração doméstica tornou-se óbvia e não é mais sentida como "invasora", porque aceita receber uma atenção compartilhada.

2.1. As imagens no poder

Não há dúvida de que as imagens das Torres Gêmeas, rasgadas pelos aviões dos *kamikazes* e desfeitas numa nuvem de fumaça sobre uma multidão que fugia aos gritos, tenham guiado muitos dos passos dados pela história do mundo nos últimos anos. Este dado da experiência compartilhada legitima aquele antigo lugar-comum segundo o qual nós vivemos (e morremos) na civilização da imagem. O poder psicológico das imagens deriva de sua capacidade de organizar a paixão humana pelo sentido em formato de ícone.

Em nível técnico, o texto fílmico e televisivo resulta da montagem de uma série de *enquadramentos*. Por meio dos chamados "movimentos da máquina" (tomada panorâmica, zoom, etc.), os autores de tais textos (sobretudo os responsáveis por eles na qualidade de diretores) recortam segmentos espaço-temporais autônomos, filmados de um ponto de vista específico (do alto, de baixo, etc.) e dispostos numa vasta série de "planos" (primeiro plano, primeiríssimo plano, plano americano, etc.) e "campos" (longo, médio, etc.). As junções entre os diversos enquadramentos supõem várias possibilidades, dentre as quais se destacam o corte puro e a fusão.

Mesmo compartilhando alguns aspectos técnicos, estas duas linguagens audiovisuais colocam em cena o sentido segundo gramáticas e retóricas absolutamente divergentes, pois atribuem um papel muito diferente à imagem. Tendo perdido quase toda a tensão documentarista, da qual havia inicialmente partido, o cinema institui um distanciamento da realidade e tende a transfigurá-la esteticamente. A televisão, por sua vez, propõe imagens que se presumem aderentes ao mundo, segundo um regime de sentido que oscila entre o espelhamento e a substituição da realidade.

Do ponto de vista funcional, a comunicação audiovisual atende às principais necessidades das pessoas e dos grupos, fornecendo-lhes oportunidades de informação, de entretenimento e de identificação social. A forma geral de aculturação resultante disso é centrada na *imagem*, da qual deixa transparecer tanto a força (síntese expressiva, fascínio persuasivo, etc.) quanto a fraqueza (ambigüidade interpretativa, padronização, etc.).

A imagem consegue prender a atenção de forma mais imediata e sedutora do que os outros sistemas de signos, pois fornece uma síntese de informações que parece autorizar a rapidez da primeira interpretação emocional.

2.2. A ambivalência da videosfera

O debate acerca do papel social da TV ocupa solidamente a reflexão de todos, desde os mais importantes filósofos do nosso tempo (como Karl Popper) até a de uma idosa analfabeta. Na verdade, a TV modificou radicalmente a organização da cultura da humanidade, levando os acontecimentos mundiais para dentro do regime veloz das imagens transmitidas e comentadas em tempo real.

A "revolução televisiva" comporta custos muito grandes para o homem, como não deixaram de destacar seus intérpretes *apocalípticos*, e inegáveis benefícios, como ressaltam seus intérpretes *integrados*.

Entre os primeiros, se coloca certamente Joseph Condry (1989) que por muito tempo estudou a psicologia do consumo televisivo, chegando a conclusões segundo as quais a questão pedagógica seria implementada de tal maneira a ver a TV como uma "professora ruim". Ele afirma que, como uma babá, a TV é uma "empregada infiel" visto que, nos programas selecionados principalmente para as crianças (desenhos animados) e para os adolescentes (os seriados tipo *situation comedies*), podem-se observar:

- superdimensionamento de algumas características sociais, razão pela qual, por exemplo, certas idades ou profissões são mais visíveis do que outras;

- alterações na estrutura de valores, a partir do momento que as condutas anômalas freqüentemente mostram-se mais relevantes e algumas vezes até indicadas como merecedoras de recompensas;
- mistificação da realidade, como nas formas de paródia da sexualidade.

Claro, o *cahier de doléances*[1] na área da TV estende-se para além da denúncia aos "efeitos" negativos nas novas gerações. Entre as críticas mais recorrentes à TV, observamos que:

- a TV bombardeia o cérebro com imagens, sem dar tempo aos neurônios para elaborar toda a informação contida neles. Conseqüentemente, não podendo ativar nenhuma função crítica em relação às mensagens, o telespectador é exposto ao risco de *imbecilização*.
- A TV tem sua profunda razão de ser na espetacularização, portanto, como um novo rei Midas, transforma tudo o que toca em mero prazer de aparecer: até a tragédia, o problema, o fato, a relação interpessoal, a própria palavra, tudo o que acaba "na tela" assume o caráter *clownesco* de um parque de diversões;
- A TV manipula o imaginário coletivo, deformando as representações sociais de comunidades inteiras, como demonstra a "invasão" da Itália pelos albaneses, no início da década dos 1990, ou mesmo subvertendo os tempos, razão pela qual, por exemplo, os jogadores de futebol são obrigados a jogar em horários que respeitam não seus ritmos circadianos, mas os estabelecidos pelo deus que mede a audiência;
- A TV induz à passividade, ao isolamento e ao desinteresse pelo inesgotável mistério do mundo.

---

1 *Cahiers de Doléances* eram documentos elaborados a pedido de Versalhes como consulta às necessidades e anseios da população francesa. Redigidos em poucas semanas, pouco antes da reunião de abertura dos Estados Gerais, pelos representantes dos diversos extratos sociais de várias regiões da França, expressavam as instruções e poderes conferidos pela população a seus deputados. Estima-se que tenham sido enviados ao rei entre cinqüenta e sessenta mil desses "cadernos". (N. do T.)

Ainda, a TV pode ser vista como um bólido cujos admiradores são tão exagerados que não estão dispostos a tocá-lo. E nos convidam a confiar neste novo "objeto de estimação" com base, pelo menos, nos seguintes motivos:

- a TV é uma "janela para o mundo" e como tal age como instrumento muito potente de documentação e de orientação: quando os eventos chegam à TV, impõem-se à atenção geral. Não por acaso, em alguns movimentos de revolta popular recentes, como o romeno de 1989 e o russo de 1991, os choques mais severos foram travados ao redor das sedes das emissoras de televisão, mostrando – na concretude dos locais e na conseqüencialidade dos símbolos – que a política é uma "luta pela TV";
- a TV é uma grande máquina fabuladora, é um novelista inexaurível que pode satisfazer qualquer expectativa de narração: graças à TV, pode-se sempre entrar numa história (da fábula mais transparente ao policial mais intrigante), a qualquer momento do dia há sempre um herói cujos gestos se podem seguir, a mente pode encontrar sempre contos apaixonantes (a começar pela evidente estrutura narrativa dos comerciais);
- a TV contribuiu para criar uma língua padrão, permitindo muitos falantes de dialeto acessar um código comum de comunicação. Esta vantagem é particularmente relevante na Itália, onde a unidade do código expressivo foi, por séculos, uma aspiração literária;
- a TV desenvolve uma competência de gênero, razão pela qual a criança sabe distinguir prontamente um filme policial de um de ficção científica, uma competição de um *talk show*.

Como se vê, o confronto na TV entre "apocalípticos" e "integrados" é um bom exemplo de diálogo entre surdos, pois os argumentos adotados por ambas as partes colocam em evidência aspectos completamente diferentes. Na verdade, os dados exatos dizem respeito apenas:

- ao *tempo médio de exposição*: as estatísticas demonstram que cada indivíduo dedica cerca de três horas e meia de seu dia para ver televisão, portanto apenas dormir e trabalhar nos tomam mais tempo;

- a *unidade de fruição* é importante para estabelecer a configuração das influências possíveis. A expressão "ver a classificação indicativa do filme" assinala que a fruição de um determinado programa televisivo pode ser vivida de modo diferente e, portanto, ter efeitos diversos dependendo se o usuário a fizer sozinho ou acompanhado. Zillman e seus colaboradores (1986) mostram o quanto pode ser diferente a experiência de quem assiste um filme de terror tendo a seu lado alguém que, de vez em quando, grita de susto ou ri zombeteiramente ou fica completamente impassível. Na fase de desenvolvimento, uma fruição solitária da TV é considerada habitualmente mais perigosa. Quando há só uma TV disponível para toda a família, podem-se criar situações que revelam profundas dinâmicas inter-relacionais entre seus componentes, a começar pela estrutura de poder, marcada claramente pelos acordos sobre a posse do controle-remoto:
- a *taxa de exposição* tende a ser correlata às formas da *sociabilidade marginal*: assistem mais à televisão as crianças, os idosos, os desempregados, os viúvos, os detentos, ou seja, todos aqueles que, circunstancialmente, estão fora das redes de comunicação ativa e interpessoal;

O perigo que compete ao *Homo Videns* refere-se ao específico potencial enunciativo da TV como meio empenhado em um fluxo irrefreável de imagens. O *horror vacui* (horror ao vazio) da TV não tolera a suspensão do ritmo frenético das imagens para que o julgamento crítico torne-se ativo e é por isso que a difusão de mensagens contrastantes, na seqüência de um programa televisivo, não é passível de sanção socialmente. O achatamento de todo e qualquer percurso interpretativo possível em um recipiente/difusor de imagens que misture ficção e notícias, conto e análise especializada, documentário e espetáculo promove a tendência à passividade e ao conformismo em vez da busca da autonomia e do gosto pela diferença.

2.3. A epopéia da violência

Com base em um cálculo fácil, um indivíduo que passe duzentos minutos todos os dias diante da TV, no decorrer do tempo que vai da primeira infância (2 – 3 anos) até a puberdade (14 anos), pode ter visto 12 mil homicídios e cerca de 100 mil episódios de agressão. O fato inegável e que a violência (real ou simulada) seja parte tão freqüente da cena na TV inflama o debate acerca da mídia.

O valor ideológico do debate sobre a violência na TV manifesta-se por certas posições extremas, como a da dupla credibilidade científica, que gostaria de atribuir à violência colocada em cena pela mídia a responsabilidade por mais de dez mil homicídios por ano (Centerwell, 1993). Um argumento freqüentemente citado, mas fora de foco, faz valer a correlação entre a alta relevância dada pela TV a um importante encontro de boxe e o aumento dos homicídios registrados na semana seguinte. Igualmente ideológica é a posição oposta de quem se refugia na dificuldade de assentir com uma definição adequada do que se deve entender por "violência". Na verdade, há os que aí vêem apenas a exibição de força física no intento de fazer mal a alguém, até a tirar-lhe a vida, e quem, ao contrário, a estende a qualquer manifestação de poder, não necessariamente ameaçador ao outro; por isso seriam "violência" não apenas os insultos, mas também todas as cenas cômicas que produzem vítimas. Nesta concepção estendida da violência, mostram-se perigosos não só quase todos os desenhos animados, mas também as fábulas, sem esquecer do interativo e muito antigo "jogo dos soldadinhos".

Para explicar a atração exercida pela mídia violenta, freqüentemente se faz referência à teoria da catarse, elaborada desde as origens das artes dramáticas e retomada no âmbito psicanalítico (de Freud a Bettelheim). Os espectadores de programas violentos têm a oportunidade de se identificar em modo substitutivo com os protagonistas e de descarregar ilusoriamente as próprias tendências agressivas. Uma confirmação empírica nessa direção é dada pela correlação, válida pelo menos para os homens, entre a escolha de ver programas violentos e períodos de maior estresse (Anderson et al., 1996).

As posições tomadas no debate sobre a violência na TV são, muitas vezes, ampliadas para se propor uma determinada abordagem de interpretação que cubra os "efeitos" da mídia em geral. Para argumentar tais extensões, às vezes se recorre a conceitos de espectro maior sobre as motivações que sustentam as condutas humanas e seu aprendizado. Neste contexto, o argumento mais recorrente se fortalece na *teoria da modelagem social*. Em um famoso experimento realizado pela equipe de Albert

Bandura (1963), crianças assistem a cenas de violência realizadas ao vivo ou representadas em um programa de TV. Logo após lhes é permitido entrar na sala de brinquedos, dentro da qual um determinado número de crianças manifesta condutas agressivas para com uma boneca inflável. O objetivo de Bandura é mostrar que as pessoas aprendem não apenas por experiências diretas, mas também por meio da observação de modelos. Para aprender os modos de expressar agressividade, não é necessário que a tenhamos sofrido na pele, mas é suficiente tê-la visto sendo exercida por outros em outros. Naturalmente, o mesmo vale para a solidariedade. Se aprendemos não só por condicionamento, mas também por modelagem, a mídia pode moldar nosso comportamento.

Uma outra teoria geral a que geralmente recorre a posição "apocalíptica" no debate sobre a violência da mídia é a da *transferência de excitação*, sistematizada pelos elegantes experimentos de Zillman e seus colaboradores (1972). Segundo esta teoria, assistir a cenas violentas implica um estado de excitação fisiológica (*arousal*) que pode transbordar para outras situações da vida real. Se, depois de ter assimilado conteúdos midiáticos violentos, as pessoas se deparam com situações que provocam emoções (conflito de decisão entre marido e mulher, briga entre irmãos, etc.), tendem a transferir para o novo contexto de interação o estado de excitação anterior, talvez nelas desencadeado sem que percebessem, razão pela qual reagem de maneira mais agressiva do que normalmente fariam.

A agressividade assimilada das imagens televisivas não se traduz, necessariamente, em condutas violentas com os outros. Outros tipos de repercussões podem também se mostrar mais sérias e dolorosas para as pessoas. Por exemplo, crianças e adolescentes "teledependentes" podem, inconscientemente, dirigir para si mesmos a carga de destrutividade que vêem representada na TV, ou ainda podem se tornar insensíveis ao sofrimento que todo ato violento provoca nos outros e/ou em si mesmos. Em ambos os casos, a violência televisiva pode fazer com que alguns indivíduos escorreguem num tipo de "impotência aprendida" em relação à arbitrariedade e à exibição da força.

No sistema cognitivo, as cenas (e, mais em geral, os conteúdos midiáticos) de violência desencadeiam dois tipos de mecanismos, já que podem tanto ativar pensamentos obsessivos (quando a pessoa se perde em fantasias que tendem a elaborar um clima de preocupação ou de medo) quanto passar em revista os modelos mentais mais idôneos para enfrentar uma situação análoga de violência, se por acaso estivesse envolvido nela diretamente.

À influência da modelagem das expectativas vivenciais faz referência à fundamental pesquisa de Gerbner (1972), segundo a qual é plausível considerar que a exposição das pessoas a programas com cena de violência é capaz de modificar sua percepção de mundo. Na verdade, Gerbner observa que quem vive em bairros "bons", ou seja, protegidos dos riscos de atos criminosos ou violentos, mas assiste freqüentemente a programas televisivos de um determinado tipo, pensa que pode sofrer atos de violência em uma probabilidade mais alta do que quem, vivendo em bairros degradados, está muito mais exposto a ela. Desse modo, Gerbner demonstra que o quanto uma pessoa crê não depende mais daquilo que ela experimenta pessoalmente, mas sim do que vê na TV.

Segundo os resultados de sua pesquisa, Gerbner propõe uma concepção teórica, conhecida como *teoria da cultivação* e que visa explicar o grande impacto da TV na vida social do homem. Na verdade, a TV tornou-se a mais potente agência de socialização e de homogeneização cultural, pois o fluxo de suas imagens constrói o terreno partilhado de referência comum à realidade. Mais que interrogar-se acerca dos efeitos específicos (de persuasão, de manipulação, etc.) ligados a um dado programa (ou até mesmo a únicas cenas) é urgente perceber que todos se imergem no fluxo da TV e que dela tiram informações, valores (explícitos e implícitos), modelos de comportamentos e estilos de vida.

A "teoria da cultivação" tem a vantagem de superar a rigidez da abordagem à influência da mídia em termos de "efeitos", ancorando-a, porém, em duas vertentes de estruturação:

1. *mainstreaming* (linha central): a mídia projeta toda a existência das pessoas em uma série de "correntes de significado", estabelecendo qual delas é, caso a caso, a mais importante para o grau de compartilhamento e para o nível de validade percebida;

2. *ressonância*: a mídia tende a reforçar a experiência real, amplificando o valor de sentido atribuído pela pessoa à própria experiência de vida.

O debate sobre a violência na TV (e na mídia em geral) tem o grande mérito de sugerir duas grandes perspectivas. A primeira é de ordem teórica, já que a conclusão mais sábia que se pode até tirar da análise da questão da violência representada pela mídia (não apenas nos programas de entretenimento, mas também nos programas de informação) é que tudo depende do contexto em que a mensagem violenta é formulada e pelo significado que o público atribui a ele. A segunda, por sua vez, é de ordem empírica, já que os procedimentos de explicação e/ou compreensão ativados pela possível influência da mídia violenta podem ser utilizados também para a auspiciosa influência da mídia pró-social.

Substancialmente, se a teoria da modelagem e a da transferência de *arousal* podem explicar uma eventual explosão de agressividade em seguida à exposição a cenas de violência, então também deveriam poder explicar uma manifestação de maior empatia depois da exposição a cenas que chamam a atenção para problemas pessoais e/ou coletivos (como doenças, falta de víveres, as conseqüências dos desastres naturais, etc.). Embora legítima no plano teórico, tal equiparação mostra-se de fato desprovida de dados empíricos, porque a capacidade de influência atribuída à mídia passa por um sistema de intencionalidades diferente. O efeito anti-social da mídia violenta não é programado como tal e se produz prevalentemente nos contextos em que não há inibição no âmbito do *entretenimento*; o efeito pró-social da mídia positiva, ao contrário, é declarado como êxito desejado e se produz geralmente graças às forças de sustentação da imagem do Si ativadas pelos *contextos narrativos*.

3. Estratégias da influência no ciclo de vida

A especificação mais importante das expectativas acerca da capacidade da mídia de "influenciar" a mente das pessoas diz respeito a sua distribuição nas várias fases do ciclo de vida. A mídia tem uma eficácia diferente, sobretudo porque é utilizada de modo notadamente diferente pelas crianças e pelos idosos, pelos adolescentes e pelos adultos. Naturalmente, as fases iniciais da infância e da adolescência mostram-se mais exploradas pelos psicólogos da mídia, pois estas idades da vida são extremamente relevantes para a construção de hábitos interpretativos da realidade, para a assimilação de perfis relacionais e para a modelagem do próprio Si pessoal.

3.1. Mídia e crianças se domesticam reciprocamente

Os artefatos culturais penetram na experiência do mundo que as crianças (ocidentais) fazem desde os primeiros meses de vida, sobretudo sob a forma de brinquedos: livros de papelão ou de plástico, telefones ou celulares, toca-Cds, computadores que falam. De fato, quase toda a fase do crescimento individual é ritmada pela preferência por um *medium*: a TV, os videogames, o computador (Greenfield, 1984). Naturalmente, o papel principal na análise psicológica da mídia é ocupado pela TV, que no imaginário coletivo ainda está firmemente estribada nas figuras de uma "babá desatenta" e de uma "professora ruim".

Uma primeira linha de pesquisa extremamente relevante coloca em evidência alguns problemas ligados à socialização infantil realizada por meio da mídia. Muitas pesquisas visam estender ao contexto midiático a validade da concepção piagetiana do desenvolvimento. Por exemplo, Bearison et al. (1982) fazem que crianças nos estágios pré-operatório (5 – 6 anos), operatório (7 – 10 anos) e de operações formais assistam a um breve filme e analisam os seus relatos sobre o filme. Como prevê a teoria de Piaget, enquanto as crianças menores se detêm nos aspectos mais superficiais das interações representadas no filme (ambiente físico, condutas explícitas), os meninos maiores chegam a atribuir as motivações ocultas nas condutas, conjeturando sentimentos, etc. Naturalmente, a diferença entre as crianças e os pré-adolescentes não pode ser simplesmente atribuída a dois níveis diversos de maturação das estruturas cognitivas. Conseqüentemente, o relato referente à fruição dos conteúdos midiáticos não depende apenas do grau de competência cognitiva desenvolvida, mas de muitos outros fatores possíveis: rede de interesses, esquema do Si, competência comunicativa e social, grau de envolvimento emocional, etc.

Uma reformulação importante das principais concepções apresentadas no âmbito da psicologia da idade evolutiva é representada pela "Teoria da Mente" (ToM). Segundo Premack e Woodruff (1978), registra-se um verdadeiro salto evolutivo quando, mais ou menos aos quatro anos, as crianças se revelam capazes não só de atribuir estados mentais aos outros, mas também de usar tal atribuição para prever como os outros irão se comportar. Esta capacidade é geralmente averiguada por meio da tarefa da falsa crença: depois de ter mostrado a duas crianças – Paolo e Francesca – uma boneca sob sua guarda, um adulto convida Paolo a sair da sala. Logo após, coloca a boneca sob uma almofada e pergunta a Francesca: "Em sua opinião, quando Paolo voltar, onde procurará pela boneca?". As crianças menores tendem a dizer que a procurarão onde sabem que ela está, isto é, sob a almofada, pois não são ainda capazes de utilizar a informação de que outros possam ter estados mentais (conhecimentos, desejos, expectativas, emoções, etc.) diferentes dos seus.

Embora a mídia constitua um formidável laboratório natural para experimentar a extrema variabilidade da distribuição das crenças entre as pessoas, o paradigma da ToM não foi ainda suficientemente explorado no âmbito da relação mídia-criança. Uma exceção parcial é constituída pela pesquisa de Rosen et al. (1997), os quais propõem a tarefa da "falsa crença" em um contexto de fruição midiática. Mostram às crianças uma seqüência de um desenho animado (A pantera cor-de-rosa) na qual um pássaro, perseguido por um caçador, entra sem ser visto numa caverna. À pergunta: "Onde o caçador procurará o pássaro, fora ou dentro da caverna?", a resposta "correta" será dada até por muitas crianças de três anos (cf. Tabela).

TABELA 1:
Porcentual de crianças que revelam ToM (adaptado por Rosen et al., 1997)

Falsa crença	3 anos	4 anos	5 anos
Situação boneca	19	55	44
Desenho animado	44	63	94

A situação familiar e envolvente do desenho animado salienta a dimensão sociointeracional das competências cognitivas postuladas pela ToM. De fato, é o significado da tarefa que a criança tem defronte a ser radicalmente mudado. Portanto, os contextos midiáticos permitem evidenciar que a eficiência da ToM não depende apenas do amadurecimento da estrutura biopsicológica do indivíduo, mas também de seu grau de *expertise* dos artefatos culturais colocados a disposição da mídia, que facilitam a percepção dos outros.

Muitas pesquisas sobre os efeitos que a mídia exerce na *mente infantil* fazem referência ao papel relevante desempenhado pela *mediação dos pais*. Tal mediação consiste na ação do filtro que os adultos podem desenvolver em relação aos conteúdos da mídia. Sobretudo o impacto das imagens televisivas na mente das crianças pode ser, em certa medida, orientado pelos adultos em condições de co-visão ativa.

Os estilos de fruição familiar se distribuem ao longo de um *continuum* que vai da mediação *restritiva*, quando os pais intervêm simplesmente para disciplinar o que os filhos podem ver ou não; quando os pais se limitam a fiscalizar a situação com uma mera "co-visão", até a mediação *instrutiva*, que compromete os pais a discutir com os filhos o que estão vendo ou acabaram de ver, de modo a amparar seus percursos interpretativos com explicações e comentários adequados para as várias situações (Valkenburg et al., 1999).

A mediação dos pais responde a diversos estilos interacionais, mas sempre segue duas macroestratégias focalizadas em duas finalidades opostas. Na verdade, ao comentar os conteúdos transmitidos pela TV, os pais podem, por um lado, marcar a *semelhança* entre o mundo representado e a vida cotidiana, apostando no potencial de identificação pessoal fornecido pela TV; por outro, podem ressaltar a *diferença* entre o "o que se vê na TV" e "o que revive", avançando para facilitar o posicionamento da distinção entre "fantasia" e "realidade".

Assistir à televisão juntos e discutir os seus programas, explicando as razões das cenas mais perturbadoras e ressaltando as cenas de valor positivo pode ter um efeito benéfico nas crianças. Como podemos explicar a eficácia da mediação dos pais para facilitar a fruição mais serena da mídia por parte das crianças? Dialogando com os filhos a respeito do que vêem na televisão ou do que podem descobrir com o computador, os pais podem tanto fornecer razões de identificação, quando as imagens midiáticas são assimiláveis aos conteúdos passíveis de ser experimentados em primeira pessoa na "vida verdadeira", quanto oferecer suportes argumentativos para marcar a distância entre a realidade efetiva e a ficção científica.

Algumas vezes, é necessário dirigir-se para a aproximação entre a realidade apresentada na tela e a realidade vivida, segundo a estratégia utilizada ao máximo pelos programas de "TV-verdade"; outras vezes, é necessário deixar bem clara a diferença, como no exemplo tranqüilizador que incita a criança a ver molho de tomate na mancha de sangue que desfigura o rosto de um cadáver. Características de personalidade dos pais e configurações específicas nos climas relacionais das famílias podem orientar os pais para comentários prevalentemente positivos (se são otimistas), ou negativos (se são pessimistas). Na maioria das vezes, os pais adaptam seus comentários aos vários tipos de programas.

Uma vez que a questão mais relevante concerne ao modo potente com o qual a TV modela o processo de construção social da realidade, algumas pesquisas visam verificar se e quanto a TV possa gerar tipos de modelos mentais que tornem mais difícil para a criança perceber a distinção entre "real" e "fictício". Analisando os diálogos entre mãe e filho que realizam várias formas de mediação parental dos conteúdos televisivos, Davies (1997) reconhece três macrocenários interpretativos:

1. *realismo infantil*: a criança tende a acreditar que é "verdade" tudo o que vê e a mãe introduz a diferença "verdadeiro/falso" com intento protetor: "Não chore, é uma brincadeira!". A primeira atitude das crianças em relação à TV faz com que a considerem uma "janela mágica" que se abre e lhes fornece um olhar para o mundo. Quando isso acontece de verdade, uma vez que a realidade real freqüentemente não responde às expectativas de mundo justo, os pais tendem a fiscalizar os contatos que os filhos têm com o mundo real por meio da TV, marcando seu potencial de ficção;
2. *hiper-realismo infantil*: a criança acredita ser tão verdadeiro o que vê na TV que se maravilha ao descobrir a possibilidade de haver uma

diferença entre o que acontece na tela e o que vive: "Por que a minha mãe não está sempre assim sorridente?". Neste caso, a distinção materna "verdadeiro/falso" tem uma função autoprotetora: "Certas coisas acontecem só na televisão!". Essa argumentação dá voz à atitude comum apocalíptica com a TV (e com a mídia em geral) como esfera da simulação, do artifício da falsidade, que tem seu acme na expressão "TV lixo".

3. *realismo materno*: a mãe orienta a interpretação dos conteúdos fictícios em chave real: "Olha o que pode lhe acontecer se você se drogar/roubar...!". Esta modalidade discursiva revela como a mesma distinção "verdadeiro/falso" extrai grande parte de seu interesse do âmbito pedagógico no qual freqüentemente está inserida.

A influência da TV (e da mídia em geral) na construção social da realidade pode também explicar determinados resultados da pesquisa que podem ser interpretados de modo ambivalente. Por exemplo, uma pesquisa realizada por Babrow et al. (1998) mostra que crianças de 8 a 9 anos produzem descrições mais ricas e elaboradas de personagens fictícios (dos desenhos animados, por exemplo) do que de seus colegas de classe. Tal dado pode confirmar o temor que as crianças reduzam sua experiência de vida assistindo passivamente aos programas de TV, mas pode ainda ressaltar justamente os recursos narrativos apresentados pelos programas de TV, que podem chamar a atenção para as motivações dos personagens e podem, de qualquer modo, tornar acessíveis os pensamentos deles, suas emoções, seus planos. Este aprofundamento psicológico do personagem é possível com mais comodidade nas condições relaxadas da fruição midiática, enquanto nas interações reais, a atenção com pessoas é (às vezes, infelizmente!) relativa.

A alfabetização midiática leva as crianças a ter perfeito domínio dos vários níveis em que a distinção "real/fictício" adquire diversos significados. O êxito do processo consiste no fato que, mesmo pelo meio de fruição que lhes é oferecido pelos adultos, as crianças percebem que, falso ou verdadeiro que seja, grande parte do que acontece na TV (e na mídia em geral) é "real" no sentido de que é "profundamente importante", sobretudo em suas conseqüências.

Um outro temor refere-se à possibilidade de que um esplendoroso fluxo de imagens televisivas venha a enfraquecer a capacidade criativa e a disposição à fantasia das crianças. Analisando as respostas do que fariam "sonhando de olhos abertos", Valkenburg e van der Vorrt (1995) mostram que a TV não reduz a disposição a brincar com a fantasia, mas fornece recursos simbólicos; conseqüentemente, seus conteúdos dirigem as atividades de imaginação das crianças segundo configurações e ritmos congruentes com o andamento sincopado da linguagem televisiva.

A indicação mais geral de que a psicologia da mídia poderia sugerir em relação às questões colocadas pelo mundo infantil expõe a oportunidade de deslocar a ênfase social da necessidade de "proteger as crianças" para o empenho consciente de considerá-las como interlocutores ativos na co-construção da cultura comum.

3.2. O papel da mídia na crise da adolescência

Também no que diz respeito ao uso da mídia por parte dos adolescentes, prevalece a orientação apocalíptica, de modo que os pesquisadores geralmente focalizam sua atenção nos efeitos negativos produzidos pelo "hard rock" e pelo fascínio exercido por certos astros tenebrosos e/ou violentos. Com efeito, os dados de uma pesquisa com base na correlação autorizam a acreditar que os fãs da música *heavy metal* sejam mais favoráveis ao uso das drogas e mais propensos a correr riscos (Strasburger, 1995). Todavia, comparados aos de décadas precedentes, quando as gerações confiavam à interpretação da linguagem musical a função de exprimir sua visão alternativa da realidade – o estilo *rock'n roll* dos anos 50, o *punk* nos anos 70, o *rap* nos anos 80 – , os jovens do início do milênio parecem ter redimensionado a ênfase de sua identificação com um estilo ou grupo específico (Williams, 2001).

Caso se adote uma concepção culturalista da relação entre mídia e adolescência, é mais fácil perceber que os jovens procuram, nos conteúdos da mídia, alguns recursos simbólicos para enfrentar seu problema evolutivo, que consiste essencialmente em legitimar a si mesmo e aos outros em um projeto coerente de construção identitária. Esta concepção não permite nenhuma certeza (nem mesmo provisória) sobre os efeitos gerais da mídia nos jovens, mas chama a atenção acerca da multiplicidade dos processos interpretativos ativados neste contexto, por isso pode-se apenas argumentar de maneira problemática. Quando se adota tal perspectiva, é necessário que se considere a função pormenorizável do público. Segundo os princípios reconhecidos pela hermenêutica e pela semiótica, o significado de um texto depende também da enciclopédia do leitor, isto é, de seu conhecimento de mundo, do estado de seu sistema cognitivo e motivacional. Aí está a razão pela qual pode acontecer que o texto de uma mesma canção para os jovens fale de temas como o amor, a amizade, o divertimento, enquanto para adultos, fale de sexo arrebatador e fuga na droga (Prinsky e Rosenbaum, 1987). Naturalmente, não é apenas a idade que introduz variações nos textos midiáticos, mas todas as infinitas nuances com as quais as pessoas constroem a própria identidade, a começar pela pertença étnica. Por exemplo, depois de ter assistido a um videoclipe da cantora americana Madonna, quando perguntados a respeito do que tratava a música, os estudantes afro-americanos privilegiaram o tema da "relação entre pai e filha", enquanto que os brancos usaram como tema da canção a "gravidez pré-matrimonial" (Brown e Schulze, 1990).

Por meio de músicas e programas de TV preferidos (comédias de situação e novelas), os adolescentes assimilam pacotes informativos com conotação emotiva acerca de temas que atormentam seu projeto identitário: como conciliar o amor romântico com a sexualidade? Que imagem ofereço aos outros? Como posso fazer com que meu grupo me aceite pelo que sou? Quais as referências partilhadas pelo grupo em relação ao consumo, à moda, aos gostos, às "idéias sobre o mundo e a vida"? e assim por diante.

A mídia fornece aos adolescentes figuras externas ao núcleo familiar e à instituição escolar (vista cada vez mais como distante dos ritmos da vida verdadeira) com as quais realizam aquele tipo de "ligação secundária" que os transporta para o estado adulto. Assumir um político como principal referência de valor e/ou apaixonar-se por Brad Pitt são modalidades típicas dos adolescentes de estabelecer uma relação parassocial com a mídia.

Um estudo muito interessante realizado na China mostra como as ligações secundárias entre os jovens e as figuras midiáticas podem ser contextualizadas no âmbito de horizontes culturais mais amplos. Yue e Cheung

(2000) pediram para selecionar três "ídolos" e três "modelos" de uma lista de nomes contendo cantores pop e personalidades políticas com certa notoriedade, uma vez que estão sempre presentes na mídia. A distinção entre "ídolos" e "modelos" visa apanhar a ativação de processos psicológicos diferentes; enquanto os "ídolos" atraem a projeção fantástica dos desejos dos jovens, os "modelos" alimentam as necessidades de identificação com algumas figuras normativas (ou pelo menos orientadoras). As amostras de jovens participantes das pesquisas se inserem em dois contextos urbanos muito diferentes, ou seja, Xianggang – uma cidade chinesa dominada a tal ponto pela cultura ocidental que, por décadas, foi chamada de Hong Kong – e Nanjing, uma cidade no centro da China, na qual resiste o influxo da ideologia comunista. A escolha dos jovens revela uma influência significativa dos diversos contextos culturais. Quem se encaminha para o estado adulto na antiga Hong Kong, confia-se às figuras midiáticas dos cantores tanto na função de "ídolos" quanto na de "modelos", ainda que em graus diferentes de adesão. Ao contrário, os jovens que vivem em uma região menos exposta à influência midiática dos valores ocidentais, distribuem suas escolhas de construção identitária valorizando, de modo mais ou menos claro, o papel dos políticos (cf. Tabela 2). Naturalmente, os resultados desta pesquisa poderiam rapidamente esvaziar-se de sentido, caso se considerasse o forte caráter "capitalista" da classe dirigente chinesa nos últimos anos.

A mídia oferece aos jovens recursos simbólicos para justificar sua necessidade de moratória existencial. A extrema variedade dos modelos de

TABELA 2:
O vínculo mídia-cultura na construção da identidade juvenil

Base	Ídolos		Modelos	
	%		%	
Ambiente cultural	Cantor pop	Político	Cantor pop	Político
Hong Kong	46	4	18	32
Nanjing	24	26	5	45

referência fornecidos pela mídia – como ativadores de modas, difusores de estilos de consumo e de vida, veículos de informações, estimuladores de emoções – permite aos jovens na era pós-moderna construir uma "identidade patchwork" (Suess et al., 1998), ou seja, poder acreditar que o modo mais eficaz para enfrentar a complexidade do mundo contemporâneo é elaborar um Si lábil, capaz de misturar atitudes, hibridar crenças, sustentar paradoxos radicais como, por exemplo, ser um "pacifista radical".

O efeito da mídia mais temido socialmente concerne à formação da imagem corpórea do Si, sobretudo nas adolescentes. O ideal de esbelteza e de magreza incorporado pelas atrizes, modelos e apresentadoras de televisão pode gerar, na mente em reestruturação da identidade das meninas, uma determinada insatisfação com o próprio corpo, que pode desencadear o recurso a dietas perigosas. Os distúrbios alimentares podem se tornar graves a ponto de expor as personalidades menos sólidas aos riscos de anorexia e de bulimia. O dado mais relevante consiste na tendência das meninas e das mulheres jovens a inocentar a mídia e a atribuir a responsabilidade por sua insatisfação corporal a causas objetivas ou naturais, como a bagagem genética, a insistência dos pais em adotar os próprios parâmetros de referência, etc. (Harrison, 1997). Na verdade, o ambiente familiar pode ser um modelador do intenso fascínio exercido pela mídia a esse respeito. O hábito de fazer as refeições juntos e um clima de serenidade na relação entre pais e filhos parecem estar correlacionados a prática de dietas mais saudáveis por parte de adolescentes (De Bourdeaudhuij e Van Oost, 2000).

4. A forma da influência na comunicação publicitária

A preocupação social pela influência da publicidade identifica um dos ramais da ligação complexa entre a mídia e as pessoas, sobretudo (mas não só) das pessoas em idade de desenvolvimento, ou seja, as crianças e os adolescentes. A relevância psicossocial da publicidade reside em sua essencial congruência com a teoria dos efeitos da mídia. A publicidade existe somente quando se supõe que tenha eficácia nas pessoas. As empresas investem em publicidade somente até quando consideram que ela persiga, em certa medida, os objetivos de persuasão de que goza de credibilidade. A racionalidade econômica impõe que as campanhas publicitárias totalmente desastrosas sejam tiradas imediatamente de veiculação.

O discurso publicitário alimenta um debate no qual os argumentos a favor da "liberdade de expressão" se confrontam com os que visam proteger a "liberdade de interpretação". Toda e qualquer decisão que vise colocar limites na publicidade pode ser defendida ou atacada recorrendo à violação dos direitos humanos. Na publicidade, as empresas (e as instituições) pretendem ver reconhecida sua *capacidade criativa* em relação às necessidades humanas, enquanto as pessoas (e suas diversas formas de associação) nela vislumbram o exercício mais ou menos dissimulado de uma *constrição*. Na esfera pública, esse debate é freqüentemente amparado na necessidade de proteger a infância do poder de sugestão da publicidade, sobretudo a televisiva.

4.1. Da persuasão à fascinação

A publicidade é o âmbito no qual é mais evidente o chamado "Efeito Terceira Pessoa", ou seja, a crença de que os outros são mais vítimas dela do que nós. A resistência das pessoas a aceitar-se como "influenciáveis" e "manipuláveis" pela publicidade nasce da ligação obstinada à imagem de Si como centro de controle e de avaliação da informação. Uma vez que a publicidade é percebida como uma informação não solicitada e dirigida ao "povo", as pessoas tentam desesperadamente subtrair-se de sua influência. A fuga dos telespectadores dos *spots* (anúncios publicitários), que se estima estar em torno de 80% (Comstock e Scharrer, 1999), pode ser considerada como uma confirmação esperada da atitude de defesa que, freqüentemente, as pessoas desenvolvem em relação a qualquer projeto explícito de influência.

Uma vez que, segundo cálculos simples, em um ano as crianças vêem de 15 a 20 mil anúncios publicitários, pode-se considerar que a publicidade exerça uma importante função in-formativa em suas mentes (Postman, 1985). Foi igualmente verificado que os anúncios publicitários são memorizados mais facilmente do que os outros programas. Isso acontece por bons motivos, a começar pelo fato de que as crianças amam o que pode ser repetido (tanto uma fábula, como um anúncio). Além disso, a curta duração necessária dos anúncios e sua cadência musical são congruentes com a atenção infantil. Por ser sobrecarregada de emoções – do calor do ninho familiar à frieza do desafio com o inimigo – a trama dos anúncios facilita a tendência à identificação, por parte das crianças, com os heróis de qualquer empresa, ainda que comercial. Enfim, não pode ser deixado de lado o grau de refinamento artístico de alguns anúncios, que pode até justificar o fascínio que exercem em uma mente curiosa e sensível ao belo como é a de uma criança.

Analisando os pedidos apresentados pelas crianças nas cartas endereçadas a Papai Noel, Pine e Nash (2001) verificaram que existe uma correlação clara entre a duração da exposição à TV (sobretudo se a sós) e pedidos de presentes de marca. Se a influência da publicidade na mente e na conduta das crianças é evidente, sobretudo em seu "efeito" mais amplo de nelas instilar uma cultura materialista e consumista, parece menos claro o percurso realizado pelas crianças em sua "alfabetização publicitária" (Young, 1990), isto é, de que modo conseguem distinguir a publicidade de outros tipos de programas e se tornam conscientes da intenção persuasiva que a caracteriza. Se uma criança acredita que um anúncio televisivo sirva para "que os atores descansem", isso demonstra que a intrincada trama intencional da publicidade não lhe é ainda completamente clara.

Para tal propósito, é decisivo poder estabelecer de que modo as crianças entendem os discursos publicitários. Uma pesquisa muito importante de Ward e seus colaboradores (1977) permite, acima de tudo, diferenciar competência implícita da competência explícita na fruição dos anúncios publicitários. Sendo um gênero discursivo ao qual são expostas muito precoce e freqüentemente, já com 4-5 anos, as crianças sabem distinguir os anúncios de outros tipos de programa. Tal "habilidade/competência implícita" transforma-se em competência "explícita" mais lentamente. Analisando as respostas dadas à pergunta "Em sua opinião, por que existe a publicidade na TV?", é possível reconhecer três "níveis diferentes de compreensão":

a. *fraco*: quando as crianças acreditam que a publicidade serve para "interromper os programas", para que "os atores descansem", para que "possamos tirar a mesa" e para "consolar os pequenos que se assustaram por causa do filme";
b. *médio*: quando as crianças acreditam que a publicidade serve para "nos fazer saber das coisas", para "nos dar conselhos";
c. *forte*: quando as crianças acreditam que a publicidade serve para "convencer as pessoas a comprar", para "vender as coisas".

Embora sejam inicialmente cerceadas por uma "natural" tendência ao "pensamento egocêntrico", as crianças captam muito rapidamente a intencionalidade persuasória intrínseca à publicidade. Muito mais lento e bem menos garantido é o processo que as leva a tomar consciência das técnicas utilizadas pela publicidade para realizar seu projeto discursivo. Entre elas, são mencionadas pelo menos:

a. a repetição: dizer mais vezes o nome da marca, reformular a mensagem de várias maneiras;
b. o curto-circuito cognitivo: ligar planos vivenciais muito distantes, mesmo correndo o risco de implausibilidade;
c. a efusão afetiva: sobrecarregar o texto de índices emotivos;
d. a fascinação identificadora: ligar os produtos aos modelos de aspiração do Si.

Ainda mais difícil é o distanciamento crítico da instância ideológica oculta no discurso publicitário, que consiste em disseminar uma mentalidade materialista e uma cultura consumista, em ocupar as formas do imaginário coletivo, em modelar as "formas de vida" superficiais e banais (Oliviero Ferraris e Graziosi, 2000, 40-48).

A principal estratégia de projeção do Si, reconhecível nos textos publicitários, fica a cargo do modo de apresentar as pessoas. A imagem do corpo feminino é uma espécie de *passe-partout* da linguagem publicitária, que adapta aos conceitos merceológicos e enunciativos a força de alguns significados arquetípicos. As formas do corpo feminino dizem "vida", "bem-estar", "saúde", "beleza", "perfeição estética", "zelo". A inserção do corpo feminino na mensagem publicitária pode corresponder a diversas estratégias de sedução: de um simples piscar de olhos a uma ação mais agressiva. Por meio da multiplicidade dos chamados possíveis sedutores, o corpo feminino evocado na publicidade não tem mais quase nenhum vínculo com a sensorialidade e a sensualidade dos corpos humanos, transfigurado como é na consistência aparente de uma imagem onírica.

Ao contrário, a presença masculina nos cenários publicitários parece projetar não tanto tipos ideais, mas "idealizações de não-tipos" (Di Maria e Lavanco, 1998), testemunhando a consciência da dificuldade de encontrar modelos autênticos e válidos das relações sociais entre os sexos. Junto às alusões aos scripts tradicionais da força e da diligência como traços que identificam a virilidade, delineiam-se cenários comunicativos que apostam na autonomia do "single" ou no fascínio do eterno Narciso, com tentativa de auto-ironia. A reificação da imagem masculina dá voz ao medo social de sua perda de significado. O recurso dos publicitários à estratégia do "homem objeto" parece estatuir uma rendição ao domínio dos produtos sobre os produtores, das coisas sobre os objetos, dos papéis sobre os projetos de vida.

4.2. Fantasias subliminares

Os "conselhos para as compras" – retomando a célebre fórmula com a qual Maurizio Costanzo sugeriu um ambiente neutro para os textos publicitários – são circundados por um clima geral de suspeita que tem, entre seus mitos instituídos, o temor de que lancem mão de forças ocultas (Packard, 1957; Pugelli, 2000). Em 1950, a revista semanal norte-americana *Life* publicou um artigo de um publicitário, James Vicari, que assegurava ter registrado um aumento considerável, entre 30% e 50%, nas vendas de pipoca e de Coca-Cola em um cinema de Fort Lee, em New Jersey, depois de seis semanas que os espectadores assistiam a projeções habilmente alteradas. No filme, haviam sido inseridos, a cada cinco segundos, fotogramas com os escritos "Coma pipoca" e "Beba Coca-Cola" por três milésimos de segundo, ou seja, um tempo tão curto que impossibilitaria qualquer percepção consciente por parte dos espectadores. A celeuma suscitada na opinião pública pelo anúncio desta publicidade subliminar foi tão vasta e perturbadora que induziu muitos governos não apenas a proibi-la imediatamente, mas também a sugerir uma legislação severa, cujo objetivo fosse tornar claramente identificável a mensagem publicitária como tal.

A eventualidade de sermos manipulados sem que saibamos é sentida como atentado que nos é por demasiado intolerável como pessoas dignas, dotadas de "livre arbítrio". Desse modo, justifica-se o recorrente temor que alguém – dos anúncios publicitários às musicas – recorra a um "cavalo de Tróia" para tomar posse de nossa mente. A publicidade subliminar suscita tanto alarme porque as pessoas justamente se recusam a descobrir-se ameaçadas pelos ataques estrategicamente ocultos dos persuasores.

Um esclarecimento importante sobre a dimensão da influência subliminar foi acrescentado por uma pesquisa realizada por Greenwald e seus colaboradores (1991), cujos controles experimentais colocaram em evidência o valor das expectativas que se auto-realizam. No final dos anos 80, algumas empresas enriqueceram vendendo fitas-cassete que prometiam aumentar a memória ou aperfeiçoar o conhecimento de uma língua estrangeira, ou ainda aumentar a auto-estima, não por que propunham um esforço, mas sim por causa das mensagens subliminares que nelas estavam contidas e que funcionariam, de qualquer forma, a favor dos usuários. Alterando a correspondência entre as fitas-cassetes e as etiquetas nas embalagens – portanto, por exemplo, as pessoas utilizavam as fitas-cassetes vendidas para aumentar a memória, pensando (com base na etiqueta) que serviriam para melhorar a auto-estima e vice-versa – , Greenwald e colaboradores demonstraram que depois de um mês de uso confiante, o que se modificava não era a memória nem a auto-estima ligadas aos conteúdos efetivos das fitas, mas as expectativas das pessoas em relação ao que acreditavam que deveria ser melhorado (Arcuri, 2000, 58-64).

Portanto, submetida a controle empírico, a publicidade subliminar resulta ser pouco mais do que uma lenda urbana. Todavia, é um boato que ilustra muito bem a disposição das pessoas quando alguém quer extorquir o consenso delas sem que o saibam.

Mas, para livrar o campo do medo da persuasão subliminar basta render-se a um medo maior e mais justificado: as forças que o falar comum colocam à disposição dos projetos de persuasão são tão potentes que as organizações publicitárias acham mais fácil nos convencer com nosso assentimento consciente e nossa cumplicidade em vez de tentar as vias hipotéticas da sujeição subliminar.

Enquanto a via à persuasão subliminar não parece estar fundamentada em provas empíricas, ao contrário, a *publicidade latente*, isto é, a inserção aparentemente casual de uma marca em um programa televisivo ou em qualquer produto midiático, parece estar. Por exemplo, a exposição de uma marca de sucrilhos que o ET devora, em uma seqüência do célebre filme de Spielberg, triplicou suas vendas (Messaris, 1997). Enfim, as pessoas tendem a olhar com desconfiança toda prática discursiva que usufrua os recursos da comunicação e da cultura para fins comerciais e econômicos em geral. Esta desconfiança transforma-se em alarme e desconcerto/desprezo quando o projeto de persuasão se configura segundo tramas ocultas.

4.3. Cultura de consumo publicitário

Quando a publicidade é considerada excessiva, determina-se um risco para o bem-estar das pessoas que exige o interesse do psicólogo. Essa situação é freqüentemente relacionada com a infância: publicidade em excesso prejudica, sobretudo, as crianças. Com efeito, são os textos publicitários que orientam a transformação das crianças em consumidores, marcando diversas modalidades de fruição que, de acordo com a teoria geral do desenvolvimento de Piaget, correspondem a quatro estágios (Valkenburg e Kantor, 2001). Já com dois anos, as crianças são capazes de reconhecer, nos supermercados, determinados produtos que viram anunciados na TV. O período de máxima vulnerabilidade é, porém, entre os dois e os cinco anos, pois elas tendem a crer que todas as promessas publicitárias são verdadeiras, razão pela qual os supermercados tornam-se teatro de seus "caprichos" e um suplício para os pais. O período sucessivo (de 5 a 8 anos) é caracterizado por procedimentos de negociação com os pais, por isso as crianças aprendem a estabelecer prioridades e a interiorizar diferentes graus de satisfação. O final da infância (9-12 anos) determina a primeira configuração de um estilo pessoal de consumo inspirado em fusões específicas entre uma atitude geral crítica, a influência dos pares, etc.

A esfera da publicidade é relevante também porque determina um risco de idealismo ao qual está exposta a pesquisa psicológica, ainda que tenda a subestimar o nexo entre a disponibilidade dos bens materiais e a sensação de bem-estar pessoal. Por exemplo, por mais que seja considerado um efeito aberrante da cultura materialista americana, que a essa altura já se tornou universal, constata-se que os sujeitos do sexo masculino situam os automóveis numa posição mais próxima ao Si do que os próprios órgãos corporais e as crenças religiosas (Cook, 1992). O automóvel é considerado um instrumento de identidade mais importante do que o coração que nos mantém vivos e do que os ritos que nos comunicam com nossos antepassados.

De acordo com a passagem do "hard self" ao "soft self", a história da publicidade revela um evidente andamento "psicologístico", já que a construção das mensagens desloca seu foco das características do produto para as do consumidor. Em geral, a publicidade exercita sua sedução não tanto em esclarecer os benefícios implícitos ao produto, quanto em criar um mundo no qual o possível comprador sinta-se valorizado e gratificado. Naturalmente, esta diferença capta a orientação geral das estratégias de comunicação publicitária, que ainda deve adaptar-se à variedade das categorias dos produtos e dos contextos midiáticos. Uma campanha publicitária baseada em uma atmosfera onírica é mais idônea para um carro de luxo do que para um creme de barbear e funciona mais em um anúncio televisivo que na página de uma revista especializada.

Uma estratégia publicitária muito recorrente consiste em usar uma pessoa que, por qualquer motivo, tenha fama (ator, esportista, cientista, etc.) como avalista da qualidade de um determinado produto. A força persuasiva dos *testimonials* (os endossos dados pelos famosos) origina-se do vínculo especial que une o público aos protagonistas midiáticos e é conhecido como "relação parassocial" (v. Cap. 01). Conjetura-se que o público transfira para o produto a atitude de confiança que nutre com a personalidade midiática. Todavia, nem sempre tal estratégia é eficaz, já que algumas vezes a imagem dos famosos prevalece sobre a do produto. As medições fornecidas pela técnica do diferencial semântico mostram como a imagem de um determinado produto muda com base na personalidade atribuída à celebridade que o promove (Walker et al., 1992). Aos olhos do consumidor, uma marca de café tem sua natureza alterada se quem a anuncia não é mais um cantor famoso intelectualizado e sim o apresentador de um programa televisivo popular.

A extrema variabilidade na base das estratégias publicitárias exige da psicologia da mídia uma mudança significativa na abordagem aos problemas da publicidade. Na verdade, o interesse prevalente dos estudiosos não mais diz respeito à dimensão perceptiva, mas à construção discursiva e à trama narrativa dos "conselhos para as compras". A publicidade pode capturar a atenção não apenas/tanto prestando atenção à boa forma do que se oferece aos olhos e/ou aos ouvidos das pessoas, mas, sobretudo, tecendo associações de idéias, evocando climas emocionais, isto é, tomando vias mais seguras para fazer transitar a idéia de que um determinado produto possa servir para melhorar a imagem de si mesmo.

A nova abordagem, centrada na análise da construção retórica do texto publicitário, é criticada como inadequada em psicologia porque se limitaria a evidenciar a psico-lógica implícita no texto publicitário, sem se preocupar em averiguar as respostas efetivas do consumidor. A prevalência da base evocativa sobre a informativa manifesta-se claramente nas campanhas "truncadas" ou "em etapas", que visam chamar a atenção do consumidor potencial justamente por obscurecer aquilo do que se trata ou tornando (dentro de determinados limites) difícil a compreensão, de modo a provocar o desejo de saber.

O contexto no qual o anúncio publicitário se insere orienta notadamente as estratégias de interpretação. Por exemplo, os anúncios televisivos são menos lembrados quando interrompem programas com alto grau de violência ou programas humorísticos, pois a ativação emocional com a qual são percebidos implica uma diminuição da atenção (Bushman, 1998; Furnham et al., 1998). O mesmo anúncio é recebido de maneira diferente se interrompe uma emocionante história de ação ou se reanima um fraco *talk show*.

A publicidade interessa o psicólogo da mídia também porque evidencia a natureza intertextual dos conteúdos midiáticos. Na verdade, o anúncio publicitário não vale como evento único, independente, autônomo em seu significado, mas ativa uma trama de remissões a outros anúncios e a outros objetos: passa por meio de múltiplos canais – Internet, rádio, televisão, arte e técnica de fazer cartazes (fixa e móvel), etc. –, portanto torna-se uma presença doméstica, uma voz familiar que se insinua na experiência cotidiana das pessoas, ocupando muitos interstícios de sua cultura de referência.

4.4. Retóricas da enunciação política

A influência de espectro mais amplo que a mídia exerce nas pessoas e na sociedade resulta do fato de que a publicidade englobou quase que por completo a política. Nossa época evidencia um dinamismo adicional, representado pelo deslocamento da esfera pública na qual ressoa a voz do político: do lugar predeterminado em que era tradicionalmente esperado (da praça pública ao Parlamento, das manifestações aos comícios) o foco do discurso político tende a disseminar-se nas redes da comunicação midiática. Como se sabe, tal mudança, com a conseqüente aparição de novas figuras de sustentação (como os específicos pesquisadores, conselheiros, *ghostwriters*, especialistas em marketing, etc.), inseriu os ritmos nada inocentes da espetacularização e do entretenimento, que alteraram as lógicas que estruturam a comunicação política.

O entrelaçamento do âmbito da política com a esfera da comunicação mostra-se especialmente transparente caso se considerem as transformações que as tecnologias comunicativas produziram nas formas e nos conteúdos da política. Se nos limitamos ao sistema político da modernidade (Thompson, 1995), parece evidente, antes de tudo, que seu fundamento de representação deve sua validade ao princípio semiótico da representação. Na verdade, os políticos eleitos pelo povo são seus "porta-vozes" porque enquanto sabem conquistar a confiança de sua comunidade, sabem se fazer intérpretes do bem comum: do mesmo modo que a representação está no lugar de seu objeto de referência em virtude de um interpretante. Neste ambiente geral de validade semiótica da ação política, configura-se um nexo específico entre modalidade de exercício da representação e tecnologia comunicativa prevalente. Com efeito, as três formas de governo evidenciadas por Manin (1990) – o conjunto das autoridades do parlamento, a democracia dos partidos e a democracia do público – correspondem ao estabelecimento de uma específica tecnologia na instituição das comunicações de massa, ou seja, a imprensa, o rádio e a televisão, respectivamente.

Como é sabido (Sartori, 1997), o efeito principal da videocracia é a espetacularização da política: a subordinação da idéia à imagem e a pressão para "captar", interceptar e seduzir o público (Charaudeau e Ghiglione, 1997). A ênfase nas características idiossincráticas dos "astros políticos" – da fortuna às preferências sexuais – comporta um enfraquecimento progressivo do confronto ideológico e do empenho idealizado (Ghiglione e Bromberg, 1998, 39). O discurso político é determinado pelas dinâmicas de formação e de expressão da opinião pública, que não é mais o êxito de uma crítica racional livre (à moda de Habermas), mas o efeito bem engenhado de uma operação de marketing (Slaatta, 1998). A urgência da visibilidade, a tendência à dramatização do confronto, o prevalecer da espetacularização e da teatralidade na exploração acurada dos motivos, as pressões das pesquisas estão entre os aspectos mais vistosos da transformação sofrida pelo discurso político na era da "democracia eletrônica" (Street, 1997).

Como se sabe, a televisão se destaca entre os meios de comunicação de massa pela pressão implícita que exerce em quem a assiste, portanto seus usuários tendem a elaborar a informação mais pela "via periférica" de como é apresentada (plausibilidade icônica, ritmos narrativos, etc.) do que pela "via central" de sua consistência argumentativa (precisão conceitual, precisão lógica, etc.). Conseqüentemente, a telepolítica é um amplificador potente do risco de *saliência afetiva*, pois o telespectador capta sobretudo a atmosfera global do texto de palavras e imagens em movimento e atribui ao tom emocional do discurso político o papel de "figura", enquanto os argumentos são projetados no "pano de fundo". Além disso, do ponto de vista dos enunciadores do discurso político, a consciência de poder manipular as emoções em público tem uma dimensão amplificadora do poder social que lhes é atribuído, quer sejam positivas ou negativas. Os ritos midiáticos de compartilhamento social (*social sharing*) da esfera afetiva – dos megaconcertos de rock aos eventos esportivos e às festas de partido – fazem empalidecer a função original de controle cognitivo e de canalização das emoções coletivas e tendem a assumir uma função mais marcada de *ativação simbólica*. Na verdade, os derrotados em um embate político tendem a deixar a cena midiática não somente para evitar ter de admitir a derrota comunicativa, ou ao menos uma carência na própria estratégia de persuasão e/ou de explicação, mas sobretudo para se subtrair da dificuldade de enfrentar uma exposição pública de emoções negativas (abandono, impotência, incredibilidade, inveja, raiva, desconforto, etc.), que os transforma em emblemas do mal.

A excessiva saliência dos discursos políticos é um indicador extremamente sensível dos processos de diferenciação e de desagregação do *idem sentire* que constantemente ameaçam uma comunidade. Quando o parâmetro discriminante das posições no interior de uma discussão política é dado pela experiência afetiva, acaba sendo improrrogavelmente ativado um processo de des-identificação do grupo social envolvido naquela discussão. O discurso político submetido ao marketing comporta um análogo empobrecimento psicossocial, razão pela qual muitas vezes as pessoas baseiam suas opções na mera força do impulso emocional. Dessa forma, acabam sendo explicados tanto a grande mobilidade das frentes políticas, quanto o peso crescente dos indecisos.

Na verdade, as dinâmicas de alteração do discurso político e de seu nexo orgânico com a opinião pública (recurso essencial para a vida civil na era moderna) sofreram uma aceleração e um desvio a mais com o estabelecimento da Internet (e da CMC em geral) como tecnologia capaz de levar ao grau máximo a "realidade virtual" (Jacobelli, 1998). Devendo dar um formato institucional às memórias e aos projetos que os homens podem elaborar graças aos modelos de intencionalidade coletiva de que dispõem (Searle, 1998), o universo do discurso da política sempre desfrutou de todas as potencialidades de representação próprias dos símbolos. Nos ambientes da CMC, o discurso político se volta para uma maior rapidez de contatos e uma maior liberdade expressiva, prometida pela condição de anonimato na qual a interação se realiza (Tumber e Bromley, 1998).

Enfim, qualquer fruição de produtos midiáticos – ler um jornal, ver um filme, assistir a um concerto, etc. – deriva de um encontro entre as demandas de um indivíduo (acerca de como se informar, divertir, aculturar) e a oferta de bens simbólicos feita pela instituição da mídia. Os meios de comunicação de massa são meios de construção da realidade muito potentes e, por isso, atuam por agências de socialização e de aculturação, fornecendo esquemas e scripts cognitivos, disponibilizando representações sociais acerca dos aspectos mais diversos da vida humana.

CAPÍTULO 03

Informar

Premissa

Um dos mitos em que se embasa a civilização ocidental concebe homens acorrentados ao chão na entrada de uma caverna, de modo que consigam olhar apenas para uma parede de fundo, sobre a qual a luz de um fogo externo reflete a sombra de outros homens que transportam vários objetos. Como se sabe, no diálogo *República*, Platão faz uso dessa imagem para argumentar a necessidade da reflexão filosófica, que é capaz de alcançar o conhecimento real e estável das idéias, ao contrário do senso comum, atraído inutilmente pela rápida sucessão de semelhanças enganosas. Com as oportunas mudanças que um contexto histórico diferente comporta, o mito da caverna pode também esclarecer a condição atual do homem, pois sua experiência da realidade depende essencialmente da ação das tecnologias de comunicação de massa. Grande parte do que nós sabemos do mundo, da cultura a que pertencemos e de nós mesmos, nos é projetada pela luz tênue de uma tela qualquer (do cinema, da televisão, de um computador). Até mesmo quando nos aventuramos mais ativamente entre os produtos da imprensa (livros, jornais, revistas), somos obrigados a nos enfurnar em uma relação solitária que, evidenciando a dependência que temos dos meios de comunicação de massa, faz vibrar nossas necessidades de conhecimento.

Esses meios de comunicação retiveram em cavernas modernas mais confortáveis uma humanidade constantemente hesitante entre a expectativa da verdade e o fascínio do fictício. Pode-se discutir sobre o poder efetivo que a mídia talvez venha a exercer sobre as condutas e as crenças das pessoas, mas não há dúvida de que ela tem potencialidades inimagináveis para difundir informações. As tecnologias de informação construíram uma rede contínua para a transmissão das *notícias*, portanto, os eventos de relevância coletiva podem se tornar conhecidos por um número cada vez maior de pessoas no mundo.

A relação estreita que a mídia estabelece com o mundo da informação constitui a fonte do prestígio, e ao mesmo tempo de suspeita, com que é circundada no imaginário coletivo. Por sua extraordinária capacidade de difundir notícias, a mídia se oferece como uma "janela para o mundo", à disposição de quem quer que seja. Apesar disso, geralmente tende a esconder que se trata de uma janela recortada e orientada de uma determinada maneira, e para um determinado mundo, de modo que fica obscurecida a dimensão de propaganda habitualmente tecida no enredo constitutivo da informação.

A crise política planetária com a qual a humanidade hoje se atormenta, movida pelo terror ao terror, é também apresentada como "guerra da informação". Não é apenas uma metáfora voltada a deslocar a atenção dos campos de batalha, mas é um chamado preciso às praticas que tornam a informação um instrumento de defesa e de ofensa. Trabalhar com o conhecimento de modo a adaptá-lo aos objetivos das identidades em conflito (pessoas, grupos, instituições, culturas) significa transformá-lo numa arma de persuasão, muitas vezes recorrendo às armações mentirosas e enganosas praticadas pela mídia.

A confirmação do caráter ubiqüitário da tensão ao conhecimento iminente nos "jogos lingüísticos", com os quais damos sentido ao mundo, reside no fato de o "texto notícia", dominante na cultura de massa, evocar, com eficácia semelhante, abordagens potencialmente alternativas na interpretação dos fenômenos de comunicação. De fato, os processos de produção e de consumo das notícias tornam plausíveis quer a "teoria da informação", célebre depois do modelo de Shannon e Weaver (1949), quer a "teoria contratual", que visa justificar em profundidade qualquer evento comunicativo, das primeiras hipóteses psicolingüísticas sobre o "Give-New-Contract" (Clark, 1977), às mais recentes demonstrações da psicologia social (Ghiglione, 1988).

1. A mídia como ativadora de percursos interpretativos

A pergunta mais instigante (quase como um coração palpitante) e recorrente na psicologia da mídia pode ser formulada da seguinte maneira: as representações difundidas pela mídia são um *reflexo* da realidade ou contribuem para *construí-la*? A resposta depende do que entendemos por "realidade" e de quanta influência estamos dispostos a atribuir à mídia. Seu enorme poder reside na capacidade de construir e difundir representações ao menos temporária e parcialmente partilhadas, ou seja, modos de compreensão da realidade. O que a maior parte das pessoas sabe a respeito de muitos contextos possíveis de vida no mundo – distritos policiais ou laboratórios científicos, prisões ou hotéis de alto luxo – não resulta da experiência direta, mas de seu contato com a mídia. Portanto, é decisivo estabelecer o quanto são confiáveis tais representações da realidade, sobretudo quando concernem a aspectos nevrálgicos da identidade pessoal (etnia, a fé religiosa, o tipo de gratificação sexual, etc.) e social (como a adesão a grupos profissionais, políticos, etc.).

1.1. Espelhos deformadores da realidade social

Uma primeira observação crítica diz respeito ao grau de correspondência entre realidade de referência e representação midiática. Por exemplo, graças ao conhecido aumento das expectativas de vida, em muitas comunidades ocidentais o porcentual de idosos supera 21% da população; os idosos, porém, raramente superam o limite de 7% do tempo de presença nas telas da TV. Uma outra diferença macroscópica concerne ao porcentual de agricultores e operários, que certamente é mais elevado do que o dos médicos e engenheiros na população real, mas não em sua participação no que é circulado na mídia. Cálculos simples como esses induziriam a tirar certas conclusões (talvez demasiado apressadas) a respeito da natureza deformadora das representações midiáticas. Na verdade, a mídia muitas vezes opera como um prisma de valores que projeta imagens alteradas do que captura.

Um indício nesta direção é a representação do gênero feminino. Sobretudo nos anos 70, ou seja, concomitantemente a uma difusão social mais ampla das idéias feministas, muitas pesquisas denunciaram o "aniquilamento simbólico das mulheres" realizado pela mídia. O período de maior audiência televisiva (*prime time*), estudado no decorrer do vintênio 1973-1993, viu atuar na tela um número muito maior de personagens masculinos (68,5%) do que femininos (31,5%). Ademais, a mulher tende a ser representada como um gênero marcado por certos papéis tradicionais: objeto de desejo sexual, anjo do lar, mãe dos filhos do marido, sempre afeita a profissões de apoio (secretária, garçonete, etc.). Seria possível objetar que, nesse caso, o sexismo da mídia é um espelho fiel da propriamente dita, enquanto reproduz a condição de subordinação à qual as mulheres estão sujeitas devido ao moderno sistema patriarcal de reprodução social. Na verdade, a situação atual mostra-se um pouco melhor, já que na TV atua no *prime time* um número maior de personagens femininos (40%), numa gama mais ampla de papéis, até naqueles tradicionalmente reservados aos homens, como policiais, chefes, juízes, engenheiros, prefeitos, etc. (Glascok, 2001).

Pode-se facilmente compreender o quanto a mídia é um espelho ao mesmo tempo fiel e deformador para a experiência de vida das pessoas pela representação que ela oferece dos papéis parentais. Trata-se de um indicador convincente/claro da relação ambivalente que a mídia estabelece com a realidade efetiva. Analisando os anúncios televisivos em que há imagens de crianças com adultos, Kaufmann (1999) mostra que, exceção feita aos artigos esportivos, é difícil encontrar crianças sem uma

TABELA 1:
A representação midiática dos papéis parentais

Atividades desenvolvidas	Pai			Mãe		
	crianças	meninos	pré-adolescentes	crianças	meninos	pré-adolescentes
Cuidar	33	7	0	37	27	6
Educar	11	29	22	5	10	6
Fazer as refeições	0	35	44	0	22	19
Brincar	56	37	22	58	22	13

presença feminina (mãe, avó, etc.). A Tabela 1 mostra a distribuição porcentual do papel paterno e materno, retomado em relação às diversas fases do crescimento infantil e aos diversos tipos de atividade. Pelo que mostra a publicidade televisiva, os genitores nunca fazem as refeições com os filhos pequenos; os pais – assim que podem – tendem a não cuidar mais dos filhos, pais e mães brincam cada vez menos com eles, os pais vêem que lhes é atribuída uma função educacional mais importante e mais contínua no tempo do que a atribuída à mãe.

1.2. Megafones dos estereótipos

A mídia tem oportunidades extraordinárias para construir de maneira velada e fazer circular representações estereotípicas de alguns aspectos da realidade de grande importância social. Por exemplo, quando os jornalistas esportivos apresentam os campeões negros como "atletas naturais", fazem não só uma hipergeneralização simplificadora, mas também uma justificativa reticente da mais elementar inferioridade desses desportistas. A partir daí, o público é autorizado a concluir que o atleta de pele branca (talvez, mas muito provavelmente, de sua comunidade de pertença) sejam "atletas culturais". O mito dos "atletas naturais" parece um reconhecimento de valor oferecido ao outro, mas insinua desvalorização: sobressair-se por natureza é uma coisa que acontece, mas o que vale mesmo é sobressair-se por causa da cultura (inteligência, empenho, esforço, etc.).

Os anúncios televisivos tornam transparentes o imaginário coletivo na distribuição das tarefas entre os papéis parentais: embora haja uma tendência a compartilhar o peso de cuidar dos filhos de maneira mais equânime do que antes, o trabalho de dedicar-se a eles ainda recai principalmente sobre a mãe, enquanto do pai se exige que esteja presente nos momentos decisivos da educação e que dedique seu tempo livre à família.

Quanto mais marginal for um grupo, mais a sua visibilidade será entregue a estereótipos na mídia. Uma confirmação especial dessa hipó/tese provém do modo pelo qual a mídia trata os deficientes. A deficiência é uma estrutura biopsicossocial importante que revela o grau no qual as comunidades humanas interpretam os temas da saúde, enfrentando as questões da diversidade interna com políticas orientadas ao isolamento e à exclusão, ou ao apoio e à integração dos deficientes. A mídia não só, como era de se esperar, tende a falar muito pouco dos portadores de deficiência, já que "não constituem um público", mas também tende principalmente a desvalorizar a especificidade de sua dimensão enunciativa de sentido.

Até mesmo quando se dedica ao assunto, a mídia se ancora nas próprias lógicas de seleção e espetacularização. As deficiências demasiado perturbadoras são completamente ofuscadas: pessoas com deficiência motora têm muito mais possibilidade de aparecer na cena midiática do que as com dificuldades cognitivas e/ou de comunicação. A mídia de difusão local é, em geral, mais sensível do que a de difusão nacional ou internacional no tratamento do tema. Algumas vezes, a deficiência é utilizada como suporte emocional para o enredo narrativo e como fonte de humorismo.

Mas a deformação mais grave na qual incorre a representação midiática das pessoas deficientes consiste na tendência em transformá-las de "sujeito" a "objeto" do discurso. De fato, o principal interesse da mídia a esse respeito não recai sobre os significados expressos pelos deficientes como enunciadores especiais de história, mas sobre as expectativas relativas à gestão pública da saúde. O contrato tácito de comunicação que vincula os operadores dos meios de comunicação com o público faz que a câmera seja rapidamente deslocada do deficiente para o médico, por isso a vicissitude humana do sofrimento, ou do direito negado, torna-se apenas uma ocasião para celebrar (muitas vezes apenas a expectativa de) alguma biotecnologia.

Quando a mídia resiste a essa tentação e dá vozes aos deficientes, tende a enquadrá-los em um dos seguintes ambientes interpretativos de base estereotípica, que segmentam um continuum com extremos polarizados (Balter, 1999):

a. o *super-herói*: não apenas para os sucessos pessoais, mas para as atividades socialmente relevantes, realizadas apesar da deficiência (por exemplo, um idoso numa cadeira de rodas impede um assalto);
b. o *inocente*: de uma doçura insciente (sobretudo as crianças e os autistas);
c. o *sábio*: a deficiência física ou expressiva é equilibrada pela argúcia intelectual, criatividade, originalidade, etc.;
d. o *demônio vingativo*: quando o peso da deficiência – principalmente quando não é congênita, mas resulta de eventos sociais (mau funcionamento do sistema da saúde pública, violação das normas de segurança do trabalho, acidentes, etc.) – é descarregado na sociedade.

Merece menção especial a representação que a mídia fornece dos pacientes psiquiátricos. A construção da patologia mental apresenta contornos fluidos e muitas vezes discutíveis já no âmbito das próprias disciplinas científicas. Não só a normalidade das condutas humanas contém elementos de anormalidade, mas as soluções criativas para os problemas, de início, podem parecer "insanas". A mídia administra essa ambivalência da saúde mental, explorando todas as potencialidades das crenças e das condutas estranhas e bizarras, a fim de alimentar seus programas de ficção, valorizando o senso comum sobre os "loucos", retratados, quase sempre, como pessoas de existência malograda, ainda que sob a máscara de uma espontaneidade ingênua, como fontes e/ou vítimas da violência ou comprometidos em diálogos insustentáveis. Ao analisar os relatos jornalísticos a propósito da doença mental, Rose (1998) mostra que, no decorrer de poucos decênios, a mídia reflete e ao mesmo tempo constrói uma mudança de perspectiva no modo pelo qual a sociedade está disposta a enfrentar o problema. A sensibilidade anti-segregacionista transformou-se progressivamente em desilusão pela ineficácia de algumas tentativas de realizar a integração dos doentes mentais nas comunidades.

O uso feito pela mídia dos estereótipos constitui um forte argumento no debate mais geral que divide os psicólogos entre quem considera esse procedimento cognitivo um recurso neutro e normal da mente natural e quem, ao contrário, o considera uma deformação funcional dos objetivos que os atores sociais reconhecem numa situação histórico-social precisa. Entender o estereótipo como uma manifestação da "heurística da representatividade", segundo a qual as pessoas tendem a privilegiar as informações mais salientes disponibilizadas pela memória, comporta que a problemática seja dirigida para um conjunto de idéias pré-concebidas, ou seja, para uma constelação especial peculiar de crenças, de emoções e de disposições de agir em relação aos outros. A mídia seria responsável não por difundir visões estereotipadas da realidade, mas sim por perpetuar, por meio delas, as concepções preconceituosas de alguns e prejudiciais em relação a outros.

Ao contrário, entender os estereótipos como uma prática situada do discurso social e midiático implica uma denúncia da ideologia implícita em toda e qualquer pretensão de classificação. De qualquer maneira, sobretudo no uso desenvolto realizado pela mídia, o estereótipo é um instrumento de imposição de módulos interpretativos claramente definidos por fenômenos que, muitas vezes, se configuram como nuvens de sentido com os contornos imprecisos, indistintos. Por exemplo, o estereótipo do pedófilo como um indivíduo anti-social e sem empatia permite ocultar um senso de culpa mais geral, fruto de uma forte dissonância cognitiva que deriva da hipótese, sem dúvida alguma incômoda, de que as paredes domésticas escondam muita violência para com a infância, também de natureza sexual.

1.3. Manipuladores de verdades

A comunicação interpessoal é modelada pelo horizonte interpretativo da expectativa da verdade e da sinceridade. Quando envolvem as pessoas como pessoas, as relações sociais se inspiram no valor ideal da sinceridade, pois a experiência de mundo que as pessoas têm é guiada pela busca da verdade. Espero que você seja sincero quando diz o que diz, e sou levado a acreditar que há correspondência entre o que você diz e o que sabe do mundo a que se refere.

E, todavia, é verdade que na vida cotidiana as pessoas mentem: por exemplo, dizem que ficaram horas absortas contemplando um quadro, sendo que apenas deram uma olhada nele, ou se demoram em vibrantes declarações de "I love you", mesmo quando se arrastam numa relação chata. A possibilidade de mentir torna interessantes as relações sociais, pois acena ao horizonte de liberdade que constantemente se descortina na vida das pessoas. Espero que você não minta, mas sei que pode fazê-lo e que, no caso, fará de modo que sua mentira não se pareça uma mentira, do contrário, você estará correndo o risco de perder a minha confiança. Na comunicação face a face, as pessoas sabem que estão expostas ao risco de serem enganadas e, muitas vezes, tomam as suas medidas defensivas, prestando atenção ao menor indício de insinceridade (Anolli, 2003).

Ser manipulado e abandonado é uma experiência tão desagradável quanto ser desmentido, porque a vítima de um engano – além dos efeitos negativos que freqüentemente estão ligados ao fato de não dispor de uma informação verdadeira, correta ou adequada – se vê ameaçada em sua auto-estima. Passar por "crédulo" não é bom para ninguém, visto que é um traço da personalidade que habitualmente se relaciona com "pobreza de espírito" e com heterodependência. Nas interações face a face, as pessoas dispõem de um tipo de sistema imunológico para a mente, feito de cautelas e justificativas, que é ativado assim que surge a necessidade de enfrentar a ameaça do engano.

Já na comunicação face a face, as pessoas percebem, com maior ou menor consciência, que sua relação com a verdade é guiada pelo paradoxo. Na verdade, toda a vida social é possível quando se assume como ideal regulador a tensão com a verdade e, ao mesmo tempo, se concede que a trama prática dos interesses (não necessariamente egocêntricos) permite muitas vezes a falsidade e o engano. Esse regime paradoxal é contrastado por um tipo de sistema imunológico da mente que orienta as pessoas em seus esforços voltados para ocultar as próprias mentiras e revelar a mentira dos outros. Na comunicação de massa, registra-se o estímulo paroxístico do paradoxo, mesmo porque nem as pessoas nem as comunidades desenvolveram ainda procedimentos capazes de protegê-las dos múltiplos ataques que a verdade não pode deixar de sofrer da mídia, ataques esses que têm amplas possibilidades de concretizar tipos de enganos: da omissão à dissimulação, da imitação à falsificação.

A relação entre usuários dos meios de comunicação de massa e expectativas de verdade torna-se ainda mais paradoxal, porque a radical assimetria inerente ao processo de comunicação de massa faz que os usuários tendam a participar deles de boa-fé, mesmo porque quase nunca têm competências técnicas que poderiam suscitar-lhes a dúvida sobre a verdade do que escutam, vêem e lêem. O sistema psíquico de detecção da mentira (*lye detecting*) – atenção aos indícios que podem desmascarar a investida do mentiroso, ativador de procedimentos de explicações voltados a proteger o Si e a sustentar a imagem aviltada – não pode funcionar com o mesmo grau de eficácia nas situações de comunicação de massa.

A mídia possui laços muito frágeis com a busca da verdade, pois correspondem a princípios completamente contrastantes. Antes de qualquer coisa, "a" verdade, a que se quer "grande" ou mesmo suprema (e, portanto, a Verdade), atrai a vida das pessoas do ponto de vista da qualidade, caracterizando-as como "honestas", "críveis", "confiáveis" e "justas". Por ser ancorada na racionalidade econômica, a mídia, ao contrário, é obcecada pela quantidade, razão pela qual pode, no máximo, confrontar "as" verdades, reconhecendo que as versões dos acontecimentos/das coisas são necessariamente parciais e, conseqüentemente, muitas vezes se tornam "pequenas verdades".

A amplitude e a freqüência dos enganos perpetrados são tais que esvaziam de sentido a expectativa natural de verdade. A diferença de poder social entre a mídia e os seus fruidores é tanta que estes são menos induzidos a sentir sua auto-estima ameaçada quando percebem estar sendo manipulados. A mídia produz uma diminuição nas defesas psicológicas com que as pessoas procuram permanecer imunes às conseqüências dos enganos.

Uma confirmação disso é a grande acolhida que a mídia reserva aos "*factóides*", ou seja, às notícias romanceadas dos eventos não acontecidos, mas apresentados de tal maneira a fazer acreditar que ocorreram, ou às reconstruções dos diálogos nunca registrados. A mídia hospeda um fluxo irrefreável de "vozes que correm", conversas e opiniões cujo objetivo é "fazer tendência" sem ter de justificar o porquê, "lendas urbanas" que dão visibilidade aos lados obscuros dos desejos reprimidos e das angústias inconfessáveis. A possibilidade de uma babá vir a colocar no forno uma criança que foi confiada a seus cuidados facilmente encontra lugar no magma borbulhante dos conteúdos midiáticos. O desinteresse da mídia pela verdade transparece também pela crescente sensação de rendição que o mundo da informação manifesta com a "notícia-fofoca", confirmando de tal modo a desconfiança sobre o que foi difundido que os conhecimentos fornecidos pela mídia projetam a construção social da realidade numa rede de "boatos e fofocas" (Benvenuto, 2000).

1.4. Práticas de veridicção verossímil

A mídia tem uma relação difícil com a verdade, entendida tanto como correspondência com a realidade quanto como confronto imparcial entre versões diferentes, pois não pode ser contaminada pelo poder. Conseqüentemente, quando recorrem aos meios de comunicação de massa, as pessoas geralmente estão indefesas em relação às práticas de manipulação inerentes a eles. Quando desenvolvem uma consciência crítica suficiente, podem resistir às estratégias relativamente sutis de distorção do sentido dos atos e dos acontecimentos e, eventualmente, denunciá-las, tentando confirmar sua influência no âmbito da modelagem da mente.

Quando se está no vórtice sociocognitivo criado pela paixão irreprimível do fluxo, da lógica mercantil ampliada aos bens simbólicos, e pela paixão à espetacularização, a inclinação natural da mente para descobrir como as coisas estão "verdadeiramente" (e a identificar-se com elas) é desviada pelos fantasmas da aparência e da conveniência.

Por exemplo, os *talk shows* e, de modo até mais premente, outros programas televisivos (como os programas de "pegadinhas"), nos quais a participação do público é ainda mais importante, colocam o problema de sua *credibilidade*. Há quem esteja disposto a reconhecer um valor a esse gênero de comunicação audiovisual apenas se for "autêntico", e há quem chegue a ver nele razões de interesse por ser "artificial", fictício, simulado. Esse debate tem como pano de fundo a hipótese do exibicionismo e o voyeurismo como traços inspiradores da experiência midiática atual da realidade. Trata-se de uma hipótese fortemente sugestiva, mas quase não consente decisões, pois podem se recolher provas tanto a favor quanto contra.

Todavia, nesse "carnaval da cultura da mídia" (Mumson, 1994) que anima os fantasmas do mascaramento e da revelação, o que mais conta é o aperfeiçoamento das competências psicológicas no público. Os telespectadores são solicitados a estudar os rostos a fim de descobrir os eventuais "infiltrados" que zombam de sua necessidade de autenticidade. Eles se arriscam em inferências sobre a plausibilidade das histórias, empenham-se em confrontos sobre a fidedignidade das emoções provadas e antecipam estratégias de atribuição praticadas pelos protagonistas desse tipo de programas. A cumplicidade especial que se estabelece entre o público atuante na tela e o público diante da tela deriva da focalização da atenção nos processos psicológicos em andamento.

A mídia estipula com seus usuários apenas contratos de semelhança, que é o regime sociocognitivo mais adequado às práticas comunicativas da "sociedade da informação" e da "era da propaganda".

A respeitabilidade que as pessoas tendem a atribuir a todos os meios de comunicação de massa é uma fonte implícita de (auto)engano: pelo próprio fato de ter sido selecionada, a notícia tende a passar por verdadeira ou verossímil, mesmo que por vezes possa parecer inadmissível. Embora possa ser relativamente alta, a pretensa credibilidade recebida pela mídia comporta um efeito de veridicção: é a confiança dos leitores, telespectadores ou internautas que garante o pacto de veracidade com que os operadores na mídia (e os detentores de seu controle) se sentem vinculados.

As técnicas de veridicção exploram todos os recursos semióticos que podem contribuir para criar, em torno ao texto de notícia, um clima de respeitabilidade e de competência, de modo a gerar uma impressão de objetividade. Por exemplo, muitas vezes a seqüência final de um noticiário televisivo sobre um evento projeta a imagem do repórter, filmado no lugar do evento ou até mesmo no estúdio. Esse *stake out* tem a função de garantia argumentativa: estou pronto a testemunhar que as coisas aconteceram como eu lhes apresentei, pois eu assim as vi.

2. A informação como seiva vital da cultura

A estreita correlação entre os mecanismos de geração da comunicação midiática e os procedimentos da mente parece evidente no processo de produção das notícias (*newsmaking*). A prática lingüística de *dar* e *receber informações* ocupa uma posição decisiva não só no plano de organização concreta da vida – economia, política, ecologia, etc. –, mas também no da tessitura cultural – compartilhamento de símbolos e de ritos, adesão a cânones estéticos, etc.

O debate acerca da informação é animado pela tensão (atribuída em maior ou menor medida aos operadores) em relação a múltiplos aspectos desse tipo de interação mediada, tais como:

- a fidedignidade da fonte;
- a objetividade, entendida como fidelidade aos fatos;
- a independência ou autonomia de julgamento;
- a completude, por isso sempre se exige que "se escute a outra parte";
- a clareza e a compreensibilidade da linguagem.

A construção do discurso dos acontecimentos, organizada pelo gênero "notícia", apóia-se na prática efetiva de um tipo de "texto-em-interação", no qual a objetividade dos registros é apenas um ideal regulador de um confronto, por vezes cerrado, entre as diversas versões dos fatos.

2.1. Os "valores notícia" na "sociedade da informação"

Por determinados aspectos importantes, "o jornal é o arquétipo e o protótipo de todos os meios de comunicação de massa modernos" (Tunstall, 1977, 23). A prática da informação corresponde ao desejo humano de participar do evento, de estar lá onde as coisas acontecem. Tal prática deu origem a um tipo de texto – o artigo –, que por sua vez se diferencia em subgêneros (o editorial, o artigo de fundo, as colunas – social, policial, etc. –, as notas, etc.) que é definido pelos seguintes traços importantes:

- *paratexto*: codificado em sobretítulo, título e subtítulo, que antecipam o texto, resumindo-o em vários níveis de generalidade e fornecendo uma chave de interpretação que por vezes corresponde mais à necessidade de chamar a atenção do leitor do que ao respeito pelo sentido; no plano formal, os títulos são marcados por uma forte tendência ao "estilo nominal", ou seja, a proposições com elipse do verbo, de modo a melhor desempenhar sua função retórica de atrair a atenção;

- *textura de pirâmide invertida*: a partir do momento em que as informações consideradas mais importantes tendem a ocupar a primeira parte do artigo, parte em que se acredita ser máxima a atenção do leitor.

Refletindo acerca de sua profissão, os grandes jornalistas (sobretudo os anglo-saxônicos) divulgaram a regra áurea do processo de construção da notícia, que para funcionar deve corresponder às expectativas cognitivas dos usuários: leitor/ouvinte/telespectador. Tal regra consiste em fazer referência a um evento respondendo às "*perguntas-w*": o que aconteceu? (*What?*), quem foi? (*Who?*), onde? (*Where?*), quando? (*When?*), por quê? (*Why?*).

Na verdade, a teoria midiológica mais relevante, conhecida como "*Agenda Setting*" (McCombs e Show, 1972) atrela o *newsmaking* a três dos principais procedimentos da atividade mental: focalizar, confrontar e contar. De fato, o processo de construção da notícia chega a "determinar as prioridades" (*agenda setting*) mediante a ativação de três mecanismos: a *seleção*, a *valorização* e a *narração*. No número infinito de pessoas e de acontecimentos possíveis na realidade, é necessário escolher alguns potencialmente "noticiáveis", isto é, que possam entrar no espaço restrito de um (rádio/tele)jornal. Por definição, portanto, o noticiário, seja qual for, não fornece um quadro completo, mas apenas um segmento "parcial" da representação daquilo que acontece no mundo, em conformidade com a seleção realizada pela fonte. Em determinados períodos, a oposição privilegia determinados fatos ou determinadas questões – por exemplo, o desemprego, a droga, a guerra no Iraque, o buraco na camada de ozônio, etc. – que também "existem" quando não são notícia.

Os eventos selecionados como "noticiáveis" são contextualizados numa determinada ordem, que estabelece sua importância. São indicadores de *valorização*:

- a *colocação*: normalmente, o que aparece na primeira página tem uma importância maior do que o que está na penúltima. Seria possível considerar sintomático que a informação cultural na Itália tenha sido transferida da já mítica "terceira página" para a página vinte e quatro ou para outra próxima a ela.
- a *amplitude*, medida pelo número de colunas, de minutos, de *links*. Os políticos controlam reciprocamente os segundos de sua aparição nos jornais televisivos já que representam um bom índice do peso atribuído a suas posições;
- o *suporte icônico*: a presença de fotos ou filmes (na TV) testemunha o relevo das notícias.

Enfim, a informação sobre os eventos torna-se notícia também porque o texto se modela nas expectativas de uma "gramática de histórias", que pode ser descrita com as seguintes perguntas:

- Qual é o pano de fundo temático?
- Qual é o desequilíbrio provocado pelo evento?
- Quem é o protagonista-herói?
- Que esforços realiza para restabelecer a harmonia no mundo?
- Quais os efeitos têm suas tentativas sobre os outros?

Enquanto a seleção e a valorização operam em nível topológico, a narração age em termos de qualidade, portanto expõe a notícia à *polarização valorativa*. Mais que por meio de outros procedimentos, é pelo modo por que um evento é narrado que podemos perceber a atitude da fonte (isto é, se a julga positiva ou negativa) e o contrato fiduciário que o enunciador estabelece com o leitor ou espectador.

2.2. Vínculos e oportunidades

Os mecanismos mencionados de "determinação das prioridades" (*agenda setting*) manifestam uma tendência mais geral a fim de verificar a importância que a mídia atribui aos vários argumentos de interesse social. Por meios da seleção, da valorização e da narração da informação a mídia realiza uma modelagem das pessoas não apenas exibindo *coisas que as farão pensar sobre os fatos*, mas já indicando *em que fatos pensar*.

Mas os processos de construção e recepção das notícias também sentem muito os efeitos dos vínculos e potencialidades inerentes à mídia. A diferença mais clara opõe a imprensa à TV: dois artefatos culturais que realizam a oferta informativa em práticas discursivas muito diferentes. As notícias fornecidas pelos jornais têm mais possibilidades de veicular o significado dos eventos, enquanto as dos telejornais são mais eficazes, pela prontidão na cobertura dos eventos e pela rapidez de sua interpretação em nível emotivo. O suporte argumentativo das imagens é tão forte que induz as pessoas a considerar a TV mais confiável do que o jornal (Gunter, 1985).

Um estudo interessante averiguou a diferença entre rádio e telejornais (Crigler, Just e Newmann, 1994). Um grupo de pessoas escuta um texto curto que relata a notícia de uma manifestação de desaprovação social, que terminou em conflito com as forças mantenedoras da ordem; um segundo grupo escuta o mesmo texto enquanto vê passar numa tela as cenas de confronto em praça pública. Depois de certo tempo, numa tarefa de recordação da notícia, o grupo radiofônico tende a se referir à informação recebida como "explosão de violência casual e injustificada", enquanto o grupo televisivo atribui a violência à brutalidade da polícia e à opressão do governo.

"Ver o telejornal" é uma prática discursiva que para alguns grupos sociais – pessoas idosas, portadoras de deficiências, etc. – constitui o modo mais relevante para se sentirem engajados no mundo que os cerca. O papel do apresentador é decisivo porque, sem que tenha consciência disso, sua voz e mímica entram no texto da notícia que está lendo, orientando a interpretação a ser dada ao evento que noticia. O telejornalista não deve apenas ter credibilidade, mas inspirar confiança, ou seja, confirmar uma expectativa de simplificação que o telespectador elabora em relação à complexidade do mundo que lhe é apresentado por meio dos textos de notícias.

2.3. Estratégias de recepção das notícias

Os usuários aproximam-se dos textos de notícia com uma atitude geral de confiança: a informação é procurada como um bem precioso, razão pela qual em condições de *default* (isto é, na falta de indícios contrários) opera um automatismo que corrobora o enunciador da notícia. O leitor, a ouvinte do rádio, o telespectador e a navegadora da Internet tendem a não se defender dos textos de notícia que encontram, pois assumem que eles visam a enriquecer seu mundo epistêmico (conhecimentos, crenças, opiniões, avaliações e julgamentos) e não a distorcê-lo em objetivos externos à interação em curso, como no caso dos textos publicitários, em relação aos quais oportunamente se tomam medidas defensivas (de "ir ao banheiro" a "virar a página").

A fruição das notícias parece ser regulada por alguns princípios gerais de funcionamento da mente. Os "valores-notícia" se constroem na redação levando em conta as estratégias de recepção, ou seja, as expectativas atribuídas ao público. Portanto, os "valores-notícia" são resultado de um contrato implícito que obriga o *newsmaker* a respeitar:

1. a *necessidade de surpresa*: em geral, a notícia atinge quando fornece elementos de novidade em relação ao quadro do que já é conhecido;
2. a *preferência pelo negativo*: as pessoas acham mais interessante um desastre que um resultado feliz;
3. a *simplificação*: a notícia deve ser percebida em seu "núcleo de verdade", portanto, seu texto-tipo é o comunicado, ou seja, um discurso essencial, depurado de qualquer tessitura argumentativa e de qualquer nuance expressiva;
4. a *sintonia*: a notícia é uma versão do fato já inspirada na interpretação que, possivelmente, o público daria a ele.

A elaboração cognitiva das notícias requer a ativação de um filtro que opera como "unidade de direção" para articular a "nova" informação (por exemplo, um terremoto, um atentado, uma pesquisa política, etc.) ao que a pessoa já sabe sobre o argumento e/ou sobre aquele tipo de evento (as catástrofes naturais, os conflitos, as eleições, etc.). A "unidade de direção" controla o grau de atenção a ser dedicado à informação na entrada e seleciona o modelo mental já disponível para adaptá-lo à compreensão da nova situação que se verifica no mundo. Portanto, o filtro cognitivo que organiza a compreensão da notícia não é um mecanismo fixo e predeterminado, mas um relê dinâmico, muito sensível às diferenças individuais e que se adapta à variabilidade das situações nas quais deve funcionar. O fato de todas as pessoas terem uma "unidade de direção" específica de elaboração das notícias pode também explicar por que, quando solicitadas a fazer um relato logo após terem assistido a um telejornal, mais de 90% dos telespectadores terem inserido sem que o soubessem, informações que não faziam parte do texto (verbal e icônico) que lhes fora apresentado (Kepplinger e Daschmann, 1997).

2.4. Opinião pública e interesses privados

Os temas que empenham a identidade social das pessoas – programas políticos, opções éticas, gostos estéticos, etc. – introduzem nas comunidades culturais uma dinâmica interpretativa capaz de diferenciar as crenças e as atitudes de valor e de estabelecer (ou de estimar) que uma determinada maneira de compreensão, relacionada por exemplo à guerra preventiva, à clonagem humana ou a *body art*, prevalece sobre as outras, das quais ainda resta um vestígio. O processo de formação da opinião pública não se limita a registrar como o bom senso cresce numa dada comunidade interpretativa, mas é uma dimensão da vida social que se mostra submetida à "*espiral do silêncio*", usando a feliz metáfora elaborada por Noelle.Neumann (1984).

Os indivíduos e os grupos mais seguros de si exprimem com força suas opiniões, e sua capacidade de expressão se traduz numa imagem de maior diversidade. Quem não teme ser contradito "em público" dá a impressão de fazer parte de um grupo maior do que é na verdade. Quem, ao contrário, teme o confronto com o auditório ou tem medo de incorrer nas sanções – formais (a censura) ou informais (reprovação, condenação moral, etc.) – que a sociedade pode impor a quem é diferente, parece mais fraco e inseguro do que realmente é. Como a "opinião pública" é aquilo que se pode afirmar diante de um auditório, sobre um argumento controverso, sem medo do isolamento social, desencadeia-se um mecanismo "em espiral", e, portanto, as crenças atribuídas à maioria são mais visíveis – isto é, circulam com maior velocidade e se difundem mais facilmente – do que as atribuídas às minorias.

O mecanismo da "espiral do silêncio" opera com base em leis que regulam as relações entre os grupos e os tipos de influência majoritária ou minoritária que eles conseguem exercer. A mídia pode influenciar o clima da opinião, sugerindo que uma determinada crença ou atitude seja difundida e partilhada pela maioria, independentemente do fato de poderem de fato ser averiguadas É a manipulação muito sutil das *pesquisas de opinião*, freqüentemente convalidadas por pressupostos de cientificidade e, vez por outra, desmentidas clamorosamente.

Forçados, como o são a tutelar ao mesmo tempo o direito à notícia e o direito à privacidade, os textos de informação registram repetidamente um insuperável ponto de fricção psicossocial determinado pela incerteza do limite entre "opinião pública" e "vida privada". Nesse limite incerto se perfilam novas figuras sociais e novas profissões: o *paparazzo*, o difusor das "vozes que correm", o hóspede do *talk show*, o confidente público, o facilitador dos encontros interpessoais, etc. As modernas tecnologias da comunicação de massa redesenham continuamente o mapa das relações entre reserva e exibição, remodelando o significado de emoções como o embaraço e a vergonha. Se às vezes se erigem barreiras de conformismo quanto ao que se pode dizer acerca de certos argumentos, mais freqüentemente a benevolência do público é captada com vertiginosas aberturas que dão para a intimidade e servem o voyeurismo.

Na "esfera privada", as pessoas elaboram as informações relativas à face do Si, sobre a qual exercem o máximo controle, com uma atitude geral de proteção, que por vezes pode induzi-las a ativar a defesa do segredo. Não obstante, até mesmo nesse campo a mídia opera uma ampla "liberação do seqüestro da experiência" (Thompson, 1995). Os principais responsáveis por esse efeito já são indicados no rádio e na TV, que vão traçando estradas de auto-revelação no território do sentido ao qual todos têm acesso. Todavia, percursos específicos de "confidências" são reencontrados também nas potencialidades de redes comunicativas mais antigas, como a escrita e a imprensa.

3. A trama contratual da notícia

Nossa sociedade apresenta-se como "sociedade da informação" porque pretende validar o ideal de homem "aculturado" também pela prática discursiva das "notícias" (van Dijk, 1988). Como todos sabem, a notícia "é uma das poucas contribuições originais dos meios de comunicação de massa às formas culturais de expressão" (McQuail, 1994, 248). Seu quadro de referência psicossocial é definido pelo contrato especial de comunicação que compromete quantos estão envolvidos para compor o tratamento da liberdade com o "mito da objetividade". Na verdade, o verniz de objetividade que reluz no texto da notícia resulta de um modelo de expectativas que articula as componentes *cognitivas* da "factualidade", entendida como verdade, informatividade e relevância com as *motivacionais* da "imparcialidade", entendida como equilíbrio e neutralidade (Westerstahl, 1983).

3.1. Os "fatos" como versões dos eventos

Vimos como, do ponto de vista midiático, a teoria mais convincente define a notícia como o resultado de três dispositivos sociocognitivos voltados para *selecionar, valorizar* e *narrar* os eventos que podem interessar um público de leitores (ou ouvintes ou telespectadores). Tal teoria do *Agenda Setting* (Mccombs e Shaw, 1972) pode ser mais especificada sob o aspecto psicossocial quando se consegue esclarecer melhor por que a notícia representa um tipo de texto que legitima tanto o modelo tradicional da "comunicação como passagem de informação", quanto o modelo contratual centrado na gestão coordenada do vínculo "dado-novo" (*Given-new*).

Sempre que a interação mediada se configura como "texto de notícia" tem início uma prática social que desperta o interesse para determinados "conteúdos": descrições, idéias, saberes, referências a objetos e relatos de eventos. Ao mesmo tempo, porém, assim como todos os outros discursos, ele se sustenta na base de modalidades específicas de *"sense-making"* que seus interlocutores ativam. A Fig. 1 mostra quais são as principais cláusulas no contrato de participação nos ganhos (e nos custos) de uma possível interação com o tipo de texto "notícia".

O texto de notícia permite a seus usuários satisfazer uma série de específica de necessidades legitimáveis socialmente: estar informado, tranqüilizar-se a respeito da situação do mundo, compartilhar esquemas interpretativos com a própria comunidade. de pertença. Na estrutura profunda, toda "notícia" constrói sua específica instância discursiva, isto é, o "interlocutor"

FIGURA 1:
Modelo contratual do texto-notícia

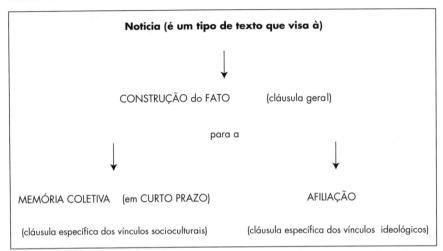

adequado ao seu contexto enunciativo, como o lugar público de apropriação da realidade na tensão dialética entre a identidade do Si e a alteridade do mundo. No formato pós-moderno da "notícia", a informação opera como recurso interpretativo de aspectos pontuais e cambiantes do mundo, aos quais as pessoas se referem em sua rede de relações. O que os seres humanos conhecem como "notícia" é um bem simbólico frágil, altamente perecível e exposto às complexas estratégias das relações sociais.

O esquema recorrente no qual se insere o "contrato de informação" retoma o binarismo interpretativo do nosso sistema cultural (mente/corpo, conhecimento/emoção, alto/baixo, etc.). Por essa razão temos uma atitude comum que tende a distinguir, no interior dos "textos de notícia", os "fatos" das "opiniões", mesmo considerando que o usuário seja capaz de recompor os "comentários", apropriadamente discutíveis, com os "dados" que se considera sejam passíveis de verificação. Do ponto de vista psicossocial, os processos de "*sense-making*" ativados na situação concreta do uso de um texto de informação obtido nos circuitos da comunicação midiática – da tradicional do jornal impresso e/ou rádio-televisivo à mais recente, tornada possível por um banco de dados numa rede informatizada – dão origem a relações muito mais intrincadas.

De fato, o texto de notícia torna transparente a natureza "construída" das representações sociais da realidade. Uma vez que informar é uma das ações peculiares que é possível executar usando de determinada maneira as representações sociais, é necessário pressupor que o universo divinizado pelo consenso já envolva o modo compartilhado de entender os textos de notícia, a começar pela capacidade atribuída ao leitor de separar os "fatos" das "opiniões". Na verdade, essa distinção não resiste à prova de uma análise suficientemente cuidadosa, já que o mesmo texto de notícia elabora as representações de forma a relatar pontos de vista e construir fatos. Uma explicação construcionista completa desse processo cognitivo-discursivo faz referência tanto aos "procedimentos usados para estabilizar e tornar críveis as versões" (Potter, 1996, 15), quanto aos recursos obtidos e/ou ativados por aqueles procedimentos.

Na verdade, um evento se transforma em notícia não só pelos procedimentos específicos construtivos que são ativados, mas também pelas outras cláusulas desse contrato de comunicação, que estabelecem vínculos de ordem psicossocial e ideológico-cultural. No texto de notícia é possível procurar (e achar) tanto conhecimentos que tendem à denotação pura, enquadrados em esquemas organizacionais precisos (*frames* e *scripts*) quanto conhecimentos valorizados por modelos interpretativos e referências normativas justificáveis apenas por ideologias, relativamente disfarçadas e/ou camufladas, capazes, de qualquer modo, de segmentar a opinião pública.

A notícia mostra que o universo discursivo no qual representamos ou construímos um mundo possível nos obriga a fazer proliferar o esquema da "relação ternária", proposta por Moscovic (1984) e retomada por Ghiglione (1988), numa relação pelo menos quinária, pois é como se o texto de notícia constituísse, para seu sujeito (no duplo papel de "enunciador" e de "enunciatário"), um tipo de espelho em que reencontra tanto a própria identidade e as razões de uma determinada pertença quanto a dinâmica da alteridade, que pode ver em um mesmo evento um sujeito diverso (cf. Fig. 2).

Por exemplo, recentemente, a aprovação de uma lei pelo Parlamento italiano foi um evento que se transformou em duas notícias diferentes, cujos títulos eram "Um voto que divide o País" e "Um voto que moderniza o País" tendo sido reproduzidas por diversas fontes de informação. O

FIGURA 2:
A estrutura comunicativa do texto de notícia

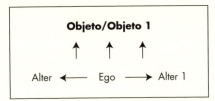

evento mostra, de modo paradigmático, que o enunciador de um texto-notícia está empenhado numa prática discursiva na qual são encontrados indicadores de identificação da fonte – da linha editorial do jornal ao estilo do articulista –, indicadores de modelagem do próprio mundo de referência, de modo a distingui-lo do de outras fontes, e indicadores de posicionamento do próprio leitor/ouvinte modelo, de modo a diferenciá-lo de outras comunidades interpretativas possíveis.

O texto de notícia não se limita a representar a realidade – reconstruindo como um mundo possível, transformou-se num concreto, segundo uma determinada versão dele –, mas sugere também quem e/ou o quê é o seu enunciatário, fornecendo-lhe recursos identitários peculiares obtidos mediante um patrimônio comum. É lícito conjeturar que, ainda nesse tipo de texto, as confirmações que o leitor (enunciatário) busca para seu Si tornem-se viáveis pelo ritmo de diferenciação "nós/eles" da fonte (enunciador).

3.2. Memória social em curto prazo

Informar não é apenas o "fazer saber" em vista de garantir o "saber fazer", mas é um feito (também econômico) voltado a conservar e, ao mesmo tempo, renovar a organização histórico-cultural de uma comunidade. Sob esse aspecto, a prática discursiva de fornecer notícias constitui a forma moderna de ativação da memória coletiva em curto prazo, a cujos procedimentos garante a tensão "velho/novo" (conhecido/desconhecido, garantido/incerto) própria do texto de informação (Mininni, 1997). A disposição das notícias na agenda cotidiana ativa os procedimentos "de curto prazo" próprios da memória coletiva, enquanto os textos de história, as leis, a literatura, os mitos e os costumes organizam seus procedimentos de longo prazo, de modo a manter a vida interior de uma dada comunidade cultural (Mantovani, 1998). Por mais que possa parecer perturbadora e contra-intuitiva, a idéia (já temida por Platão) de que a mídia seja também um instrumento de esquecimento social, tem sua evidência empírica em nossa experiência cotidiana de sujeitos arrebatados pela massa irrefreável de informações, muitas vezes dispersa no fluxo frenético das imagens. Entendidas como recursos para a memória de curto prazo de uma coletividade, as notícias estão sujeitas a dinâmicas complexas de interpretação, decorrentes da variabilidade dos pontos de vista, da casualidade e da mobilidade dos dados, da situação conflituosa dos interesses em jogo. A notícia é um tipo de texto que institui um contrato de memorabilidade do evento tratado, cuja interpretação está sempre exposta à revisão. O tipo de evento – político, econômico, literário, esportivo, etc. – considerado pela notícia, exibe a força de construção da identidade social que é atribuída aos vários gêneros do discurso; por isso, cada um orienta sua prática de informação segundo uma escala própria de prioridades, que não necessariamente respeita a "agenda setting" de sua fonte.

Entrando na memória coletiva de curto prazo, os eventos sobre os quais cada um de nós se informa por meio de textos de notícia são submetidos a procedimentos de construção discursiva que apresentam alto grau de variabilidade. Isso se deve tanto à multiplicidade das vozes enunciadoras, quanto à multiplicidade de perspectivas e à importância argumentativa dos vários formatos utilizados ("notícias", "entrevista", "artigo de fundo", etc.). O complexo caráter retórico das chamadas disponíveis aos usuários dos textos de notícia confere a esse segmento da memória coletiva a sua característica trama polifônica.

3.3. A informação como recurso identitário

A cláusula de fidelização do contrato de informação estabelece a compatibilidade entre os procedimentos de seleção, valorização e narração ativados pela fonte e os admitidos pelo leitor/ouvinte. Tal cláusula baseia-se no reconhecimento mútuo de estratégias comuns interpretativas dos eventos e opera por meio de procedimentos voltados para uma contínua e recíproca resintonização entre as necessidades do leitor e os programas do enunciador. O princípio de fidelização estabelece que os acontecimentos dos quais tratam os textos das notícias podem apenas reforçar o acordo de fundo que liga o enunciador modelo ao leitor modelo: dá-se por pré-acordado que – quaisquer que sejam – as notícias não deveriam quebrar o acordo de base, a comunhão dos esquemas interpretativos que justifica a recíproca auto-seleção entre os participantes no jogo interlocutório da informação.

As estratégias de valorização são determinadas pelo próprio vínculo imposto por esses dois tipos de cláusula, razão pela qual uma notícia que se mostra "enfatizada" por um jornal, freqüentemente é julgada não apenas por ser adequada para alimentar a memória coletiva, mas também por ser capaz de fortalecer a "cumplicidade interpretativa". Inversamente, uma notícia pouco valorizada (e, em última instância, não selecionada), valida apenas a cláusula de memorização. As expressões "notícia sensacionalista" e "notícia embaraçosa" indicam não só o tipo de valorização praticada por certo órgão da imprensa em relação a um evento específico do qual trata, mas também um tipo de investimento simbólico esperado pela cláusula de fidelização.

Enfim, o texto de notícia tende a estabelecer uma continuidade de tratamento e privilegia os eventos que se revelam em sintonia com as expectativas do enunciatário, ancorando o que é novo no interior de esquemas tidos como familiares e compartilhados. O projeto discursivo realizado pelo "texto de informação" consiste em elaborar os dados fragmentários fornecidos pelos eventos do mundo físico e social de modo a recompor uma imagem da realidade voltada à validação da homogeneidade dos interesses dos participantes nesse jogo interlocutório.

3.4. Em formatos especiais

O projeto de informação realizado pelo texto de notícia serve-se de recursos expressivos que se baseiam essencialmente na linguagem verbal e nas imagens. Em termos esquemáticos, a imagem reproduz o "fato" e a linguagem o "comenta". Esse entrelaçamento encontra uma síntese feliz em um determinado tipo de "texto informativo" valorizado pela imprensa escrita (sobretudo jornais diários e revistas semanais): a *vinheta*. Geralmente, a vinheta se destaca na primeira página e fornece uma interpretação em perspectiva satírica do personagem ou do evento que chama a máxima atenção da opinião pública. A estrutura desse tipo de texto corresponde a estratégias estilísticas muito diferentes, que empenham as escolhas de cada autor em vários níveis (da gráfica à formulação lingüística e à orientação ideológica). Em cada caso, porém, o contrato de informação que autoriza esse tipo de texto se apóia nas cláusulas da síntese expressiva e da sinergia cognitiva entre os vários códigos utilizados.

Por vezes, a eficácia esperada (e normalmente realizada) por tal tipo de texto é muito grande porque a informação veiculada pelas vinhetas não diz respeito a um único evento, mas a climas de opiniões, a hábitos interpretativos de complexas configurações de crenças e/ou de emoções. Por exemplo, a vinheta de Bucchi reproduzida no jornal italiano *La Repubblica*, em 16 de novembro de 2001 (Quanto mais você procura fatos, mais símbolos encontra) propõe uma versão construcionista da própria prática de procurar informação. O valor de tal afirmação parece repercutir na imagem da pessoa, que evidentemente representa o "leitor-modelo" e, portanto, também o interlocutor privilegiado do próprio texto: o rosto fixa os traços da tensão em indagar a realidade e do desconcerto em sempre verificar uma distância das próprias expectativas mais recônditas. A certeza do aforismo dialoga com os sentimentos de desdenhoso assentimento que são atribuídos à figura do "leitor modelo".

Um contrato de informação vinculado, sim, a uma análoga sinergia entre os códigos expressivos, mas sustentado por dinâmicas mais complexas, opera no texto de notícia publicado como charge pelo *La Repubblica* de 20 de junho de 2003. Os dois segmentos textuais introduzem o eixo interpretativo da distância entre "o que parece" e "o que é". De fato, "parece" que na ordem do dia haja o empenho (mesa-redonda) em aprofundar o eventual emergir de "novas solidariedades" que favoreçam "o desenvolvimento das relações interpessoais", enquanto na "realidade", cada ser humano é para o outro uma ameaça insidiosa e fundamental (no plano biológico e informático). Na reconstrução do significado da charge, o leitor é chamado a se servir de potentes remissões intertextuais: de um lado, a agressividade da relação social migra do conflito externo (*Homo homini lupus*) ao atentado interno (*Homo homini virus*); de outro, o impulso da relação fiduciária – sinalizada pela busca recíproca das duas mãos, conforme a imagem imortalizada por Michelangelo na Criação de Adão – esconde o calor do contato direto por trás do frio escorregar de duas luvas protetoras. Na era pós-moderna, o fato de proclamar a solidariedade humana é percebido como o esforço vão de exorcizar o medo social, entendido como dimensão que está acima da vida coletiva.

Naturalmente, não é só a vinheta que postula cláusulas específicas na construção contratual da "informação". Todo e qualquer tipo caracterizado como "notícia" – da crônica ao editorial, de uma reportagem ao artigo de fundo – segue regras discursivas específicas. Além disso, são observadas regularidades que correspondem à gestação social de determinados argumentos. Por exemplo, quando os textos de notícia (artigos, reportagens de rádio e televisão, sites na Internet) apresentam eventos de ordem científica que suscitam questões morais (da biotecnologia à possível cura de doenças sociais), são ativadas estratégias específicas de *newsmaking*. De fato, na construção do discurso, os jornalistas tendem a respeitar tacitamente as seguintes regras:

1. o texto deve relatar opiniões intrinsecamente autorizadas, isto é, deve apresentar agentes discursivos legitimados por seu saber e/ou por seu status de estudiosos ou "especialistas", principalmente os cientistas;
2. o peso de tais agentes discursivos pende, mais ou menos claramente, a favor dos estudiosos de ciências naturais, enquanto os estudiosos de ciências sociais desempenham um papel de acompanhamento;
3. a fonte discursiva que alimenta a corrente dos significados apresentados nos textos de notícias de fundo bioético é um evento científico (congressos, seminários, publicações) que permite reorganizar a circulação do saber em nível internacional;
4. a tessitura do discurso segue trançando, mais ou menos habilmente, o eixo do conhecimento (descrever ou explicar fenômenos) com o da emoção ao longo de toda a gama que vai do terror ao entusiasmo, da angústia à confiança;
5. o procedimento argumentativo desfruta das ancoragens narrativas, que remetem a situações já experimentadas como problemáticas (por exemplo, a "vaca louca", o "transplante de órgãos", etc.), para sugerir a necessidade de um equilíbrio entre aceitação social dos riscos e prevenção das degenerações humanas (como a clonagem humana);

6. o contrato de comunicação estipulado nesse tipo de interação mediada tende a posicionar o leitor ou usuário do rádio e da televisão no papel de "espectador" em relação a um debate que transcende qualquer oportunidade que tenha de participar com a própria experiência direta;
7. a organização retórica do discurso recorre previsivelmente à metáfora do quadro de "viagem", que caracteriza as posições atuais como uma "etapa" útil, mas destinada a ser superada num futuro mais ou menos próximo. Essa diluição do tempo facilita o aproveitamento da ocasião para cancelar qualquer julgamento definitivo a respeito da questão tratada.

Em síntese, os textos de notícia projetam os próprios fruidores em um formato de interação mediada mantido por complexas negociações de significados. O "contrato de informação" postula uma sintonia entre os projetos da memorabilidade compartilhada e as expectativas de uma fidelização honesta.

4. As armas da informação

Atraídos pelas dinâmicas desse tipo de "texto-em-interação", presumimos que as notícias nos apresentem sempre versões dos eventos previamente submetidas a controles, de forma que possam ser consideradas não apenas confiáveis, mas também verificadas nas fontes e equilibradas em suas avaliações. Entretanto, a distância da prática discursiva do ideal de objetividade no qual ainda depositamos nossas expectativas, é testemunhada pela crescente consciência de que a informação seja "deformadora", "falsa", "tendenciosa", "excessiva", "sensacionalista". Todas essas características marcam o perigo de "campanhas de informação que visam a", como acontece todas as vezes em que o texto de notícia é sobreposto por escopos de luta política, de competição econômica ou de choque cultural. Nesse caso, estabelece cláusulas em que podem valer os "tropos" da agressão e da provocação. Na verdade, até a distinção tradicional entre "imprensa popular" e "imprensa de qualidade" sofre a pressão crescente de uma retórica do conformismo, que leva a assimilar todas as fontes de informação em um "cotidiano híbrido" (Nir e Roeh, 1992).

4.1. A golpes de notícias

O poder de orientação cognitivo exercitado pela gestão midiática da informação deriva, antes de tudo, do fato de inserir necessariamente uma notícia em algum tipo de enquadramento (*framing*). A escolha do enquadramento de referência dentro do qual interpretar um evento qualquer para transformá-lo em notícia pode responder a critérios de valor de espectro crescente no plano econômico, político e cultural, de modo que a notícia mostra-se "deformada" até mesmo sem uma vontade explícita de mistificação.

Exemplar em relação a esse tema é a pesquisa de Entman (1991). Nela são analisados os textos com os quais algumas prestigiosas agências de informação norte-americanas – The New York Times, The Washington Post, Time, Newsweek e os telejornais noturnos da rede CBS –, deram a notícia de dois eventos muito parecidos entre si e ocorridos com cinco anos de distância um do outro: a derrubada de um avião coreano por militares russos em 1983, com 269 mortos, e a derrubada de um avião iraniano por militares americanos em 1988, com 290 mortos.

O evento "em si" é a reprodução em corpos, espaços e tempos diversos, de circunstâncias específicas: um dispositivo militar atinge um avião civil. Esse "mesmo" evento se transforma em notícia de maneiras radicalmente diferentes, graças aos discursos midiáticos nos quais se encarna, de modo que leitores e espectadores possam contextualizá-lo no âmbito do que já sabem (devem saber!) por causa da Guerra Fria, que envolveu os dois grandes blocos do planeta. Os principais procedimentos de construção discursiva da notícia em direções opostas são:

1. a *agentividade*: a derrubada do avião por parte dos soviéticos foi um ato deliberado, já por parte dos americanos foi uma ação irrefletida. No primeiro caso, trata-se de uma sabotagem perpetrada por uma nação que se considera momentaneamente em guerra; no segundo, trata-se um erro trágico que acometeu uma pessoa estressada.

2. a *identificação*: aproveitando o alto poder evocador dos signos icônicos (fotografias) e simbólicos (nomes próprios), os discursos visam suscitar uma forte compaixão pelas vítimas coreanas, enquanto um absoluto distanciamento separa o leitor das vítimas iranianas, já que as imagens tendem a volatilizar-se mais rapidamente e os nomes faltam por completo;
3. a *categorização*: as fontes citadas apresentam o evento, no primeiro caso, como "ato deliberado" e, no segundo, com um "erro trágico"; dá-se o inverso, especifica-se que se trata, respectivamente, de "fontes russas" e de "fontes iranianas". Desse modo, possibilita-se uma avaliação, pois se faz acreditar que as fontes definidas – as próprias – não teriam nenhum interesse em apresentar as coisas do modo como o fazem;
4. a *generalização*: no primeiro caso, o evento revela um pouco da má-fé de toda uma constelação de povos, no segundo requer maior atenção dos indivíduos. Até mesmo a chave de interpretação é completamente diferente, já que o avião derrubado pelos russos cai no universo do discurso *moral*, enquanto o abatido pelos americanos cai no universo do discurso *técnico*.

Enfim, um mesmo esquema de evento gera dois perfis de notícia completamente diferentes que correspondem essencialmente aos vínculos histórico-sociais de uma Guerra Fria que, como se sabe, foi combatida a golpes de informação.

4.2. A informação-escândalo

Num certo sentido, a possibilidade de "escândalo" do texto de notícia reside no próprio pressuposto fundador dessa prática comunicativa, pois nela os interlocutores tendem a desvincular o plano da "ação" do da "representação". Na verdade, no imaginário coletivo, "ler jornal" é uma prática intencionada também como "relaxante" para a mente, a ser feita preferencialmente "na poltrona e de chinelos". O escândalo é, portanto, acima de tudo *a parte subjecti*, quando a informação é procurada por sua distância dos eventos vividos em primeira pessoa e por sua aura de excepcionalidade. O contraste entre a tranqüilidade da situação normal de fruição das notícias e a dramaticidade habitual do mundo, por elas reportada, já introduz elementos de dissonância cognitiva. Na verdade, trata-se de uma perturbação explorada habilmente pelos *newsmakers* (redatores, etc.), que apostam nos "efeitos especiais" das notícias, remarcando os traços estranhos e bizarros ocultos em quase todos os acontecimentos.

Caso se abandone esse nível de radicalismo, muitas vezes o risco de escândalo inerente à informação é limitado ao tratamento de particulares objetos marcados por algum tabu social: sexo, dinheiro, luta política, etc. Em outros casos, porém, o verdadeiro "escândalo da informação" consiste nas estratégias retóricas de organização discursiva que orientam, em direções sensacionalistas, avaliações específicas de determinados eventos.

A turbulência introduzida pela informação escândalo – isto é, forçada, dopada, clamorosa, fofoqueira (no modelo da "TV-tablóide") – distorce as cláusulas contratuais da memorização e da fidelização, já que altera os critérios que evidenciam as relevâncias – forçando os esquemas cognitivos mediante os "ícones" perceptivos (fotos, charges, etc.) e verbais (metáforas), agigantando os detalhes, etc. e exaltando a dimensão emocional dos eventos.

Quando visa fazer escândalo, o texto de notícia viola as expectativas normativas dos vínculos à memorabilidade e à fidelização na opinião pública, pois pode acontecer que os vínculos intencionais e situacionais postos pela dúplice trama dessas cláusulas se revelem contrastantes. Se o equilíbrio entre as exigências da memória coletiva e as exigências da fidelização é desequilibrado a favor destas últimas, isto é, se a tendência a utilizar a informação a respeito de um evento para escopos de "cumplicidade interpretativa" prevalece claramente sobre o empenho em alimentar a memória coletiva acerca daquele evento, então estamos diante do escândalo de uma campanha de (des)informação". Alguns dos indicadores discursivos que assinalam a vontade de dar à própria versão dos fatos maior pressuposição de vitalidade do que a que lhe seria dada por um observador desinteressado são: exaltar a força produtiva de metáfora, projetar uma impressão de adequação literal, voltar-se para a capacidade documental dos detalhes, entregar-se ao fascínio discreto das generalidades e/ou generalizações e assim por diante.

A informação faz escândalo quando o enunciador solta os freios inibidores no uso tendencioso da linguagem que parece como o "efeito natural" de uma atitude radicada de favoritismo intragrupo (Maass et al., 1989). O evento de que trata o texto de notícia coloca, inevitavelmente, o enunciador no grupo de quem aceita o evento e, de qualquer modo, o justifica (*in-group*), ou ainda no grupo de quem o rejeita e está interessado em opor-se a ele (*out-group*). Os fundamentos étnicos, sociais, políticos, estéticos, esportivos, etc., dos interlocutores ligados por um texto de notícia se traduzem em pontos de vista que organizam o projeto discursivo dos intralocutores, razão pela qual um mesmo "evento" poderá ainda ser representado de maneiras tão diferentes que chegam a construir "fatos" diferentes.

A orientação ideológica de favoritismo pode se exprimir em muitos modos, a começar pelas escolhas *lexicais* que privilegiam significados concretos ou colocados em um nível de abstração menor em relação às escolhas feitas para descrever o mesmo evento por parte de quem pertence ao *out-group*. Arcuri e Castelli (1996) demonstraram que, ao mencionar episódios de violência nos estádios, os textos de notícia assinalam a origem de seus enunciadores mediante a escolha de uma frase como "A atinge B" (agora) em vez de dizer "A é agressivo" (sempre). Podemos estender a hipótese ao plano pragmático-textual, no qual o *Linguistic Intergroup Bias* transparece na programação do discurso de modo a revelar "o erro de atribuição fundamental", que consiste em subestimar a ação do contexto quando se deve explicar um evento observado. No caso do texto de notícia, a tendência ao favoritismo com o próprio grupo de referência opera orientando as escolhas estilísticas – estrutura temática dos enunciados, metáforas quadro, etc. – mais idôneas a realizar uma determinada estratégia de atribuição pela responsabilidade do evento.

Um outro indicador de favoritismo deriva da manobra de exibição da objetividade (entendida como intersubjetividade) na construção discursiva dos fatos. Ela consiste em convidar o outro a falar, em dar-lhe a palavra, em renunciar ter a exclusividade, em mostrar disponibilidade para a sua versão, fazendo-o dizer a sua. Naturalmente, essa cessão ao dialogismo (conforme os melhores ensinamentos de Bakhtin) pode ser também apenas aparente, porque um projeto de manipulação ideológica pode avançar até desvirtuar o sentido atribuído ao outro enquanto se reproduzem suas palavras. Freqüentemente, colocar enunciados entre aspas assinala não tanto a fidelidade às intenções de sentido do outro, mas sim a argúcia de aludir ao não dito que está oculto. A escandalosa eficácia dessa técnica construtiva do discurso provém da possibilidade de trair a intenção do outro justamente ao lhe dirigir a palavra.

4.3. A bomba dos "casos humanos"

Basta folhear qualquer jornal para perceber a exorbitante desproporção entre notícias "ruins" e notícias "boas". Atualmente, esse fato estatístico pode ser explicado de muitas maneiras, muitas das quais atribuíveis à idéia de que as pessoas, preferivelmente, se deixam fascinar pelo "perturbador". A base do interesse humano pela "notícia ruim" pode ser percebida na atração pela *peripeteia*[1] que alimenta o motor narrativo da mente humana (Bruner, 2002).

Naturalmente, a enorme desproporção de "notícias ruins" pode também provocar alguns efeitos específicos na gestão social das informações. Por exemplo, o objetivo de "manter-se informado" pareceu marcado como uma aspiração preferencialmente masculina porque as mulheres julgam as notícias demasiado "deprimentes" e/ou "enfadonhas" (Hobson, 1980).

Alem disso, se as notícias, por serem predominantemente "ruins", podem gerar nos leitores ou nos rádio/telespectadores a impressão que "o mundo todo se despedaça" (Lewis, 1994, 157), é licito conjeturar que haja pessoas e grupos sociais menos capazes de enfrentar a ansiedade e mais dispostos a preferir a ignorância à depressão.

Naturalmente, quando as notícias negativas fornecidas pela mídia encontram um motivo de confirmação na experiência pessoal – por exemplo, ter sofrido uma agressão, ter sofrido uma injustiça, ter sido vítima do mau funcionamento do sistema da saúde pública, etc. –, as informações

---

1 *Peripeteia* é um termo da poética clássica que significa a mudança do destino do personagem; no caso da tragédia é a passagem da felicidade para a infelicidade. *Peripeteia* é uma palavra grega que significa mudança radical de sentido, um ponto de inflexão. No grego moderno, περιπέτεια significa aventura. (N. do T.)

mediadas são elaboradas de maneira mais aguçada e, portanto, memorizadas por mais tempo, pois estão ancoradas em esquemas construídos na vida "real" (Johnston e Davey, 1997).

Uma das tantas mudanças que recentemente colidiram com o mundo da informação mostra o quanto ele é inspirado, de modo sempre mais transparente, por princípios de forte relevância psicológica. As notícias políticas abordam sempre menos os grandes temas da esfera pública (busca pelo bem comum, produção coletiva de liberdade e felicidade, etc.) e, ao contrário, são cada vez mais invadidas pelos aspectos picantes da esfera privada. A espetacularização da política rarefez a disponibilidade de informações sérias. O exemplo mais iluminador ainda permanece o alarde feito pela mídia acerca de relação de Bill Clinton com Mônica Lewinsky: uma história privada que monopolizou por muitos meses as notícias colocadas à disposição da população do planeta sobre o presidente da única superpotência global. A abstração que precede a informação política que reportava inflamados debates sobre sistemas abrangentes foi amplamente substituída pela diminuta concretude dos casos humanos: histórias de loucura corriqueira transbordam de um meio para o outro sem temor algum de parecerem banais.

Todavia, antes de ser interpretado como uma decadência da ética (e/ou da estética) social, esse dado está relacionado ao fato de a concorrência econômica entre as agências de informação tentar aproveitar elementares mecanismos psicológicos de cumplicidade com os leitores e telespectadores. Quando é necessário escolher entre as infinitas possibilidades de informação disponíveis, alguns podem ser levados a escolher não aquelas que seriam mais úteis a seus propósitos, nas situações em que se encontram, mas sim as que mais parecem em sintonia com suas experiências de vida.

Em síntese, a prática discursiva da informação constrói os fatos dos quais é oportuno que as pessoas tenham conhecimento e orienta a gestão da memória coletiva dos grupos sociais. Os textos das notícias são produzidos e elaborados respeitando uma série de regras que permitem às pessoas negociar a importância social dos eventos e renovar constantemente as razões (consideradas partilhadas) da afiliação afetiva a uma determinada comunidade. A prática discursiva da informação exibe os vínculos contratuais da memória coletiva em curto prazo: pelo fato de pertencer a uma comunidade de interpretação do mundo, o indivíduo está sujeito a uma mediação contínua entre o que ele está interessado em recordar e em esquecer e o que os outros lhe propõem recordar ou esquecer. No romance antiutópico de George Orwell, *1984*, o protagonista exerce, de maneira meticulosa, a profissão de reescrever jornais e livros de história, conforme as indicações variáveis do *Big Brother*. A figura orwelliana remete, emblematicamente, aos graves riscos de manipulação aos quais os seres humanos estão expostos em sua própria necessidade de informação. A psicologia da mídia busca encontrar, nos processos de *newsmaking*, as estratégias mais ou menos insidiosas que visam estabelecer os vínculos entre o "como vai o mundo" e as formas de identidade coletivas nas quais as pessoas são levadas a se reconhecer.

CAPÍTULO 04

Divertir

Premissa

O SISTEMA DOS MEIOS de comunicação de massa governa o destino da humanidade tanto na esfera pública quanto na esfera privada. De fato, a dependência das pessoas dos meios de comunicação de massa transparece com todas as letras não só nos traços estruturais de nossa sociedade, a exemplo da *economy* e da telecracia, como também em algumas práticas relacionais, como extensão reticular da fofoca e do voyeurismo. Ambas as vertentes têm implicações no âmbito psicológico, que se mostram mais preocupantes lá onde se perfila uma invasão da lógica mercantil e circense da mídia na mente e no coração das pessoas.

A mídia exerce uma potente função de "entretenimento", não apenas por colocar à disposição oportunidades de evasão e de divertimento para quase todos os gostos, mas também por fornecer recursos para permitir às pessoas "divertir-se", isto é, cultivar crenças sobre si mesmas, confrontar os próprios modelos autobiográficos com outros possíveis, acolher novas vozes no diálogo interior que dá forma para aquele jogo entre identidade e alteridade no qual todos se reconhecem. A mídia ocupa nossa mente, sobretudo quando nela procuramos possibilidades de relaxamento e de satisfação fantasmática, porque nesse caso damo-lhe nossas expectativas acerca de nós mesmos e dela tiramos razões para autorizar a imagem interior que cada qual elabora de Si como pessoa competente, confiável, equilibrada, e assim por diante.

A função de "entretenimento" cumprida pela mídia deixa claro que a dependência das pessoas em relação às formas de comunicação social não as vincula apenas a um regime de "amputações e extensões" corporais, bem evidenciado por McLuhan, mas, ao contrário, postula para elas um ritmo ainda mais envolvente de "penetrações e extroversões" psíquicas. A mídia modela as identidades pessoais porque é amplificador potente das capacidades humanas de experimentar o mundo e de alinhavar relações sociais.

O ataque estratégico realizado pelo sistema da mídia ao modo de vida pessoal consiste em desfazer a metáfora ontológica que culturas milenares na história do pensamento ocidental e oriental forneceram para o autoconhecimento do homem, ou seja, a distinção entre "exterior" e "interior" ou "superfície" e "profundidade". Depreciando as mais extremas hipóteses das teorias desconstrucionistas, as práticas da comunicação social destinadas ao entretenimento nas modalidades possibilitadas pela nova síntese tecnológica entre telefone, televisão e computador, parecem orientadas para reduzir a espessura existencial das pessoas a uma camada única de sentido que é dado pelo visível, pelo audível e, em geral, pelo que é fruído de forma mediada. Penetrando no Si, e colocando para o lado de fora a trama de sua mais íntima tessitura, a mídia se apodera do núcleo intencional mais profundo da atividade psíquica, pois consegue modelar o sistema das motivações e aspirações pessoais.

1. O espetáculo como forma de vida da mídia

A mídia nos entretém antes de tudo porque fornece oportunidades de relaxamento e de alívio da tensão que sustêm a série de condutas com as quais enfrentamos os vários afazeres da vida cotidiana. Ler jornal, seguir um programa de perguntas, escutar música, freqüentar sites na Internet, são práticas que alimentam nos seres humanos a ilusão de poder reforçar os vínculos práticos de sua existência, permitindo a eles a suprema liberdade garantida ao público da forma discursiva de qualquer espetáculo. A necessidade de se transformar, de vez em quando, em espectadores da grande cena do mundo é tão forte que induz as pessoas até a adotar condutas de risco, como aproximar-se de um vulcão em erupção ou diminuir a velocidade para observar as conseqüências de um acidente automobilístico.

A propensão da mídia à espetacularização de seus conteúdos e de todos os processos comunicativos por ela ativados se revela também pela multiplicação de combinações lexicais que utilizam uma parte da palavra inglesa *entertainement* (espetáculo), portanto temos uma "informação espetacularizada" (*infotainment*), uma "educação espetacularizada" (*edutainement*), uma "demonstração espetacularizada" de emoções (*emotainment*) e assim por diante.

1.1. Não há rivais para o esporte

Talvez o âmbito da experiência humana que melhor ilustre o poder construtor de realidade exercido pela mídia por meio do espetáculo seja o *esporte*. Em todas as culturas, algumas atividades, qualificadas como "jogos", são freqüentemente realizadas em um regime de competição (por exemplo, os "Jogos Olímpicos"), mesmo que visem à saúde psicofísica de quem as praticam. Quando tais atividades são capturadas pela mídia – ou seja, tornam-se objeto de um carme, ocupam páginas inteiras dos jornais, são mencionadas tão fiel quanto animadamente pelo rádio e pelas telenotícias – não podem ser mais consideradas meros "jogos"; portanto, o termo esporte indica, entre outras coisas, a nova relevância que o âmbito daquela experiência tem para a comunidade inteira. A mídia traduz em espetáculo a transformação psicológica dos "jogos" em "esporte" graças à atenuação do prazer lúdico provocado por quem está envolvido em tais atividades e à acentuação dos cenários dramáticos que lhes são atribuídos pelos espectadores, que neles vêem atos de heroísmo e complôs, traições e conflitos entre o bem e o mal.

Por que os eventos esportivos têm maior probabilidade de gerar público para a mídia – principalmente o rádio e a TV – que garantem a possibilidade de fruição desses eventos ao vivo? Por que as partidas finais dos Campeonatos de Futebol estão entre os programas mais vistos, alcançando uma audiência de um milhão e meio de pessoas? Por que é tão atraente ver na TV a chegada de uma etapa do Giro da Itália[1] ou seguir pelo rádio (quando se está viajando) o ronco cíclico dos motores num Grande Prêmio Automobilístico?

Segundo uma pesquisa realizada por Cooper-Chen (1994), os apaixonados por programas esportivos referem-se a razões atribuíveis, antes de tudo, ao fato de estarem "ao vivo", ou seja, à independência e ao imediatismo. De fato, os eventos esportivos atraem os fruidores da mídia, em certo sentido, apesar da mídia: uma vez que aquelas partidas seriam jogadas mesmo se não houvesse as câmaras de televisão, estas fornecem um tipo inesperado de ponto de apoio no qual enganchar um nível de realidade pré-midiática. O esporte nos permite defender um baluarte de realismo extremo, já que "há algo lá" – corpos arremessam a bola e disputam sua posse, bólidos passam rasantes um ao outro correndo em um circuito, etc. É nesse núcleo real que a mídia intervém com mais uma ação de construção de sentido.

Outras razões de fascínio concernem à expectativa de regularidade: os programas esportivos trazem à cena a confiança humana em um mundo justo, isto é, a crença de que o respeito às regras seja suficiente para alimentar a variedade de situações de jogo e assegurar iguais oportunidades aos jogadores no contexto. Enfim, os programas esportivos são atraentes porque têm, de qualquer maneira, êxito e tendem a reduzir o mundo a "vencedores" e "perdedores". O esporte confirma as pessoas na antiga sabedoria bíblica segundo a qual há um tempo para sofrer e um tempo para ser felizes.

As tecnologias não só permitem que tomemos parte nos eventos esportivos, ficando comodamente sentados numa poltrona, mas que às vezes entremos na interpretação dos episódios que dão margem à discussão.

---

1 O **Giro d'Italia (Volta à Itália)**, ou simplesmente **Giro**, é uma corrida de longa distância para ciclistas profissionais, realizada durante as primeiras três semanas de maio. É considerada a segunda mais importante competição por etapas do ciclismo depois do Tour de France. (N. do T.)

É o caso exemplar da moviola para TV, utilizada em muitos programas em que se comentam eventos esportivos. As potencialidades técnicas da linguagem televisiva – os primeiros planos, as imagens em câmara lenta, etc. – permitem aos telespectadores aumentar o grau de suas Interações Parassociais (IPS) com os jogadores. A conduta do espectador no jogo é uma ocasião para entrar em contato com a personalidade dos diversos jogadores, de modo que possa dizer frases do tipo: "naquela circunstância, ele estava estressado, pode-se ver por aquela careta"; ou ainda: "aqui ele revelou toda a força de seu caráter". O corpo dos jogadores, em especial o rosto, é analisado por astutos "psicólogos de domingo", prontos a arriscar-se em ousadas hipóteses acerca das intenções mais ocultas e a construir cenários narrativos nos quais seus heróis consigam, de qualquer maneira, vencer. A explosão emocional de determinado campeão e a fibra moral de outro, as atribuições de agressividade ou gentileza inatas, as avaliações quanto à intencionalidade e/ou simulação dos erros são temas "psicológicos" dos quais todos podem tratar com alguma competência, entrando em certo nível de envolvimento, em discussões relativamente apaixonadas com outros, tanto "fora" quanto "dentro" da tela.

A cobertura dos eventos esportivos faz com que a mídia produza fenômenos muito perigosos do ponto de vista psicológico, já que podem induzir a justificativas da agressividade, do sexismo e do racismo. A existência de uma correlação linear clara entre o nível de violência exibida mostrado nos esportes e o nível de gratificação declarado pelos espectadores (Bryant et al., 1998) autoriza a acreditar que o esporte (midiático) é uma sublimação da pulsão de Thanatos que se aloja na psique humana. Todo jogo duro é dito "másculo", contribuindo assim para perpetuar uma representação social do esporte, segundo a qual ele seria um objeto de fruição midiática essencialmente masculino. Com efeito, a mídia prefere representar eventos de esportes masculinos, portanto (segundo os procedimentos conhecidos como "espiral do silêncio"), se produz um tipo de "anulação simbólica" das mulheres esportistas.

Os eventos esportivos expõem a mídia ao risco de difundir atitudes racistas, porque as oportunidades de encontros interétnicos ou inter-raciais não raro são enquadradas por estereótipos, isto é, por recursos discursivos manipuláveis de modo a, eventualmente, justificar a modesta atuação do time preferido do público, sem desmerecer demasiado o valor do adversário vitorioso (segundo o que foi previsto pela teoria do *Linguistic Intergroup Bias*). A análise dos textos produzidos pelos comentaristas esportivos de muitos países europeus mostra como eles tendem a projetar uma série de estereótipos nacionais sobre os times de vários esportes (Blain et al., 1993). Por exemplo, os times alemães brilham essencialmente pela eficiência organizacional e falta de humor, já os brasileiros são um hino à fantasia e à imprevisibilidade. Um traço especialmente recorrente é o estereótipo do "temperamento latino", que põe no mesmo plano os times italianos, espanhóis e gregos em um misto de dedicação apaixonada, extravagância e pouco autocontrole.

1.2. A novela: mistério sem fim discutível

O interesse social pelo espetáculo do mundo está na base do sucesso de um outro gênero de programas essencialmente televisivos: a *soap opera*, as novelas. Inicialmente, a expressão *soap opera* identifica um tipo de drama de rádio patrocinado por empresas produtoras de bens para limpeza doméstica (Lever Brothers, Procter & Gamble). Nascida como dramatização radiofônica de tema familiar e sentimental, que pretende construir percursos de sentido atenuando os referimentos ao contexto histórico-social no qual as histórias acontecem, a *soap opera* encontrou na televisão o meio que soube aproveitar ao máximo as suas potencialidades comunicativas. O fascínio, um pouco misterioso, por esse tipo de programa já transpira no teor paradoxal da expressão "soap opera". Na verdade, trata-se de uma expressão que faz alusão a um amálgama entre a "cultura alta", evocada pelo refinamento da sensibilidade pela *opera*, e a "cultura baixa", implícita no universo do discurso da publicidade evocado pela palavra *soap* (Allen, 1995).

O ritmo narrativo retoma o andamento "sinusoidal" (Eco, 1978) já experimentado pelo romance popular *à feuilleton* do final do século XIX, já que as histórias não são orientadas para um ponto de solução definitiva, mas são emaranhadas de modo a permanecer suspensas em uma variabilidade interminável de situações idênticas. A *soap opera* evidencia o prazer do pântano narrativo, no qual todos os movimentos dos personagens são amplamente previsíveis, mesmo que muitas vezes não tenham sentido, porque podem entrar em um outro âmbito interpretativo, capaz de transformar o banal no excepcional e o inesperado no compartilhado.

A *soap opera* é um gênero televisivo que se revelou extremamente flexível. Para adaptar-se às diversas sensibilidades das culturas de seus fruidores, ela se especificou de múltiplas formas e em vários modelos de enredos narrativos, de modo a corresponder a interesses interpretativos muito distantes, como a intensidade das práticas religiosas na Índia e a opacidade dos ambientes de trabalho na Austrália.

Uma variação típica da *soap opera* é a telenovela: um tipo de programa televisivo muito presente na grade de programação dos países da América Latina, região em que desempenha um papel muito importante de reconhecimento artístico e de identificação (também) ideológica. Isso autorizou a rotulação como *soap opera* de todos os programas televisivos produzidos nos países periféricos em relação aos circuitos centrais da comunicação mundial. Mesmo que se admita a natureza proteiforme e tendenciosa valorização negativa da *soap*, há, todavia, consenso entre os estudiosos acerca de algumas características formais e funcionais que permitem identificar esse gênero de programas midiáticos (Allen, 1995). A *soap opera* é sempre um gênero televisivo focalizada na problemática da vida pessoal, que visa ressaltar a dimensão emocional no cotidiano e a adiar a solução da trama narrativa, valorizando o caráter aberto ou indefinido da existência humana.

O roteiro configura situações que envolvem um determinado número de personagens em poucos ambientes restritos (o interior de uma casa, um bar, um escritório, um quarto de hotel ou de um hospital, etc.). Contudo, mesmo as ações criminosas são verbalizadas de tal maneira a fazer com que mesmo os responsáveis por elas conservem certo halo de fascínio. A incerteza da dramaturgia é alimentada por uma forte tensão enunciativa, razão pela qual os personagens geralmente exercem profissões que lhes permitem grandes oportunidades interativas (advogados, docentes, médicos, etc.). Não obstante, opera uma estratégia discursiva de exclusão temática, segundo a qual são cuidadosamente evitados todos aqueles assuntos (opções políticas, racismo, etc.) que produziriam cisões na interpretação do público. A *soap opera* é sentida como o repositório do lugar-comum, a teia do bom senso que toda pessoa tende a considerar partilhado pelos outros.

Setenta e dois por cento daqueles que seguem a *soap opera* a apreciam mesmo se a consideram pouco ou quase nada parecida com a vida real. O fato de as tramas da *soap opera* serem consideradas mais verossímeis nos aspectos negativos – maquiavelismo nas relações interpessoais, liberdade de costumes nas situações formais, etc. – do que nos positivos, e a correlação entre a ligação a esse tipo de programas e a taxa de insatisfação existencial obtida pelas opiniões acerca das relações com os próprios parceiros e do sucesso profissional, autorizam a corroborar a hipótese segundo a qual a fruição da *soap opera* teria uma função central de "satisfação compensatória" (Di Nuovo e Magnano, 1993).

No decorrer do último quarto de século, foi registrada uma mudança significativa na idéia-guia que animava os estudos acerca da recepção das *soap operas*. O interesse primordial nos anos 80 provinha da adesão das pesquisadoras à perspectiva (ideológica) do feminismo, razão pela qual a *soap opera* foi averiguada como protótipo de uma construção midiática de significados marcada pelo gênero feminino (Cassata, 1985). De fato, a *soap opera* atribui o papel de protagonista a uma mulher, cuja história é permeada por relações com outros personagens caracterizados de maneira tão simples que são altamente previsíveis e por situações facilmente compreensíveis e ao mesmo tempo densas de uma "filosofia de vida" que inspiram reflexões em sintonia com a ordem moral partilhada por uma determinada comunidade.

Nos últimos anos, ao contrário, a *soap opera* torna-se a principal ancoragem para os que estão interessados em penetrar nas estratégias de IPS ativadas pela mídia. De fato, o que mais conta nesses tipos de programas é o envolvimento psicológico dos telespectadores. A trama de significado traçada pelas *soap operas* solicita a capacidade dos fruidores de assimilar os mundos fictícios da experiência da vida cotidiana, em um jogo de acomodação/adaptação recíproco que requer muitas competências sociocognitivas.

As características do programa *soap opera* induzem à construção de modelo especial de público, marcado essencialmente no plano do gênero, já que as mulheres estariam mais interessadas nos efeitos dos sentimentos sobre a evolução dos vínculos intra e interfamiliares. Nos anos 80, o estudo aprofundado sobre a acolhida das *novelas* tornou-se terreno de embate ideológico, já que, nessa investigação, as feministas evidenciaram estar em ação muitos procedimentos de construção cultural para perpetuar uma distribuição sexista do poder social. A mesma atribuição de um estigma ao público das *soap operas* como composto por mulheres "emotivamente perturbadas" e/ou obcecadas por impulsos voyeurísticos foi denunciada como efeito da ideologia machista, que tende a valorizar a importância dos universos de discurso preferidos pelos homens – política, economia, técnica, esporte, etc. – e a desprezar como superficiais e banais os praticados pelas mulheres – confusões e intrigas sentimentais, casos da vida cotidiana, etc.

O significado da *soap opera* é reivindicado precisamente como oportunidade de legitimação das escolhas feitas pela identidade feminina. Naturalmente, tal impostação suscita um caloroso debate no interior da própria perspectiva feminista. De fato, alguns críticos acentuaram a esterilidade de tal reivindicação, que se limitava a aceitar como natural uma divergência de interesses e a função consoladora que, para certas mulheres, pode ter o refúgio em ambientes de comunicação reconhecidos como "femininos" (romances água-com-açúcar, *soap opera*, etc.): para sobreviver no mundo real dominado pelos homens, não há nada mais reconfortante que freqüentar o mundo ideal dominado pelas mulheres (Winship, 1987).

Recentemente, a orientação prevalente nos estudos tendeu a contrastar o "essencialismo de gênero" (Gauntlett e Hill, 1999) como âmbito interpretativo do índice de audiência das novelas e a apresentar uma matriz gerativa de interesses bem mais ampla. Não são só as donas de casa que gostam das novelas, mas também as operárias, as estudantes e as funcionárias em geral, porque esse gênero midiático exalta as rotinas de psicologia popular que são ativadas pelos telespectadores, que são atraídos para ela não tanto pelo desejo de saber o que acontecerá depois, mas pela necessidade de verificar determinadas hipóteses suas sobre "que tipo de pessoa é ele/ela" (Brunsdon, 1981).

A novela apela para as qualidades psicológicas do público: oferece uma história de relações interpessoais para que quem acompanha o seu desenrolar possa experimentar a hesitação de penetrar na intimidade dos outros, sem pagar o preço do envolvimento na própria experiência da vida real. Assistir a uma novela constitui uma atividade agradável justamente porque permite liberar a nossa curiosidade acerca das vicissitudes dos outros, sem qualquer tipo de responsabilidade em relação a eles.

O sentido de satisfação percebido por telespectadoras e telespectadores se prolonga na possibilidade de comentar as tramas representadas na tela nas conversas diárias, em um regime de "fofoca protegida" (Miller, 1995), já que ninguém pode ser acusado por ter entendido mal as intenções de um personagem televisivo.

O fascínio da novela consiste em colocar à disposição do público a esfera privada dos personagens, de modo a permitir a ele exercitar a própria competência em interpretar as razões de um olhar cúmplice ou de uma expressão pensativa e em arriscar conjeturas acerca da cadeia motivacional que ampara essa decisão. Conseqüentemente, o quadro teórico de referência para compreender o sentido da novela é a IPS, ou seja, a capacidade da mídia de estimular um sentido de familiaridade entre estranhos. De fato, "depois de algum tempo, os personagens tornam-se pessoas reais e ficamos interessados em seu bem-estar, como se fossem nossos amigos e colegas" (Livingstone, 1998, 61).

Uma mola importante para impulsionar uma IPS é fornecida pelo processo de identificação. Por exemplo, do relatório etnográfico das motivações que impelem uma pequena comunidade de jovens Punjabi, provenientes da Índia e residentes na Grã-Bretanha, a apaixonar-se por uma novela produzida na Austrália – *Neighbours* – resulta de um papel importante caber justamente à possibilidade de projetar nelas algumas aspirações do Si (Gillespie, 1995). A novela representada pelos australianos fornece aos jovens Punjabi os recursos simbólicos para superar o vínculo implícito em sua cultura de pertença que proíbe discutir questões familiares fora do âmbito familiar.

Em termos gerais, a disputa ideológica iniciada pela interpretação feminista das novelas (e de seus públicos) deixa transparecer como a orientação realista da cultura ocidental marca até a esfera do entretenimento. De fato, a menos que não seja possível qualificá-lo como a marca sagrada da arte, o divertimento "por fingimento" é apenas substituto do divertimento "verdadeiro", real, de fato (segundo o modelo do esporte). A novela obriga a hibridizar os *frames*: coloca as asas da fantasia a serviço da rotina. Em conclusão, a natureza das novelas e o seu sucesso constituem um dos desafios mais intrigantes para o psicólogo da mídia. Na verdade, além de certas condutas patológicas de alguns "viciados em novelas" (como mandar flores para a atriz, no dia em que o personagem desta comemora o aniversário), que autorizam a considerá-los como incapazes de controlar a móvel fronteira entre "realidade" e "ficção", freqüentemente quem segue uma novela continua a acreditar que os personagens são núcleos narrativos a cargo de atores e os enredos dos eventos e dos diálogos, ambientados em estúdios de gravação.

O desafio lançado aos psicólogos da mídia pelo sucesso da novela reside justamente em tentar entender por que as pessoas são fascinadas por esse "universo paralelo" (Geragthy, 1991) em comparação com o seu universo na vida real. Talvez a chave de interpretação para tal atração fatal esteja justamente no fato de que, ao se envolverem no jogo de recíproca invasão entre "realidade" e "ficção", as pessoas conseguem colocar à prova as próprias potencialidades de sujeitos elaboradores de significados. Enfim, os traços formais da novela estimulam o público não apenas a decodificar mensagens pré-elaboradas, mas também a participar ativamente na gestão de textos, ou seja, a abrir a bagagem cultural que permite às pessoas experimentar a si próprias como hábeis construtoras de mundos possíveis.

1.3. O público vai à cena

Os historiadores relacionam o emergir de uma fase de "neotelevisão" com o prevalecer de uma vasta série de programas conhecidos/denominados como *reality show* (do programa de perguntas ao *talk show*) nos quais a TV não é mais o "totem" que marca a separação entre o mundo "na tela" e o auditório "diante da tela". Os *reality shows* desfazem tal barreira, tida como sagrada na fase da "paleo-televisão" e levam à cena os telespectadores, transmitem conversas de pessoas comuns e fazem circular imagens potentes sobre o modo de agir do homem comum. Modas, linhas de conduta, expressões de uma geração investem contra o olhar sedutor da telecâmara, que relança nas telas domésticas aquela aura de familiaridade com que todos adoram sentir-se tranqüilizados.

Todos os programas de TV (e os ambientes midiáticos em geral) dos quais o público participa fornecem extraordinárias oportunidades de pesquisa para a psicologia da mídia, pois permitem indagar:

a) o espectro das motivações que induzem o público a tomar parte neles tão ativamente;
b) o contexto das condutas dos atos discursivos em que se empenham em cada caso (o que fazem e dizem, que crenças ou atitudes revelam, etc.);
c) a gama de conseqüências que podem repercutir em sua vida depois de sua participação no programa (da euforia à depressão);
d) o emaranhado de vínculos móveis entre esfera pública e esfera privada, assim como as pessoas os percebem em diversas condições histórico-sociais;
e) as redes de "efeitos de realidade" que a representação do público *na* mídia tem para o público *da* mídia. Se o fato de me ver na TV é um modo relevante de me afirmar, autorizo-me a acreditar que o valor do que sou depende daquilo que parece.

É inevitável que nos formatos de "interação parassocial" estabelecidos pela mídia também aconteçam modificações nos modos de organizar o "Si como projeto simbólico"; portanto, é licito esperar, por exemplo, manifestações de "identidade parapessoal". Na verdade, "o desenvolvimento da mídia não apenas enriquece e transforma o processo de autoformação: produz também um gênero de intimidade completamente novo e sem precedentes" (Thompson, 1995). Naturalmente, trata-se de uma intimidade que valoriza a face do Si interessada em apresentar-se móvel e plural, que tira proveito de seus traços lúdicos e provocadores, que não tem escrúpulos em exibir suas modalidade, mesmo fictícia. Por mais que sejam conscientes dos vínculos postos pelos *gate-keepers* midiáticos, as pessoas se submetem aos vários filtros e aceitam cláusulas relativamente vexatórias impostas pela mídia para se exporem na TV ou serem lidas nos jornais, porque esses veículos de comunicação permitem, finalmente, a seu Si tentar se manifestar.

Talvez o formato mais feliz entre os programas de "TV realidade" seja o "Big Brother": uma extraordinária operação de marketing televisivo baseada no enredo inteligente de duas tendências gerais da psique humana: o exibicionismo e o voyeurismo. O "Big Brother" é o formato televisivo que tornou palpável "a espetacularização do privado e a violação da intimidade" como estratégias de penetração do autismo tecnológico na cultura e na sensibilidade de massa (La Barbera e Cantelmi, 2001, 21).

O sucesso desse programa de entretenimento se deve à evidente sintonia entre a corrente extrema, exibicionista e pulsante nos personagens "na casa" e a incoercível tendência voyeurística pulsante nos telespectadores "da casa". A domesticação pública do privado autoriza mil percursos de sentido na fruição do programa: de quem o vê, com atônita identificação, a quem o observa para registrar seu distanciamento do insípido cotidiano; de quem adota o olho da telecâmara pelo prazer de se ver espelhado naqueles heróis de um dia, a quem freqüenta periodicamente aquele observatório para ali encontrar confirmações de suas expectativas acerca da banalidade do absurdo. Em todo caso, os significados negociáveis na fruição do Big Brother subtraem à atividade do "ver" sua força de suporte ao conhecimento, para ali exaltar a atração por "ver-se" como necessidade humana de encontrar-se, entreter-se em um espírito tenso entre a empatia e a cumplicidade.

1.4. O espetáculo da palavra

A época atual, caracterizada como é por uma crescente globalização dos sistemas simbólicos (não só econômicos), pode muito bem reconhecer-se naquela "cultura do competir para falar" (*talkathon culture*) que Kurtz (1996, 3-4) associa com as transformações sociais das formas de comunicação impostas pela difusão do *talk show*. No exemplo dos Estados Unidos, a legendária "aldeia global" pode ser vista como uma grande "talk show nation" comprometida numa verdadeira "maratona irrefreável de palavras". Esse fato já é motivo suficiente para colocar a análise dos *talk shows* entre os interesses da psicologia da mídia.

Na batida metáfora do espelho, o *talk show* nos remete à imagem efêmera do nosso ser social, assim como ele se configura hoje, com as cores contrastantes do melhor e do pior em que se aporta a existência humana nas atuais condições históricas, segundo os contornos móveis de uma insuperável ambigüidade. A *talkathon culture*, na qual estamos imersos, não apenas por seu regime geral de "oralidade secundária" (Ong, 1982), mas também pelo meio específico que a difunde – a televisão como "rádio ilustrada" (Grasso et al., 1996, 511) –, permite estabelecer diversamente alguns pontos nodais da pesquisa psicológica, como os processos de construção do Si e as formas de apropriação da identidade social e pessoal.

Patrícia Priest (1996) apresentou oportunamente uma pluralidade de percursos que levam os participantes do *talk show* a aumentar sua auto-estima. Em geral, os convidados por ela entrevistados, relataram que sua aparição na tela como "instâncias enunciativas" comportou uma sensação de *empowerment* (empoderamento), porque puderam perceber-se subtraídos da condição do anonimato e inseridos no Olimpo midiático que atribui valor heróico e semidivino às celebridades de um instante. É digno de nota que, nas explicações de sua experiência, os convidados "comuns" dos *talk shows* (não os astros ou os representantes de diversas profissões) tendem a considerar vantajoso o cálculo custo-benefício, considerando que o esforço de "auto-revelação" (*self-disclosure*) no empenho de tornar pública uma opinião e de compartilhar uma experiência de vida, seja bem recompensado pelo fato de poder dar uma nova e mais forte identidade ao personagem que se encarna na própria história pessoal.

A análise dos programas de *talk shows* pode ilustrar de que modo as práticas discursivas das quais uma sociedade dispõe geram "textos de identidade" (Shotter e Gergen, 1989), ou seja, recursos dos quais os indivíduos se servem para dar sentido a sua experiência no mundo. O êxito possível não é de pouca importância, pois poder mostrar como a idéia que se faz de si mesmo depende das tecnologias comunicativas que se domina comporta o abandono definitivo da epistemologia essencialista, em psicologia, a favor de uma concepção radicalmente relacional (Gergen, 1996; Jacques 1994) conhecida como "socioconstrucionismo" (Gergen, 1985) que, cada vez com mais força, propõe-se como alternativa ao paradigma cognitivo dominante nas ciências humanas, sobretudo em psicologia.

Essa perspectiva socioconstrucionista foi assumida e aplicada em muitos âmbitos da chamada "psicologia discursiva" (Edwards e Potter, 1992; Harré e Gillet, 1994; Mininni, 1995; 2003 Edwards, 1997), segundo a qual não é possível sair do "discurso", entendido como procedimento gerador de sentido, para explicar o que as pessoas (e as sociedades) são e fazem. Tudo o que o homem é e faz é imputável aos seus *ways of talking*, que não se limitam a espelhar um mundo interior — a mente como espaço de representações —, mas constroem a rede interpretativa de tudo o que acontece.

Há, além disso, uma razão imposta pelo caráter dominante que esse "neogênero" de discurso (Grasso et al., 1996, 498) adquiriu na programação televisiva. Uma vez que a TV ocupa firmemente o centro do "espaço público midializado", a análise de certas dinâmicas intrínsecas ao *talk show* pode evidenciar as "discretas influências" (Wolf, 1992) da mídia em geral sobre os processos de articulação entre novos modelos de sociabilidade e modalidades consolidadas de envolvimento pessoal. O *talk show* pode ser considerado um "diálogo simulado" (Mininni e Ghiglione, 1995), porque é um evento conversacional que desumaniza a dinâmica relacional do jogo de acordos e de conflitos, validações e divergências na qual se tece a atribuição de sentido. Em todo o caso, a necessidade contextual da espetacularização comporta uma alteração das relações naturais entre poder e palavra, pois institucionaliza uma posição de domínio interlocutório normalmente reconhecida como pertencente ao apresentador de um *talk show*.

A palavra-de-efeito se sustenta sobre uma demarcação (na verdade, cada vez mais indistinta) entre modo "real" e modo "virtual" de interagir. Se o chefe de governo anunciasse a promulgação de um decreto-lei especial durante um *talk show*, seu gesto de poder — não apenas conversacional —, para ser válido, deveria ser confirmado em um outro contexto de enunciação (sessão do Conselho de Ministros, Parlamento). O fato de tê-lo antecipado em um ambiente de interação "virtual" como o *talk show* pode não ser considerado vinculador. Todavia, outros atos de natureza política realizados nesse tipo de programas televisivos podem ter um impacto simbólico muito forte. Como se sabe, o êxito das eleições políticas de 2001 foi, em grande parte, orientado pela teatralidade de uma assinatura específica que fora inserida no "Contrato com os Italianos" apresentado pelo chefe da oposição em um episódio do programa "Porta a porta".

Sabendo estar em uma competição generalizada de identidades, os participantes dos *talk shows* acentuam os traços de "originalidade" e violação ao canônico, lançando mão de todos os recursos da retórica, da ironia indulgente ao sarcasmo. Essa mobilidade do Si deriva também das oportunidades de produção e gestão de conflitos próprias do *talk show*. Entre as formas de luta pela palavra ou de conflito interpretativo específicas de *talk show*, encontramos:

a) conflito jocoso, construído habilmente pelo apresentador para mostrar poder;
b) conflito gerado pelo apresentador ao deter-se na contraposição dos pontos de vista *"pour épater le bourgeois"* (para chocar a burguesia);
c) conflito por mera repetição de posições contrastantes;
d) conflito limitado de autoridade imposta pelo apresentador (sobretudo com os interlocutores não autorizados, como é o público no teatro);
e) conflito que escapa ao controle do apresentador;
f) conflito temático sem ataque direto;
g) o conflito mediante o ataque direto (cf. Mininni e Annese, 1999).

O "espetáculo da palavra" é uma prática comunicativa que permite à "sociedade da imagem" trazer à cena a utopia de uma "democracia direta", porque sabe valorizar as mais diversas contribuições enunciativas no intento de elaborar a ficção do senso comum (Mininni e Ghiglione, 1995). O *talk show* é uma forma de vida dos significados partilhados por toda uma comunidade sociocultural, porque a mediação da opinião é pública: quem aparece na tela fala para quem olha para a tela, isto é, ao mesmo tempo "em seu lugar" e "a seu favor". No confronto (ora pacato, ora tumultuado) das vozes que animam os *talk shows* parece claro também que a mesma distinção entre "esfera pública" e "esfera privada" é freqüentemente o efeito de uma construção discursiva, pois se origina do modo em que se torna pertinente a participação do público. Por exemplo, um psicólogo convidado de um *talk show*, pode contribuir na elaboração da "esfera pública" quando intervém acerca de temas que tornam evidente sua identidade de especialista nas relações humanas, como as condutas anti-sociais e os distúrbios do Si; quando, ao contrário, participa em debates sobre políticas fiscais ou sobre as oscilações do gosto gastronômico, suas posições dão voz à "esfera privada", ou seja, à sua interpretação particular daqueles aspectos da vida social.

Os apresentadores de *talk shows* desenvolvem grandes habilidades de controle sobre a interação "em cena", de modo que todos os seus convidados possam valorizar suas qualidades pessoais como instrumentos para renovar constantemente os sentimentos de empatia com o público. Alguns convidados desses programas conseguem entrar no *star system*, razão pela qual têm diante de si a difícil tarefa de manter o status de celebridade obtido apenas dando opiniões, enunciando expectativas, exprimindo sensibilidades.

O regime semiótico da conversação televisiva modificou a ordem tradicional entre privado e público. Justamente, os *talk shows* – e, mais em geral, todos os programas televisivos cujo formato prevê a participação ativa do público no estúdio, como representante de uma população mais vasta de telespectadores – estão no centro de um caloroso debate acerca da construção midiática da "esfera pública". Em outras palavras, trata-se de um horizonte interpretativo de questões de interesse comum sobre as quais a comunidade pode manifestar uma opinião predominante e levá-la ao poder público. A lúcida análise realizada por Habermas (1981) acerca do vínculo entre a difusão dos jornais nos "cafés" no século XVIII e a primeira constituição da "opinião pública" como coluna portadora dos valores de liberdade e democracia exaltados pela Idade Moderna, autoriza a atribuir aos meios de comunicação de massa uma grande responsabilidade na gestão da esfera pública.

Os "apocalípticos" tendem a considerar os *talk shows* (e os meios de comunicação de massa em geral) culpados por terem tornado asfixiante a "esfera pública" porque as pessoas são induzidas a se pensar mais como espectadoras passivas que como enunciadoras ativas de opiniões; por isso, tendem a empenhar-se menos em um diálogo racional, amparado por uma lógica ideal no confronto simétrico das opiniões. O espaço público, enormemente ampliado pelo sistema comunicativo atual, é ocupado por uma conversação emocional, fragmentada e desigual. A assimetria cognitiva e comunicativa entre a mídia e os usuários é tal que progressivamente inoculou um tipo de impotência aprendida, por isso, as pessoas aos poucos interiorizam um senso de inadequação para exprimir seu ponto de vista e parecem sempre mais relutantes em empenhar-se na busca do bem comum.

Os "integrados", ao contrário, tendem a ver precisamente nos programas televisivos, centrados na participação do público, um cenário comunicativo que pode ampliar o acesso de massas maiores de pessoas à elaboração da opinião pública (Livingstone e Lunt, 1994). A "esfera pública" é um produto irremovível da ação da mídia na sociedade, por isso é necessário, de vez quando, caracterizar as configurações específicas que ela recebe na evolução histórico-cultural de tal ação. De fato, hoje essa esfera prevê a articulação de diversas possibilidades de gerar opiniões nas seções, por exemplo, "Diálogo com os Leitores", comuns na imprensa, nos programas de rádio e televisão que atribuem um papel relevante à participação (por telefone e/ou no estúdio) do público, nos vários ambientes de CMC (fóruns, newsgroup, blog) nos quais as pessoas fazem ouvir sua voz sobre um determinado assunto em discussão.

2. A mídia como ancoragem existencial

A mídia "entretém" as pessoas, acima de tudo porque lhes permite divertir, satisfazer necessidades fundamentais de evasão no fantástico, atravessar quando bem entendem a fronteira móvel que separa a cena (na qual *the show must go on*) de quem a observa. Mas a mídia também "entretém" as pessoas em um sentido mais profundo, enquanto extraem dela materiais para se pensar e formas para se estruturar. Mais que a escola, a família ou o grupo de pares, é a mídia que fornece os modelos mentais para organizar a própria identidade e para projetá-la nas relações com os outros.

2.1. Revistas de recursos identitários

A concepção segundo a qual a mídia se compõe de ambientes de alta relevância psicológica porque torna disponíveis informações sobre "modelos de personalidade" e sobre "estilos de vida" adotados em uma determinada comunidade cultural pode ser documentada de modo extremamente convincente por um exame minucioso da epopéia de *Minduim* (Peanuts).

Como se sabe, *Minduim*, uma série inventada em 1950 pelo cartunista americano Charles M. Schulz, é a mais famosa série de quadrinhos humorísticos que dominou a imprensa mundial na segunda metade do século XX. Schulz criou uma linguagem que, de uma forma ou de outra, marcou uma geração de leitores. Ainda hoje são recorrentes expressões como "o cobertor de Linus" ou "era uma noite escura e tempestuosa", "o médico chegou?" ou "o grande bruxo". Os protagonistas absolutos da série são um grupo de crianças e um cão, que trazem à cena tanto os pequenos problemas de sua idade, quanto as grandes ambigüidades típicas dos comportamentos dos adultos. A presença destes, na verdade, é completamente banida desse mundo de "homens em miniatura", mesmo que, às vezes, a existência dos "adultos" seja marcada exclusivamente pelo contorno enigmático de seus pés. Em todo caso, o ponto de vista permanece, sempre, o dos pequenos protagonistas.

A turma da série gira em torno de Charlie Brown, um menino cuja vida normal é ameaçada por um profundo sentimento de inferioridade em relação ao mundo. Sente-se só e, muitas vezes, inadequado em relação à complexidade das tarefas. Como acredita ser antipático aos outros, mantém uma correspondência com um amigo imaginário. Um índice sintético de sua problemática existencial é ter fundado um time de beisebol, porém, que está sempre em último lugar na classificação das equipes. O *alter ego* mais convincente de Charlie Brown é seu cão Snoopy [Xereta], um beagle que revela a sua profunda independência dormindo sobre a casinha e é dotado de uma fantasia sem limites, que explora escrevendo intermináveis romances e imaginando estar envolvido em duelos aéreos de tirar o fôlego com o Barão Vermelho.

Uma das maiores fontes de insegurança de Charlie Brown é sua companheira de escola Lucy Van Pelt. De fato, é ela principalmente quem o trata como se fosse um idiota. Lucy encarna tudo o que é detestável: é tão cheia de si que não percebe o quanto a sua arrogância a torna intratável. Seu tino para os negócios fez com que montasse um quiosque onde vende limonada ou dá conselhos para melhorar mais a própria existência do que a dos outros. Lucy é também opressiva em relação ao irmão Linus, um outro menino com um complexo de inferioridade até mesmo maior do que o que atormenta Charlie Brown; por isso, precisa ter sempre consigo um cobertor, já transformado em símbolo dos objetos "transicionais". Enfim, um outro protagonista é Schroeder, um amante de musica e de Beethoven, que passa os dias grudados em seu piano, razão pela qual não percebe nem mesmo o quanto Lucy é loucamente apaixonada por ele. A série Peanuts é movimentada pelo aparecimento esporádico de muitas outras crianças.

A obra de Shulz teve um grande impacto no público, e o sucesso dos personagens encontrou amplas garantias em terem sido reduzidos a objetos-fetiche. Do ponto de vista da operação de merchandising, a tradução desses personagens em produtos – diários, cadernos, cartões de felicitações, camisetas, etc. – assemelha o mundo de Charlie Brown a muitos outros fenômenos de "mass moda" (dos Beatles a Beautiful, do Super-Homen ao Super-Mario Bros). Se alguém, ao se indagar acerca das razões dessa consagração mitológica não se detém no plano dos meios de comunicação de massa e/ou sociológico, mas questiona a técnica narrativa da tira de Schulz, a sua unicidade (e talvez a impossibilidade de ser repetida) mostre-se mais evidente. A começar pela inovação expressiva introduzida na "linguagem dos quadrinhos", à qual o autor impôs uma ausência de perspectiva e de simplificação gráfica, com o objetivo de ressaltar a força dos diálogos. A arte está em gerar a cumplicidade emocional do leitor mediante pouquíssimas modulações do traço. O fundo e os desenhos são restritos a poucas linhas um tanto tremulantes, para colocar em primeiro plano os personagens e o que eles têm a se dizer e a nos dizer.

Os personagens de Schulz são *tipos psicológicos* compatíveis com o "pensamento fraco". São testemunhos da desarticulação dos antigos modelos das relações entre os sexos, estão presos à pretensão de uma inocência que se projeta, utopicamente, para além do bem e do mal, um lugar moral que mantém o homem seguro dos efeitos, sempre imprevisíveis, do que ele próprio faz com as palavras. Em uma tira especialmente memorável, a ótima Lucy repreende a hesitação de Linus no campo de basquete: "Vai pra frente, joga! O que você está esperando?" e Linus responde: "Crescer!". É a história exemplar do impulso oportunista e da expectativa receosa que dominam a psicologia infantil (e não se limitam a ela!). Schulz foi merecidamente celebrado como o "poeta da infância", entendida não como fase biológica ou psicossocial, mas como condição existencial do homem, condenado a descobrir sua insuperável derrota (e a conviver com ela), que resulta da diferença entre o horizonte da necessidade sentida e o alcance de suas competências e habilidades.

A originalidade de Schulz no contexto cultural das histórias em quadrinhos americanas consiste em ter oferecido à sociedade a melhor autoanálise psicológica, capaz de preservar o assombro das crianças (entendidas não como "pequenos dos homens", mas como "pequenos homens") diante do poder de suas palavras e das dos outros. Schulz contribui decisivamente com a difusão das representações sociais das psicopatologias da vida cotidiana: graças a ele, muitos sabem falar das neuroses, fobias e paranóias reconhecíveis na família "que mora ao lado". As suas microhistórias fornecem âncoras discursivas para enganchar as questões de sentido exprimíveis na experiência de todos. O mundo de Charlie Brown, Linus, Snoopy e seus companheiros nos obrigou a acertar as contas com a natureza indefesa (e, talvez, indefinível) da sociedade humana. Mais que um "psicólogo da era evolutiva", Schulz foi um grande psicólogo cultural, muito capaz em evocar a ressonância dos eventos comunicativos e muito hábil em colocar em cena a consciência da sutil desordem das relações interpessoais, que se davam na linha do paradoxo, expostas à armadilha do "duplo vínculo", iniciadas no vórtice da interpretação insegura, suspensas no abismo do egocentrismo.

A "aldeia global" deve a Schulz, acima de tudo, a invenção de uma grande máscara: a do atrapalhado, ou seja, o tipo psicológico personificado por Charlie Brown. Ele é tão desajeitado nas condutas e simples nas expectativas que os leitores desconfiam ser ele de fato um tonto. Dessa forma, a figura de Charlie Brown dá voz à visão de mundo mostrada por Schulz: a vida cotidiana torna-se sempre mais complicada, e é necessário enfrentar uma realidade tão hipercomplexa que, mais cedo ou mais tarde, todos nós somos forçados a parecer pelo menos um pouco "apatetados" em algum aspecto. É preciso estar ciente disso para não ceder ao desconforto de se descobrir derrotado pelo fluir da existência. A palavra "atrapalhado" contém a mensagem passada pela saga dos Peanuts: somos todos emocionalmente fracassados, inadequados para a tensão dos sentimentos, incapazes de sustentar o desafio que a presença do Outro nos coloca.

As tiras de Schulz nos sugeriram os pensamentos e as emoções "politicamente corretos" que devemos ter quando encontramos pessoas atrapalhadas: alegria com a própria eficiência e zombaria do próprio sonho de onipotência. Dessa forma, ele evidenciou a necessidade universal de ternura que todos nós dissimulamos por trás da máscara que nos impõe propensão ao duro jogo das relações sociais. Schulz foi o grande educador de uma geração que se percebia "pós-moderna" e ainda não o sabia: apaixonada por suas dúvidas, mas já perigosamente tentada pelo cinismo em relação à comodidade; fascinada pela complexidade, mas já desorientada pela inelutável generalização da neurose. Mestre da ironia leve, Schulz projetou muitas gerações naquela atmosfera socrática que gera conhecimento, aquela luz tênue que permite achar-se inteligente apenas para captar a própria "tontice" (o que já não é pouco!).

As microhistórias da Leveza e da Perspicácia, da Ternura e da Delicadeza produzidas por Schulz têm já um halo de caráter clássico e ao mesmo tempo estão ligadas a uma atmosfera peculiar, irremediavelmente ultrapassada. "O mundo de Charlie Brown" operou uma inovação semiocultural que marcou uma reviravolta no imaginário coletivo, um modo de pensar a realidade e de sentir a vida que atravessou gerações. Nelas, é narrado um modo geral de ser da humanidade, já que há pelo menos uma circunstância na vida de todos nós na qual podemos nos ver, imobilizados ou incertos, entre a frustração dos desejos e a ausência de aspirações.

Todavia, essa humanidade complexada é ao mesmo tempo encontrada no lado sombrio do *American way of life* como era perceptível nas primeiras décadas do segundo pós-guerra do século passado. Os jovens de hoje podem ter curiosidade, alguns poderão até se apaixonar pelas elucubrações existenciais de Schulz. Contudo, será difícil que consigam se identificar com aquelas histórias, como o fizeram as gerações pós-bélicas, que nelas encontraram os melhores recursos para alimentar os próprios mecanismos de defesa, da racionalização à sublimação. Para todos aqueles que o habitaram desde pequenos, "o mundo de Charlie Brown" representou um ambiente natural de crescimento na complexidade.

Hoje mudou, acima de tudo, a relação entre os *comics* e a mídia (a TV, a Internet) na função de aculturação das massas e no papel de formação do imaginário social. Até mesmo em sua estrutura de gênero, os *comics* e os *funnies* sofreram uma fragmentação desvalorizadora e uma disseminação das vinhetas. Além disso, em 2000, a *America Media* – e, graças à comunicação globalizada, a *Umanità Media* – deve enfrentar novas angústias, em relação às quais até o "O Evangelho segundo Charlie Brown" mostra-se demasiado e tediosamente ingênuo. O culto ao poder e ao dinheiro difundido na era de Reagan pelos *yuppies* e a desordem geral evocada pela mudança do terceiro milênio, penetraram na formação espiritual dos indivíduos, cuja existência parece sobrecarregada por novas expressões e novos gestos e perturbada por novos fantasmas. Talvez a condição atual da humanidade seja descrita mais claramente pelas sagas narradas em outros quadrinhos, ou talvez em desenhos animados, como os *Simpson*, a julgar, pelo menos, pelo envolvimento que o altivo distanciamento e o malicioso desencanto de suas histórias cotidianas despertam nos jovens de hoje.

2.2. Tramas de educação sentimental

A mídia entretém as pessoas por reconhecer os potentes fios que sustentam o equilíbrio precário de sua existência: os *sentimentos*. A construção social dos afetos – emoções e paixões, humores e estados de ânimo – chega a nós cada vez mais filtrada pela ação da mídia. É a mídia que nos entretém cada vez mais nas matrizes de sentido que nos permitem provar esperanças e temores, furores e angústias, vergonha e surpresa, ânsia e alegria. Todavia, o exemplo prototípico de educação mediada é constituído pelo amor.

A literatura de todas as comunidades lingüístico-culturais do planeta transborda de textos voltados à descrição do encanto da experiência humana do amor. Espaço ilimitado do mistério, o amor atravessa a existência das pessoas e orienta seus esforços em dar a seus relacionamentos um significado que não se esgote no esquema "meio-fim", de modo a construir um senso de Si que se espelhe no reconhecimento do Outro. Cultura alta (da poesia lírica ao romance) e cultura popular (dos mitos às baladas, dos provérbios às canções) forneceram às gerações humanas a consciência, ora feliz ora dolorosa, de que sua vida está em poder de um tal demônio que Platão queria que fosse filho da Abundância e da Pobreza. Como era de se prever, até nesse ponto nevrálgico da apropriação pessoal da tradição cultural, o regime da comunicação da mídia produziu seu efeito ambivalente, suspenso entre a padronização e a mobilização das "razões do coração". De fato, em nossos dias, a mídia tem, sim, feito surgir novas potencialidades de encontro, conforme o que vemos de histórias de amor que nasceram nos *chat rooms* ou mesmo por e-mail (como no filme *Mensagem para você*), mas disponibilizou novas possibilidades de educação sentimental, que expõem as pessoas aos riscos do perfeccionismo ideal ou de uma irrefreável ruminação interior.

Por milênios, a maior parte das pessoas atravessou aquele oceano de sentido que é o amor com as embarcações desconjuntadas dos modelos vividos em família e nas rotinas do cortejar admitidas pela urdidura sociocultural do próprio grupo de referência. Poucos foram os afortunados que puderam velejar para os horizontes abertos que compreendem do ato de escrever à interpretação literária e filosófica do amor. Os leitores de Dante, Petrarca e Boccaccio – só para mencionar as sumas autoridades italianas – dispunham de sofisticados recursos cognitivos para sintonizar-se com a força estruturadora desse sentimento. Na verdade, traços da literatura são também encontrados no falar comum, em que quase todos podem fazer alusão ao "amor platônico" e/ou ao "amor romântico".

Querendo dar crédito ao aforismo de La Rouchefoucauld, segundo o qual "as pessoas não se apaixonariam se não ouvissem falar de amor", conclui-se que há a necessidade de refletir sobre como se fala do amor na sociedade contemporânea, que cada vez mais ama configurar-se nos traçados expressivos estabelecidos pelos meios de comunicação de massa. Se acontecesse que os recursos enunciativos da mídia projetassem uma imagem muito deformada dessa emoção, o resultado seria que a mídia não só tornaria mais árdua a educação sentimental dos jovens, mas também poderia produzir uma desorientação social mais geral. De fato, diante do amor, somos todos um pouco 'jovens', isto é, inexperientes e ao mesmo tempo interessados no futuro, perdidos no emaranhado e apaixonados pelo projeto de existência.

À primeira vista, os meios de comunicação de massa parecem confirmar, segundo a própria ótica um pouco deformadora, o mito platônico do amor filho da Abundância e da Pobreza. De fato, de um lado há uma grande riqueza de remissões a esse oceano de sentidos: imagens, contos, histórias de vida e apelos perseguem-se confusamente, como que a querer tornar evidente a idéia de que o amor é um espírito fugidio. De outro, há a exibição de uma terrível penúria de valor, quase que uma eliminação da experiência afetiva. Naturalmente, os meios de comunicação de massa falam do amor *do seu jeito*, devendo não só adaptar-se às potencialidades expressivas específicas dos vários canais utilizados – a misteriosa ressonância da voz nos *talk shows* radiofônicos, a potente articulação da escrita na imprensa, a fascinante síntese da imagem na seqüência cinematográfica e televisiva, etc. – mas, principalmente, respeitando os múltiplos vínculos que possibilitam a sua integração à vida social.

Já que, por consideração geral, os meios de comunicação de massa estão sujeitos às duras leis do mercado e da espetacularização promulgadas pelo deus Auditel, o resultado de tal fato é que a representação social do amor a que darão voz se mostrará vistosamente deformada por pressões externas àquilo que as pessoas vivem como "amor". Conseqüentemente, é muito raro que os jovens consigam encontrar nos clamores de um *talk show*, nos langores das novelas ou nos relatos de crônica feminina algum apoio para orientar a própria experiência sentimental em profundidade. Isso poderia acontecer se as seções jornalísticas, os programas de rádio e de televisão e os sites da Internet que abordam o amor tivessem sido projetados com fins educativos, ou pelo menos aspirassem a objetivos artísticos. Muito freqüentemente, ao contrário, a busca frenética pela audiência determina a escolha dos temas e a programação das grades para apresentar o anômalo ou o anormal, e não para mostrar o comprometimento com a compreensão e o com reconhecimento da diversidade.

Uma estratégia que causa estranheza por ser negativa depende do fato de a mídia ser obrigada a construir para seus usuários um mundo real, capaz de atraí-los justamente para sua deformidade em relação a suas expectativas de sentido. Daí por que também no amor apenas o excesso é "noticiável": o heroísmo de uma dedicação silenciosa ou a brutalidade de um plágio habilmente ocultado, a anorexia ou a bulimia sexual, a diferença de idade ou a superficialidade de certas tomadas de posição sobre questões que envolvem a relação afetiva (das práticas anticoncepcionais à educação dos filhos).

Há, ainda, vínculos que resultam do formato enunciativo em que passa certo modo de entender o amor na mídia. Por exemplo, as narrativas de amor que cabem às fotonovelas e às suas versões televisivas, esterilizam sua dimensão em esquemas seriais, altamente previsíveis e enjoativos. Ao contrário, as seqüências de imagens que se ligam fugazmente ao amor nos videoclipes, ligados ao lançamento de discos ou de filmes, projetam as expectativas de sentido para esse sentimento em cenários paradoxais, artificialmente cintilantes ou tenebrosos. Isso sem mencionar as várias linhas telefônicas "hard core" anunciadas pelos jornais e pela TV que disponibilizam para os jovens uma representação do componente erótico do amor como uma experiência não apenas solitária e mecânica, mas também tristemente monosensorial.

Finalmente, a mídia tende a confirmar os modelos culturais tradicionais. Uma prova em especial é dada pela diferença de gênero no modo pelo qual os jovens se educam no amor, por meio dos discursos midiáticos, ou seja, aderindo às representações sociais do amor que a mídia coloca em circulação. Claro, há a linguagem comum a meninos e meninas: a *canção*. Pela sua própria maneira significante (texto e música), ela comunica facilmente aos jovens que o vínculo amoroso é um biorritmo, uma harmonia sincopada e uma busca tonal. Entretanto, além da cultura da canção, prática aglutinante dos percursos identitários de gerações inteiras, já se vislumbram algumas diferenças. As meninas revelam um interesse mais acentuado pelas seções das "Questões do coração" que encontram na imprensa; os meninos, ao contrário, são atraídos por programas de TV do tipo *situation comedy*, nos quais a relação amorosa é apresentada com um olhar divertido e, em geral, até paródico. Talvez justamente nesse contraste seja possível ver uma determinada função positiva da mídia, que consiste em expor a ambivalência do quadro interpretativo ao qual não é possível nem mesmo subtrair o sentimento amoroso. Quando o amor torna-se um problema, transforma-se numa experiência essencialmente perturbadora, lugar do desmantelamento existencial; ao contrário, caso sejamos fortes no amor para poder olhá-lo com ironia (ou até mesmo zombar dele), é porque percebemos uma insinuação para não nos levar a sério, um convite para nos descentralizarmos e desmascarar as pretensões imperialistas do Si.

Pensando bem, o risco mais grave implícito no discurso midiático acerca do amor reside em sua tendência de se tornar físico o que, por outro lado, se revela operacional em modalidades opostas. De um lado, a mídia parece obcecada pelo intento de valorizar a característica biológica do amor. Na verdade, parece que o vértice do interesse reside em recorrer periodicamente à notícia da descoberta desse ou daquele gene que controlaria sua ativação e variações pessoais, ou desse ou daquele neurotransmissor que traduziria os significados culturais em modificações eletroquímicas do cérebro. De outro, a mídia enfatiza todas as oportunidades de desvincular a experiência afetiva das certezas sensuais (além das dificuldades) do contato corporal: casamentos intermediados por agências, encontros virtuais, *cybersexo* e assim por diante. O impulso de exaltar o corpo interior (o código genético e o cérebro) enquanto se cancela o valor da ação entre os corpos reciprocamente presentes esclarece a dimensão do ataque estratégico desferido pelo sistema da mídia contra o mundo da vida (inter)pessoal. De fato, acaba ficando vazia justamente a metáfora ontológica que culturas milenares do pensamento ocidental e oriental forneceram para o autocohecimento do homem, isto é, a distinção entre "exterior/interior" ou "superfície/profundidade". Caso se possa demonstrar que não há nada de misterioso no amor, fornece-se a prova definitiva para reduzir o homem àquela espiral de pó que reluz ao raio transparente da ciência.

Na verdade, o tom redutor e banalizador do discurso midiático no tocante às "questões do coração" é evidente até demais. Se tivermos uma relação sã e equilibrada conosco mesmos, tenderemos a ver como excessivamente intrusiva a aspiração cada vez mais difusa da mídia de ocupar-se "do seu jeito" de assuntos tão decisivos para nossa identidade íntima. Todos, em certa medida, mas em especial os jovens, ficam desconfortáveis com a sensação de serem virados do avesso em suas construções de sentido mais secretas. A rede midiática das cenografias do amor e de outras preocupações é tão extensa e minuciosa que é quase impossível não ficarmos presos nela. Mais cedo ou mais tarde, o indivíduo é atravessado pela suspeita de que sua história de amor, seus tiques ocultos e as confusões às quais está tão ligado sejam comuns a todos porque fazem parte já da cena midiática. A forma atual de alienação humana deve-se ao fato de a mídia induzir as pessoas a *verem-se como santuários vazios*. O sentido de unicidade e de impossibilidade de repetir do Si, que cada um experimenta de modo produtivo e feliz, sobretudo no encontro sentimental com o outro/outra, é colocado à dura prova pela possibilidade de verificar constantemente que os próprios ímpetos e as próprias perdas são meras figuras na cena enunciativa fortemente dominada pela mídia.

A representação social do amor veiculada pela mídia fundamenta-se na condição ambivalente (ou até mesmo esquizóide) do esvaziamento duplo em que as pessoas são colocadas. De fato, de um lado, percebemos todo o desapossamento e a erosão da confiança na singularidade de nossa história de amor, porque vemos contínuas alusões a ela nos discursos midiáticos; de outro, tais discursos abrem um abismo entre as "histórias de afetividade comum" e as pessoas que as vivem, pois elas tendem a percebê-las como muito "normais" e "banais", isto é, desprovidas daquelas condições essenciais a que a mídia é sensível. Se eu não sou uma professora de cinqüenta anos que foge com um dos alunos, nem um homem de noventa, muito rico, disposto a me casar com uma garota de programas, sou levado a acreditar que minha experiência de amor é menos gloriosa se comparada ao pouco que já é de fato. O pedágio pago pela mídia à representação da vida cotidiana – o sensacionalismo e a busca pelo escândalo – mostra-se extremamente funesto no amor.

Portanto, a experiência pessoal do amor deveria resultar incompatível com o sistema dos meios de comunicação de massa. Uma primeira razão de estranheza para ambas as partes está na representação do espaço como recurso de interação, como sabemos pelos fundamentais índices da competência proxêmica. A começar pela realização sexual, o amor marca a distância mínima entre as pessoas e talvez uma aspiração e/ou um risco de fusão. O sistema dos meios de comunicação de massa, ao contrário, pressupõe um deslocamento e uma dispersão espacial de seus fruidores. Para dizê-lo com um slogan, o amor nos faz crer próximos um do outro, a mídia nos pressupõe distantes.

Na verdade, a incompatibilidade não se limita a esse aspecto que poderia parecer marginal. Outros, e mais relevantes, motivos opõem a experiência real do amor à nossa dependência da mídia: intimidade *versus* (super)exposição da imagem do Si, moderação *versus* esbanjamento, comprometimento *versus* divertimento, coerência *versus* dispersão. A razão mais interna para a oposição entre o amor vivido e o amor representado está no próprio núcleo do sistema de significados de nosso contexto cultural. Viver uma história de amor é, para as pessoas, *perceber-se em relação* entre si; apresentar a vida em chave amorosa é, para a mídia, adotar um ponto de vista, *cindir uma totalidade*. Um efeito particular desse contraste é que, na realidade, os amantes ficam juntos pelo desejo de postergar o fim de sua história e pela capacidade de recompô-la continuamente numa ordem unitária sempre nova e coerente; porém, quando estão na cena midiática, os amantes sabem apenas admirar os fragmentos, triturados como são pela máquina que lhes dá visibilidade social. Pertencendo à misteriosa religiosidade da vida, o amor não é telegênico e geralmente se desfigura na mídia. Eis por que, muitas vezes, o senso comum das pessoas e, em particular, a inteligência emocional dos jovens, colhem os riscos que a mídia opere como prisma deformador do amor.

2.3. Veículos e vínculos de narração fática

A mídia é fonte ambivalente de "entretenimento" também porque permite organizar, em formatos sempre novos, os recursos narrativos e argumentativos que dão consistência ao texto autobiográfico com que nos identificamos. Uma confirmação especial provém de certos usos sociais da interação mediada pelo telefone, uma tecnologia comunicativa por si só voltada para exaltar a cultura da expressão identitária, que tem como núcleos geradores a força da conversação e a proteção do segredo e da intimidade. São esses os percursos de sentido que determinaram também o sucesso social do telefone celular. Artefato discursivo por excelência, o celular permite satisfazer a necessidade do Eu de ouvir constantemente a voz do Outro. Já que um telefone em miniatura pode ser escondido, a imagem de pessoas que falam sozinhas não mais identifica o risco de uma patologia mental, mas dá corpo ao desejo de expressão e de liberdade que caracteriza todo e qualquer projeto identitário.

Um novo tipo de prática discursiva permitida pelo telefone celular – mandar mensagens SMS – é especialmente interessante para a psicologia da mídia por muitas razões, a começar pela natureza híbrida de sua forma comunicativa, que realiza uma mistura entre linguagem escrita e falada. Além disso, a condição de *default* parece configurar um evento de interação monológica: freqüentemente, se envia uma mensagem quando não se pode/quer falar com o outro/a. Na realidade, a prática das SMS exalta de modo característico as modalidades de construção dialógica do Si.

Claro que, muitas vezes, o texto de um SMS requer explicitamente uma resposta e não se exclui a possibilidade de que o envio de uma mensagem dê início a uma troca de sucessivas mensagens. Nesse caso, o evento comunicativo é parecido com uma conversa *en ralenti* (em câmera lenta) e/ou uma participação em um *chat room* privado. Por si só, ao contrário, o envio de uma SMS corresponde ao desejo, às vezes verdadeiramente compulsivo, de "posicionar-se" diante da atenção do outro, achando possível, ou ainda menos justificável, entrar em seu cronotropo, sem gestos especiais de pré-aviso. Naturalmente, muitas vezes o pano de fundo da relação é tal que permite ao autor da SMS tomar essa liberdade. Portanto, em seu formato padrão, a prática das SMS se configura como um tipo de texto no qual o enunciador visa construir um episódio da história relacional que tenha uma transparência argumentativa.

O modo de escrever uma SMS constitui um novo gênero discursivo que se poderia definir como "narração fática", porque os enunciadores são motivados pela tensão a valorizar a escassez de recursos expressivos de tal modo que se manifeste, de uma forma ou de outra, um equilíbrio entre a tendência a delinear o perfil do Si e o interesse em interagir com os outros: *narramos para evidenciar o prazer da relação com o outro*. Essa composição de expectativas no projeto cognitivo dos SMS permite contrapor a "narração fática" à "narração competitiva", um formato enunciativo no qual o acolhimento das razões do Outro é instrumental para a caracterização mais eficaz do Si (Cortini e Manuti, 2002). A "narração fática" é um programa enunciativo equilibrado entre a exibição do Si (*Self-disclosure*) e o cuidado com o Outro, portanto, requer uma estrutura diatextual, isto é, uma elaboração especial dialógica do contexto de referência (Mininni, 2003).

De fato, os microtextos das SMS permitem às pessoas experimentar novos percursos de construção discursiva do Si, centrados na poliperspectiva das instâncias enunciativas. A mobilidade com que os autores das SMS podem de-escrever-se (e, portanto, pensar-se), numa rápida sucessão, como "ameaçados por uma crise de ciúmes do parceiro", "necessitados de um apoio logístico dos pais", "interessados a enfrentar uma tarefa cognitiva junto com o/a amigo/a" e assim por diante, torna tão dinâmico o processo de autopercepção que as pessoas são levadas a caracterizar a própria identidade mais em termos de fluidez e abertura do que em termos de coesão e fechamento (Annese, 1999; Serino, 2001). As mensagens mostram que o que eu aceito ser – a imagem identitária à qual entrego as minhas aspirações de sentido – depende do Outro com que me confronto e do tipo do que está em jogo no evento comunicativo.

Se tentarmos classificar os textos SMS segundo o que está em jogo, somos obrigados a proceder como um catálogo à moda de Borges, já que podemos encontrar SMS:

1. **anônimas**: quando ocultam a identidade de quem as envia ou denunciam as camuflagens do interlocutor (Por ex.: "Quem vc eh, danadinho/a?" ou ainda "Oi, naum sei quem eh vc mas acho q vc eh muito bonita. Me liga e a gente c encontra".);
2. **pontuais**: quando descrevem o que o enunciador está fazendo, ou seja, do que está tratando e como o está tratando pode ser visto

como um momento precioso na história de uma relação (por ex.: "Estamos pegando o trem" ou "Estou saindo com minha irmã".);

3. **globais**: quando se limitam a lançar um olhar sobre uma experiência de vida, funcionando como uma minicarta que resume (Ex.: O que vc estah fazendo? Faz tempo que não nos falamos. Tudo bem? Aqui a mesma coisa... estudo e só. Faço nada livre... pelo menos isso. No primeiro dia uma cãibra. Um beijo.);

4. **de contato** (ou "fáticas"): quando evidenciam o desejo do enunciador de restabelecer uma modalidade de presença recíproca (Por ex.: O que está fazendo? Está assistindo (ao festival de) San Remo? Muito bem! Muito bem! Lembranças para o Luigi e diz que eu estou melhorando. Tchau!);

5. **de circunstância**: quando se apresentam como determinadas por um evento externo, relevante para os interlocutores: aniversário, formatura, etc. (Por ex.: Muitas felicidades para você! Muitas felicidades para você etc. etc....! Espero que você esteja passando bem seu *birthday*, muitas felicidades, beijos Giò");

6. **de transação**: quando são gerados pela possibilidade de os interlocutores se entenderem de um modo possível, focalizado sobre um comportamento a ser favorecido, um objeto a ser obtido, etc. (ex.: "Vai comprar a mortadela se puder... mas pega aquela boa pra acompanhar a foccaccia" ou "Eba! Sábado *vamos a bailar* all together no Divinae Follie? O David Morales vai estar lá! Temos os ingressos e os drinques grátis! Vamos, que a gente vai se divertir! Resp. até quinta. Se não vierem são uns chatos");

7. **escolares**: quando são marcados por referências exaustivamente repetitivas à ocupação que prevalece na existência juvenil – provas, exames, lições, dispensas, etc. (ex.: "Oi loirinha! Está estudando, né? Olha só, hoje é domingo e ninguém está em casa! É que amanhã não vou à aula e o importante é que conto com você!");

8. **sobre o estado corporal**: quando chamamos a atenção sobre a condição física dos interlocutores – mal-estar, bem-estar, cuidados, *fitness*, etc. (ex.: Lavei os pés três vezes e depois coloquei talco. Agora tenho os pés mais limpos do mundo", ou "Beth, não come-

cei ainda mas estou muito mal. Tenho vontade de vomitar e estou tremendo como vara verde. Obrigado Beth, espero que seu sonho se torne realidade!");

9. **sobre o estado afetivo**: quando nos detemos para expor a condição psíquica dos interlocutores, considerada muitas vezes metonimicamente em sua modalidade emocional (Por ex.: "Muito obrigado pelas felicitações! E agradeça também ao Schinzy e Sabaty (estou com saudades). Até breve" ou "quando sua SMS chegou, eu estava na faculdade vendo os 99 Posse! Estou em crise como sempre, mas agora estou muito feliz para pensar nisso! De qq forma, meus exames começam em maio. Te adoro.);

10. **de atenção com a relação**: quando se focalizam sobre a relevância da relação – em geral de amizade – que define o posicionamento dos interlocutores um em relação ao outro (Por ex.: "Linda! Se não sou eu que penso em você! E quem mais que eu! Te incomodo? Pode falar sem problemas se sim! Como? Atrapalho? Tá bom, não precisa ser tão sincera agora! E se eu te ligar?" ou "Mas pq não nos damos mais bem?");

11. **amorosas**: quando são transmitidas para evidenciar um "pequeno fragmento" daquele tipo de discurso que estabelece vínculos existenciais profundos (Por ex.: "Querido canastrão, vc sabe que o amo de paixão? Se vc não o sabe, nem um beijinho vai ganhar de mim; mas se disso vc tem certeza, vou dar amor puro a vc! // Depois de sua linda canção, ouça a minha: cabe a vc! Amo vc, e se duvidar e ficar pedindo socorro, eu vou aí contar para vc!");

12. **de fofoca**: quando apresentam os interlocutores como espectadores capazes de apaixonar-se por intrigas alheias (Por ex.: "Caramba, justo a Silvia fica com raiva... o que deve dizer aquela coitada da Rosy?");

13. **lúdicas**: quando se aventuram em jogos de ironia e/ou têm uma marcada intencionalidade jocosa (Por ex.: "o que vc tá fazendo? Não atende aos meus telefonemas? Sabe que eu tenho peste bubônica e posso morrer de uma hora para a outra! Socooorro! Ai, estou morto!" ou "Meus ouvidos estão zumbindo... você está mesmo pensando em mim?");

14. **de empenho social e/ou cultural**: quando o texto se refere a qualquer interesse pela vida política e/ou cultural dos interlocutores (Por ex.: "Droga! A manifestação contra o Fórum Global foi um desastre. Te ligo tomorrow pra contar, agora estou muito cansada! Beijos!);
15. **alusivas**: quando o texto é mascarado ou cifrado, porque salienta uma informação já partilhada pelos interlocutores (Por ex.: "V. saí de lá... não adiantou nada! Tem sempre a cabeça fresca!" ou "tenho "uma" puríssima para o exame!").

Na verdade, a retórica da alusão perpassa a maior parte das SMS e é freqüentemente marcada pelos três pontos (...), que correspondem a uma pausa enunciativa, de modo a dar ao outro a possibilidade de compreensão. Mesmo em seus contornos indistintos, essa grade de categorias é capaz de nos fazer perceber a extrema variabilidade de perspectivas que os jovens usuários de SMS podem ter quando tecem desse modo suas relações comunicativas. Em suas mensagens SMS, eles submetem seu projeto de reconstrução identitária a uma grande mobilidade enunciativa: é como se quisessem controlar toda a gama do que podem fazer com as palavras (informar, seduzir, bisbilhotar...), pois têm tal potencial de ações comunicativas que conseguem extrair a força comunicativa para fazer coexistir os numerosos e contrastantes posicionamentos de seu Si.

Quando trocam SMS, os jovens mostram a necessidade da mente de ver-se agir, de enquadrar o arco de tempo que se estende do "que eu acabei de ver" até "o que eu posso programar (com razoável certeza)", de fornecer uma própria avaliação ou comentário fugaz à figura que se personificou nesse fragmento de vida. Esse (proto)tipo de SMS é relevante, pois exibe a tensão de inserir episódios de comunicação intrapessoal no ritmo de negociação de uma relação interpessoal que, muitas vezes, é por demais relevante (da amizade ao amor).

A especificidade das SMS é fornecer o espaço enunciativo às emoções conetivas. Na verdade, o envio e o recebimento de mensagens do tipo SMS são operações caracterizadas por um envolvimento emocional relativamente intenso, que passa por todo um leque de emoções: da surpresa ao interesse, do temor à alegria, da frustração à exaltação. Por emoção conetiva entende-se o traçado emocional específico que as pessoas percebem quando estão "em rede". Trata-se de emoções mediadas porque estão ligadas ao uso de alguma tecnologia comunicativa. As primeiras frases de uma conversa telefônica constituem uma seqüência auto-reveladora que é geralmente marcada por indicadores de envolvimento emocional (Caffi e Janney, 1994). As pessoas transmitem uma às outras a surpresa, a alegria, o desconforto e, algumas vezes, a cólera quando recebem e/ou são chamadas para uma "interação a distância".

A "emoção conetiva" é uma construção psicológica congruente com a noção antropo-lingüística de comunhão fática (Malinowski, 1923) ou de função fática da comunicação verbal (Jakobson, 1960). O interesse perene dos estudiosos da comunicação pela sua modalidade "fática" reside na irredutível ambivalência à qual está exposta. De fato, em sua face negativa, pode ser interpretada como "discurso para poucos", dizer de circunstância, conversa fútil, mero ritual convencionalizado, enunciado vácuo, fofoca banal, divagação irrelevante sem meta. Em sua face positiva, ao contrário, a comunicação fática vale como expressão da necessidade de mútua sintonização, colocada no discurso da tendência à afiliação e à coesão social, modelagem da identidade (própria e alheia), gestão do clima relacional (Coupland e Coupland, 1992). Se consideramos a faticidade em geral como "uma qualidade da organização interacional e da construção de situações" (Marcarino, 2001, 82), ela poderá ser vista como uma prática discursiva que pode enfrentar as emoções conetivas. O formato da narração fática do Si torna transparentes os procedimentos enunciativos das emoções conetivas. Quando a situação potencialmente comunicativa é construída de modo que a interação parece "vazia de conteúdo" e "cheia de relações", então o que está em jogo é definido pela intenção (mais ou menos partilhada) de gerir emoções conetivas.

2.4. Na prisão com a mídia

Normalmente, o uso da mídia está ligado ao tempo livre, isto é, aquela porção da vida diária não ocupada por compromissos de trabalho. A expressão "tempo livre" adquire significados paradoxalmente escarnecedores para quem é condenado a pagar uma pena na prisão. A população carcerária representa um tipo de público muito peculiar, porque permite examinar de que modo a mídia entretém as pessoas em condições de privação física e social. Os estudos acerca da fruição dos meios de comunicação de massa nos contextos das instituições reeducativas ainda são escassos e se distribuem em dois grandes percursos interpretativos:

a) a hipótese de uma correlação entre o tipo de crime cometido e o tipo de conteúdo midiático preferido;
b) a hipótese da função benéfica desempenhada pelo consumo midiático como reequilibrador da privação psicossocial específica daquele contexto de vida.

Na verdade, o ambiente carcerário é um observatório especial para vermos os vários modos pelos quais os recursos da mídia são utilizados para satisfazer as múltiplas necessidades dos indivíduos e dos grupos. Os conteúdos midiáticos fornecem uma base comum para muitos argumentos de conversação, oferecem quadros de referência para definir as relações, colocam à disposição materiais para estabelecer uma continuidade com a própria vida precedente e para adquirir um senso de controle sobre o próprio ambiente. Pode ser muito esclarecedor averiguar se e de que modo uma *dependência compulsiva* em relação à mídia orienta as pessoas a aproveitar determinadas de suas potencialidades específicas. Os modelos interpretativos das escolhas que os detentos fazem em relação à mídia enfocam dois aspectos diversos, mas completamente compatíveis entre si:

1. as *características dos usuários*: as variáveis sociodemográficas, os traços de personalidade, o perfil criminológico, os hábitos pregressos dos reclusos guiam suas relações com a mídia;
2. a *natureza recreativa da mídia*: nesse sentido, os detentos são induzidos a fazer escolhas voltadas a obter da mídia toda e qualquer possibilidade de "evasão", reconhecendo nela a capacidade de atenuar a pena de ter de viver em condições tão estressantes.

Na verdade, além de revelar quem são (foram) os detentos, seu uso da mídia deixa transparecer uma estratégia específica de *coping* em relação ao contexto estressante da prisão. Essa instituição total não se limita a privar as pessoas da liberdade, mas impede a satisfação das necessidades psicológicas primárias, como a segurança e a autonomia, a sexualidade no âmbito de relações afetivas e a privacidade. Nesse conjunto de privações, todo recluso reage com um estilo próprio de adaptação, na tentativa de tornar o menos desastroso possível seu impacto na imagem do Si. A mídia fornece aos detentos instrumentos importantes para enfrentar sua situação de alto risco depressivo, porque lhes permite "passar o tempo" e/ou dividi-lo, superar pelo menos um pouco seu isolamento do mundo exterior, atravessar a monotonia da vida cotidiana com uma trama narrativa capaz de envolvê-los no plano emotivo e, eventualmente, ampliar sua bagagem cultural. Além disso, o hábito difundido entre os detentos de conservar os artigos de jornal que trazem as notícias de seus atos criminosos, para tirar disso um motivo de prestígio no grupo de pares, pode ser generalizada a ponto de orientar as suas escolhas para conteúdos midiáticos que confirmam a imagem de seu Si como desviante dos valores socialmente compartilhados (Huspek e Comerford, 1996, 351).

Ao analisar a população penitenciária de cinco prisões belgas, Heidi Vandenbosch (2000) evidencia algumas estratégias de recepção específicas da condição do prisioneiro. As escolhas no uso da mídia feitas pelos reclusos revelam, sobretudo, que eles tendem a atribuir uma intencionalidade de adaptação e/ou enfrentamento do risco de perda identitária intrínseco à sua forma de vida. Naturalmente, a TV mostra-se também desmesuradamente dominante na população carcerária, que se expõe a seus benéficos influxos por um período que varia de cinco a sete horas. Para os detentos, ver TV é a atividade mais importante, depois do contato com os familiares ou os amigos e o eventual compromisso de trabalho. O televisor ligado na cela tira-lhes parte do isolamento que lhes é conatural, e quem lá vive pode recriar, por meio do fluxo das imagens e da "cadeia" de palavras, um novo sentido de familiaridade consigo mesmo e com os outros.

A gama de gratificações ligada às séries policiais é muito ampla: alguns detentos declaram que são atraídos por elas graças às informações que recebem acerca de como poderiam melhor transgredir a lei, uma vez que aprendem as modalidades de investigação dos comissários de polícia; outros, declaram que têm prazer ao ver como são capturados os "verdadeiros" criminosos, em comparação aos "peixes pequenos", como eles definem a si mesmos. Na imprensa escrita, a preferência recai nas revistas, sobretudo nos artigos que tratam de casos judiciários, porque permitem fazer comparações com os próprios casos e de adquirir quadros de referência normativa para contextualizá-los de maneira mais adequada.

Finalmente, as escolhas da mídia espelham muito fielmente as expectativas suscitadas pelo perfil identitário, ou seja, o fato de a população carcerária ser amplamente constituída por homens adultos jovens, com baixo nível de escolaridade e provenientes de camadas pobres da sociedade. A escassez de recursos econômicos e simbólicos que caracteriza a identidade dos prisioneiros reverbera também em sua tendência de escolher a TV em vez dos jornais, já que esta requer menor empenho intelectual. Parece, ao contrário, que o perfil criminológico orienta, de maneira suave, o consumo midiático dos reclusos. Nenhuma correlação estatisticamente significativa foi verificada entre a agressividade manifestada nos crimes cometidos e a preferência dos conteúdos midiáticos violentos ou entre estar na prisão por delitos sexuais e uma orientação mais marcada para conteúdos pornográficos. O fato de os pedófilos se deleitarem vendo imagens não pornográficas de crianças nuas, ocasionalmente exibidas em catálogos de roupas infantis (Howitt, 1995) confirma ainda mais que o uso "normal" da mídia compromete as pessoas mais como ativas elaboradoras de significados do que como meras receptoras de mensagens já codificadas.

Digna de nota é a correlação registrada entre o uso da mídia e a duração da pena de prisão. Os condenados à prisão perpétua declaram temer que uma excessiva dependência da TV produza um tipo de desagregação mental, por isso tentam fazer uso mais seletivo dela. Contudo, mais que o tipo ou a gravidade do crime cometido, é a adesão subjetiva ao modelo do "desviante" que se correlaciona com a preferência por certos tipos de programas televisivos. Mais que sê-lo de fato, é o "sentir-se" ou o "perceber-se" como um criminoso que induz a selecionar com maior freqüência a série de policiais ou de filmes pornográficos e/ou a música "hard rock". Esse dado é mais uma confirmação da espiral hermenêutica que confunde as formas de valorização e as práticas de uso da mídia nos processos de construção identitária de modo a permitir às pessoas perseguir o intento mais geral de dar sentido à própria experiência da realidade.

A esse tipo de conclusão chega também Yvonne Jewkes (2002) que, usando métodos essencialmente etnográficos – observação participante, entrevistas em profundidade, *focus group*, etc. – examinou o modo pelo qual o uso da mídia em quatro prisões na Grã-Bretanha pôde ser orientado em função da construção identitária. A pesquisa foi realizada no período em que a legislação penitenciária autorizava a instalação de televisores em algumas celas, como privilégio a ser atribuído a quem mantinha boa conduta. Portanto, não pode ser desprezado o fato de a mídia – especialmente a TV –, fazer parte das modalidades regulamentares com que a instituição visa "normalizar" e "naturalizar" a vida cotidiana dos prisioneiros. Isso ocorre tanto por que desenvolve justamente uma função de vigilância implícita sobre o seu comportamento, como porque, ao atuar como ponte com a realidade externa, sugere a aceitação da experiência interna na instituição como um todo.

Entre os resultados mais interessantes de sua pesquisa, Jewkes registra o fato de "diversos detentos criarem novas identidades e uma visão da vida completamente nova depois da exposição a textos midiáticos por eles encontrados na prisão" (2002, 214). Por exemplo, seguir com assiduidade um programa radiofônico de música clássica ou um programa televisivo de pintura permite a Bill e a Tim pensarem de maneira diferente, ou seja, de projetar os respectivos Si no formato cultural de um outro, interiorizando os significados e os valores capazes de construir para eles uma nova identidade idealizada.

O "telejornal" e o "documentário naturalístico" são os dois gêneros de programas televisivos mais selecionados, tanto na fruição solitária na cela quanto na fruição comunitária na "sala de TV". Ambos têm relação com a identidade de gênero: a construção social da masculinidade nas condições especiais do cárcere. A preferência pelos telejornais e outros programas de informações sobre o mundo pode ser explicada de muitas maneiras: porque as "notícias" são consideradas um gênero "masculino", porque permitem salvaguardar pelo menos um pouco seu senso de cidadania. Evidentemente, muitos detentos revelam um grau de conhecimento sobre os assuntos da atualidade às vezes superior ao da maior parte dos estudantes universitários.

Os programas sobre a natureza são seguidos, acima de tudo, por seu valor formativo, pois permitem aos detentos preencher uma lacuna em sua formação. Outras motivações nos fazem, porém, entender melhor o âmbito interpretativo que contextualiza a opção para esse tipo de programa: "vejo-os, pois mantêm o cérebro funcionando", "porque os animais não dizem sentenças", "porque existe a liberdade, estão tranqüilos", "porque quando se está atrás das grades, é muito bom ver os animais vagando livremente", "porque tudo o que se vê por aqui são só tons de cinza, por isso assistir a um pescador que pega um peixe com surpreendentes tonalidades de cor faz despertar todos os sentidos", "porque tratam do poder, de mortes, de hierarquia, da lei da selva" (Jewkes, 2002, 216-217).

Além dos significados passíveis de serem reconstruídos em uma fruição normal, que consistem em uma representação um tanto idealizada e romantizada do mundo, os programas naturalísticos extraem outros significados do horizonte interpretativo constituído da experiência da vida no cárcere. O mesmo diga-se do modo em que os detentos justificam outras escolhas de programas televisivos como os filmes de ficção científica: deles extraem recursos imaginativos para modelar de modo aspiracional suas identidades.

Os programas de TV criam um tipo de bastidores (*backstage*) virtual no qual os detentos podem apresentar-se a si mesmos. Daí por que os detentos mais fracos e/ou dominados tendem a escolher programas "femininos", como as novelas, para construir identidades contrastantes com os ideais hegemônicos da masculinidade prevalente em sua vida cotidiana na prisão.

Enfim, o uso da mídia, por parte dos detentos, depende do emaranhado complexo entre suas características de fundo, suas condições concretas de vida e suas estratégias de adaptação psicológica a elas.

CAPÍTULO 05

Dominar a internet

Premissa

UM RECENTE ANÚNCIO PUBLICITÁRIO televisivo coloca em cena um solerte pastor que se congratula com sua ovelha que tecla no computador: "Graças à Internet, o nosso queijo é vendido também no Canadá!". Apenas com uma análise sumária, percebemos: a imagem da ovelha que digita *www* é o emblema da transformação da época que o computador introduziu não só nas dimensões materiais ou estruturais da vida na terra, mas também nas superestruturais ou simbólicas. De fato, no anúncio, o pastor e a ovelha curiosa agem como uma só comunidade discursiva, que distribui no mundo o resultado de uma colaboração interpretativa ("o nosso queijo"). Tanto o pastor quanto a ovelha são figuras "humanas": o pastor personifica a história ambivalente da diferença humana revelada pela contradição da prática ancestral que leva uma espécie animal a cuidar de outra espécie animal, para depois, com sua morte, garantir a própria subsistência. O pastor evoca carinho e crueldade, atraso e impossibilidade de mudar uma prática de trabalho. A ovelha evoca os traços da vítima do sacrifício, a pressão sofrida pelo homem-massa no sentido do conformismo, do rebanho de consumidores, do povo ambicioso. A estratégia persuasiva do anúncio visa apresentar como bastante difundida a necessidade de termos uma alfabetização em informática a fim de participar ativamente na vida na sociedade contemporânea.

Naturalmente, *de te fabula narratur*. A história fala de você, fala de mim. A grande revolução introduzida pelo computador no sistema da comunicação e da vida cotidiana acontece a olhos vistos. Nossa época registra uma das mais profundas mudanças na estrutura da comunicação humana. Experimentados nos laboratórios de pesquisa das universidades e das grandes indústrias, novos instrumentos e novas modalidades de interação penetram rapidamente em nossa experiência do dia-a-dia. É razoável esperar que novas tecnologias estejam mudando não apenas o modo de produzir (por ex.: o "teletrabalho"), mas também o modo de aprender e utilizar as informações, ou de tecer as relações.

Embora seja geralmente percebida como oportunidade para todos, a Comunicação Mediada pelo Computador (CMC) torna transparentes as profundas disparidades que afligem a organização atual da sociedade. Sem dúvida, a cada ano, a grande Rede consegue capturar vários milhões de novos usuários, mesmo entre as camadas mais ricas e secularizadas dos países pobres. Entretanto, não só estão fundamentalmente excluídos dela outros quatro bilhões de pessoas, mas também – e mais importante – as formas de acesso e os modos de utilização posicionam os mesmos internautas em planos muito diversos em termos de competências desenvolvidas e de vantagens a serem obtidas. A difusão da Internet forneceu mais uma confirmação à chamada "teoria do *gap*", segundo a qual toda nova tecnologia comunicativa produz um impulso inicial de democratização das oportunidades que, por sua vez, é rapidamente absorvido por uma tendência mais forte que visa restabelecer uma nova diferença na distribuição dos recursos simbólicos entre as pessoas e os grupos sociais.

As diferenças introduzidas pela "nova mídia" (computador, telefone celular, TV a cabo, etc.) em relação à mídia tradicional são freqüentemente apresentadas em termos de *simulação da interatividade* própria dos encontros interpessoais. Essa forma de interatividade mediada produz uma impressão de presença simultânea e/ou de envolvimento na estrutura de participação no evento comunicativo que se assemelha à interação face a face ou, dependendo do caso, é tal que consegue superar a sensação de distância e separação que parece característica das antigas tecnologias de comunicação de massa. Em nível formal, a interatividade mediada pela *new media* passa pela redefinição das relações entre oralidade e escrita, que parece privilegiar o recurso a modalidades híbridas de comunicação "escritoral" (escrita+oral), como SMS, *chat rooms*, etc.

O interesse da psicologia pela Internet é alimentado também pelo fato de a CMC ter se revelado não apenas um novo ambiente simbólico, capaz de produzir oportunidades tanto de doença quanto de cura, mas também um suporte metodológico válido para organizar programas de pesquisas (nos vários procedimentos das investigações, no levantamento de dados, etc.), que se mostrariam impraticáveis "sem a rede". Porém, a mesma facilidade com que é possível obter dados graças à Internet encerra várias ciladas, a começar pelo fato de que, quando operam como "informantes", os usuários da rede sabem que podem agir com mais desenvoltura, por isso tendem a "se exceder" em avaliações pessoais, mesmo quando não-pertinentes ou não-requisitadas (Joinson, 1998).

1. Características da comunicação mediada por computador

A novidade da CMC consiste, acima de tudo, em delinear situações integrativas das duas modalidades em que se realiza o regime de comunicação da mídia. De fato, a Internet permite interações tanto "um-muitos" quanto "muitos-muitos". Além disso, possibilita que a interação seja configurada em modalidades tanto sincrônicas quanto assíncronas.

Internet é a palavra mágica com a qual identificamos a rede de computadores que permite à humanidade enquadrar a própria relação com o mundo em termos reais de "aldeia global". O "mundo da vida" das pessoas e das comunidades é delineado, com crescente amplitude e intensidade, por uma teia muito densa de informações e de relações, que estão à nossa disposição por meio de uma prática simples e econômica: "clicar". Por trás de um gesto já tão automático, escondem-se os emaranhados de um artefato cultural que instituiu a comunicação Tela a Tela, cujas características podem ser assim sintetizadas: "Hipermidiática", "Hipertextual" e "Interativa".

1.1. A internet como artefato cultural

A CMC compromete a psicologia da mídia em um terreno de reconstrução discursiva suscetível de múltiplas interpretações. A CMC (e, em geral, a "Realidade Virtual") foi merecidamente indicada como prática social capaz de conferir não apenas validade, mas também visibilidade concreta aos princípios do construcionismo social. Na verdade, o dragão que vigia o nosso presente e nosso futuro – a Internet – é uma coleção de metáforas (Hakken, 1999; Mininni, 2002) que exige a utilização de diversas chaves de acesso.

Se da Internet (ou da CMC) se salienta o aspecto *"informacional"*, põe-se em evidência sua inimaginável capacidade de memorizar dados, segundo os conhecidos procedimentos de "carregar/baixar arquivos". Nessa perspectiva, a grande novidade da Internet consiste na comutação de valor da própria informação, que não é mais um recurso escasso, mas uma disponibilidade tão superabundante que parece excessiva. A informação não é mais nem "buscada" nem "enviada", mas, ao contrário, é "selecionada" e organizada. As qualidades cognitivas com que as pessoas socializadas na era da Internet são chamadas a medir as suas diferenças de capacidade intelectual são a prontidão em distribuir a atenção, a flexibilidade no planejamento e a rapidez na tomada de decisões.

Um efeito particular da possibilidade de valorizar a Internet sob o aspecto das informações que ela disponibiliza seria o de modificar, eventualmente, também a base do conjunto das campanhas publicitárias. Nesse caso, na verdade, as empresas (e as organizações em geral) achariam novamente decisivo chamar a atenção para as qualidades dos produtos, em vez de criar expectativas favoráveis à sua imagem para adesão virtual dos internautas. Todavia, parece não ser essa a orientação geral em que se inspiram os *banners* publicitários hospedados pelos grandes portais da

Internet. De fato, a natureza informacional da CMC também apresenta desvantagens. Por exemplo, a extrema facilidade de acesso às informações constitui um problema para o uso que as crianças podem fazer delas. Na verdade, elas podem deparar-se com ambientes nocivos sem que o saibam e em perfeita boa-fé, já que por meio das procuras mais inocentes, feitas digitando as palavras "animais" ou "brinquedos", os motores de busca podem direcioná-las a sites pornográficos.

Se da Internet se salienta o aspecto *"relacional"*, fica-se impressionado pela facilidade e pela leveza dos vínculos que se podem estabelecer, de forma que as pessoas acham atraente "postar-se" em tempo real, procurar-se e reunir-se (*gathering*) em comunidades virtuais a fim de bater papo e discutir, se abrir e aprofundar temas. Nessa perspectiva, a Internet representa um desafio aberto e, talvez, sem possibilidades de decisão, pois adensa as potencialidades de sentido que os seres humanos estão dispostos a atribuir às suas formas de interação. De fato, a relação que é permitida pela CMC é intrinsecamente (e, portanto, insuperavelmente) ambivalente. De um lado, abre muitos espaços de liberdade e de imaginação ao Si, que pode experimentar modalidades de construção da identidade que não se tornaram sobrecarregadas pelos vínculos do aspecto físico e do controle alheio. De outro, atenua a corporalidade e encerra o vínculo recíproco na esfera de uma sensorialidade rarefeita, que pode se entregar apenas aos recursos opacos de uma participação textual. Não é por casualidade que, quando a relação interpessoal via Internet se configura como íntima, impele os internautas a programar encontros face a face, de modo a arrancar o véu de obscuridade que, inevitavelmente, se adensa em suas interações virtuais.

Um terceiro aspecto de pontos significativos, capaz de superar em uma síntese dialética os âmbitos interpretativos da Internet como "oceano de informações" e "teia de relações", adquire sua qualidade gestáltica de *artefato cultural*, ou seja, de um projeto social "encarnado" na história e nas práticas de seus usuários (Mantovani, 2001). Entender a Internet dessa maneira significa colocar em evidência os processos de reconfiguração da experiência humana da realidade ora possíveis. A Internet autoriza novas formas de mediação entre as necessidades, os desejos, os projetos dos seres humanos e o mundo (físico e social) a que se reportam. A Internet abre um novo caminho para a intencionalidade humana, pois molda os ambientes em que os seres humanos podem reconhecer a extrema mobilidade das fronteiras com as quais as comunidades culturais marcam as suas diferenças. Porém, ao inventar artefatos culturais – da linguagem à biotecnologia, dos mitos aos ritos midiáticos, do ato de escrever à Internet – o *Homo Faber Sapiens* remodela continuamente a ambivalência de sua obra construtora de sentido. De fato, de um lado os artefatos culturais ampliam a nossa capacidade de controle sobre a própria vida, colocando à nossa disposição, meios e símbolos cada vez mais poderosos; de outro, eles não sabem esconder de nós a sua artificialidade/artificiosidade, razão pela qual nós os acatamos com um obscuro sentimento de estranheza, que nos faz perceber sua mediação sempre insatisfatória e, às vezes, ameaçadora.

1.2. Hipermidiática

Já a comunicação "Face a Face" utiliza vários sistemas simbólicos (do sonoro ao gestual, do expressivo ao verbal), razão pela qual é intrinsecamente "multicanal". Com o computador, o homem tem à sua disposição uma tecnologia capaz de gerir de modo simultâneo e complementar vários instrumentos (daí "multimídia"): da linguagem verbal (oral e escrita) à linguagem icônica (imagens fixas e filmes), da linguagem musical à numérica. Na verdade, os antigos "livros ilustrados" já realizam um emaranhamento de códigos, voltados para a valorização da aprendizagem da alta cultura. Depois de terem sido munidos de "subsídios audiovisuais", eles então evoluíram, por meio da linguagem fílmica e televisiva, para os videocassetes didáticos e para as teleconferências, que dão consistência à "comunicação multimídia". Um outro exemplo claro de multimidialidade é encontrado em todas as campanhas publicitárias e políticas que freqüentemente são realizadas com vários suportes técnicos (imprensa, cartazes, rádio, televisão, mala direta, venda em domicílio).

Portanto, sob determinados aspectos, a comunicação hipermidiática não institui uma ruptura brutal com o passado, mas evoca evolução e complementariedade. Em outros aspectos, ao contrário, uma ampla diferença separa o universo "multimidiático" do "hipermídiatico" já que este último requer que o evento comunicativo se configure no formato do hipertexto. Para entrar no universo hipermidiático é necessário não só que haja o acesso simultâneo aos dados textuais, icônicos e sonoros, mas também que o processo comunicativo pareça cooperativo, ou seja, que haja compartilhamento de informações interativas em uma mesma rede. De fato, a "multimidialidade" é uma mera situação de "uso misto" de instrumentos comunicativos, pois os meios utilizados ao mesmo tempo permanecem *separados* entre si, e a um deles é atribuído o papel *dominante* na função organizadora da comunicação. A "hipermidialidade", ao contrário, instaura uma situação completamente nova porque a mídia é *integrada* de tal maneira a aproveitar *do mesmo modo* as capacidades de estruturar a comunicação em uma nova totalidade. Conseqüentemente, institui-se uma qualidade diversa do comunicar.

O hipermedium (ou seja, um "hipertexto multimídia") poderia ser definido pela fórmula $<Ym = Tn * Mn>$, ou seja, é o texto que ocupa um espaço n-dimensional multiplicado por (por meio de!) múltiplos meios. O texto hipermidiático faz a mente enfrentar vários códigos:

- a linguagem verbal (oral e escrita) e seus subcódigos (gráfico, retórico, etc.);
- a linguagem visual (imagens fixas e em movimento) e seus subcódigos (figurativo, cromativo, etc.);
- a linguagem fílmica (enquadraturas e videogramas);
- a linguagem musical (tons e ritmos);
- a linguagem numérica (números e gráficos).

Já a comunicação midiática fornece numerosos exemplos de uma capacidade enunciativa das imagens: basta recordar o cuidado com as "siglas" dos programas de rádio e televisão, as capas das revistas ilustradas ou o logotipo dos jornais. Todavia, é sobretudo na comunicação hipermidiática que, por constituir um mero contexto cognitivo, a imagem torna-se um diatexto enunciativo (Mininni, 2003a), razão pela qual o caráter gestáltico adquire um profundo valor retórico, capaz de fornecer uma síntese produtora de sentido. É lícito conjeturar que a trama entre pensamento figurativo e linguagem lógico-matemática e a multiplicidade dos sistemas informativos – imagens de vários tipos, proveniências e feitios, textos, sons, números –, induzam uma fase inicial de desordem nas vias sensoriais, que se pode traduzir em uma dificuldade de organização cognitiva que o usuário de CMC percebe em termos de precariedade e de instabilidade.

De fato, a hipermidialidade permite ao homem experimentar, pela primeira vez, a *mesma dignidade* comunicativa:

- entre um sistema simbólico (pan)linear, isto é, a linguagem verbal (oral e escrita),
- e a linguagem icônica dos diagramas, mapas, plantas e imagens reprodutivas, que se serve de sistemas simbólicos não lineares.

Enfim, o texto hipermidiático é possível apenas graças à complexidade das relações entre as diversas aplicações da eletrônica, da cibernética e da telemática. Porém, as potencialidades da tecnologia constituem não só o pano de fundo obscuro do nosso desejo insatisfeito de saber, mas também do oceano problemático no qual estamos "navegando" e sobre o qual a psicologia pode ainda projetar um feixe de luz tênue. A característica da comunicação hipermidiática não se encontra tanto na ruptura de linearidade quanto na virtualidade e na interatividade de sua realização.

1.3. Hipertextual

Muitos ambientes de CMC – dos portais aos sites na Internet – são construídos na forma de hipertextos, ou seja, trata-se de um tipo de prática comunicativa que força os próprios limites de sua constituição. Na verdade, o hipertexto pode ser definido como "um texto não-seqüencial" e, como tal, *ou* nessa condição, contrasta com a própria idéia de textualidade, que postula, ao contrário, precisamente a sucessão ordenada de elementos lingüísticos coesos e coerentes. O hipertexto é uma transformação da escrita, possibilitada graças à tecnologia do computador que permite não só superar a linearidade, como quase atentar contra a materialidade da operação significante: é um texto *virtual*, que pode ser entendido diversamente a partir das escolhas de leitura dos usuários. De fato, a analogia central do hipertexto (a "rede") autoriza que dele se faça uma leitura ambivalente, podendo ser interpretada como uma série de conexões potencialmente aberta ao infinito ou como um dispositivo voltado a conter a dinâmica das opções.

Os inventores (ou os usuários) dos hipertextos recorrem, também com muita freqüência, à metáfora da viagem para identificar a sua prática, que consiste em se reportar a um documento configurável como uma série aberta de "botões" a serem clicados e de "ligações" (*link*). Cada botão, isto é, cada ficha de informações é, em certa medida, auto-suficiente, por isso pode se relacionar com qualquer outro: a relação hipertextual é legitimada apenas pelas necessidades do usuário. Evidentemente, todo hipertexto tem alguns vínculos específicos que são provenientes do objeto que permite explorar.

Os hipertextos da comunicação Tela a Tela podem simular a interação Face a Face valendo-se não só de uma série de "carinhas" (*emoticons*) que indicam o estado de espírito dos internautas, mas também de vários bancos de dados que fornecem milhões de pequenos ícones sobre os mais variados aspectos da experiência humana: flechinhas de orientação espacial e/ou lógica, plantas, animais, alimentos, edifícios. O acesso a tais "hieróglifos informáticos" permite aos internautas arriscar-se também na *clip art*, uma forma de expressão e de sensibilidade estética que valoriza as refinadas potencialidades gráficas da CMC.

A analogia da navegação é iluminadora, porque na leitura/escritura de um hipertexto é possível atingirmos velozmente a própria meta e perdermos a "bússola", ou mesmo nos aventurarmos em percursos de pouco valor, mesmo se for conveniente seguir o mapa, etc. Nada de radicalmente novo, caso levemos em consideração o mito clássico do perambular de Ulisses como matriz cultural do processo cognitivo. As linguagens multimidiáticas – sons, imagens, ato de escrever, etc. – são organizadas *metaforicamente* segundo uma rede de vínculos evocativos. Essencialmente, o hipertexto funciona de acordo com a mesma (dia)lógica da metáfora, que consiste em transfigurar um campo semântico para explorar o desconhecido. Desse modo, a elaboração natural dos textos hipermidiáticos torna plenamente visível a trama narrativa da mente, mostrando a necessidade das pessoas de dominar o desconhecido com o conhecido, que normalmente já é operativo no dizer metafórico.

As práticas hipermidiáticas e hipertxtuais da CMC sintetizam alguns aspectos característicos do modo pelo qual fazemos, para nós, a representação da nossa época como a aceleração da experiência, a fragmentação das linguagens e a contínua inovação tecnológica. Tais práticas nos viram do avesso, trazendo à superfície toda pretensa profundidade, tornando exterior o que é interior, com uma precisão de contornos inatingível por qualquer outra tecnologia comunicativa. Todavia, ao realizar uma nova ligação profunda e cheia de força, entre discursividade e visibilidade, os hipertextos não se subtraem à especificação narratológica que molda desde sempre (e para sempre) a experiência humana do mundo. Bruner (2002) recorda que a forma narrativa faz (ainda que as adaptando às culturas dos vários grupos) algumas invariâncias da ação psicológica humana, tais como:

- a "estruturação" ou redução em esquemas da experiência de vida;
- a regulação da afetividade (emoções, sentimentos, paixões);
- o recurso à linguagem como matriz de sentido.

Também as novas formas de mídia tornam evidente que o homem vive *narrativamente*. De fato, para acontecer de modo natural, a elaboração dos textos multi/hipermidiáticos deve respeitar o vínculo gerador da narratividade, ou seja, da "construção das histórias".

1.4. Interativa

A interatividade (em conjunto com "simulação") é uma palavra-chave da CMC que se revestiu de muitos valores simbólicos em nossa época. Ainda que monodirecional na forma, todo texto (e por conseguinte o hipertexto) é necessariamente bidirecedional em sua função, sujeito como está à necessidade de um acordo entre a interpretação produtora de seu autor e reprodutora do usuário. Todas as vezes em que este faz alguma coisa "clicando" e, dessa forma, estabelecendo novos *links* entre as várias partes do texto, acaba por recriá-lo numa forma diferente.

A bidirecionalidade da dimensão textual é inerente à natureza interativa, própria da linguagem verbal e exaltada pelo formato hipertextual da CMC, que emaranha quatro percursos diferentes de interpretação da interatividade. De fato, esse termo pode concentrar nossa atenção na:

1. *bidirecionalidade*: uma comunicação *plenamente* interativa se realiza quando o meio prevê um "caminho duplo" de transmissão da comunicação, ou um "canal de retorno": a conversa *in praesentia* (boca-ouvidos-olhos-mãos), a conversa telefônica e a telemática realizam esse aspecto da interatividade, que não é possível ao livro, ao jornal, ao rádio ou à televisão, isto é, a grande parte dos meios de comunicação de massa;
2. *reciprocidade*: uma comunicação *realmente* interativa se verifica quando o meio consente a troca dos papéis ou a alternância das perspectivas entre emitente e receptor da mensagem. Essa acepção da interatividade capta o núcleo, ou seja, o aspecto central do conceito. De fato, na situação que permanece prototípica da comunicação face a face, o ritmo de alternância da conversa supera a velocidade da luz ou é tão rápido que anula o tempo, uma vez que se é "ao mesmo tempo" emitente e receptor: quem fala escuta falar, quem escuta afirma a sua recepção, enviando mensagens de validação, de anuência, de negação, de dificuldade, etc. Daí por que se pode falar de "interatividade direta" ou "imediata" apenas no diálogo "*in presentia*", mas algumas tecnologias de base informática (telefone-vídeo, correio eletrônico, etc.) simulam uma "interatividade mediada capaz de evocá-la, porque a velocidade de modificação da perspectiva é tal que desafia o 'tempo real'".
3. *atividade*: uma comunicação *suficientemente* interativa exige um papel *ativo* do usuário em relação ao meio de comunicação. Sob esse aspecto, o quadro de referência não é mais determinado tanto pela conversa face a face, que sem dúvida realiza também essa acepção, quanto pela crítica das práticas e das teorias tradicionais de comunicação midiática, que (em geral erroneamente) atribuíam ao "fruidor" uma função de recepção passiva. Na verdade, muitas discussões acerca dos "efeitos da mídia" são centradas nesse assunto, que foi submetido ao controle de vários pontos de vista. A

importância *psicossocial* dessa dimensão da interatividade consiste em chamar a atenção para o fato de que todo sistema de comunicação estabelece um nível próprio de inter*atividade* em termos de capacidade de controle (habilidade, poder) atribuído ao usuário;

4. *processualidade*: uma comunicação é potencialmente interativa se o que acontece não diz respeito a "estado de coisas" ou a "produtos tecnológicos", mas sim a "processos dinâmicos". De fato, a interatividade não é tanto uma propriedade da mídia (como um *hardware*), é mais quanto os seus "conteúdos" (*software*) e, sobretudo, quanto a atitude dos usuários e dos contextos socioorganizacionais em que são utilizados.

Enfim, a grande novidade da comunicação hipermidiática e hipertextual permitida pelo computador consiste em tornar prática um tipo diferente e multifacetado de interatividade.

2. Potencialidades dos gêneros discursivos na CMC

A época da "intertextualidade eletrônica" nos obriga a elaborar novas teorias de sentido encontradas nas práticas da CMC, cujas conseqüências lógicas, psicológicas, pedagógicas e estéticas ainda são difíceis de imaginar em sua totalidade. A psicologia contribui para averiguar como acontece a elaboração das mensagens hipermidiáticas por parte do cérebro da pessoa, de modo a usar os ambientes da CMC em conformidade com os processos naturais da mente, e não independentemente deles. De fato, o verdadeiro objetivo consiste em estabelecer uma interface adequada entre os procedimentos desse novo artefato cultural e os seus usuários, de modo a tornar "feliz" toda a interação. Para isso, a psicologia tenta determinar o acordo praticável:

- entre as *potencialidades* de CMC
- e as especificidades das *necessidades* humanas,
- no quadro dos *processos* (mentais e interativos) de atribuição de sentido,

- como aparecem no estado *atual* de nossa capacidade de conceitualizá-los.

A fim de determinar algumas linhas desse acordo, de modo a conformar o uso das tecnologias aos processos "ecológicos" da mente, devemos assumir uma atitude "crítica", voltada para avaliar até onde a mídia é uma extensão "natural" do ecossistema do homem. Se a formação humana como processo interminável de reorganização do próprio "saber fazer" pode se servir do novo paradigma hipertextual, como de fato acontece nas práticas da CMC, devemos examinar atentamente o aventuroso percurso pelo qual as pessoas enveredam quando acessam este ou aquele ambiente disponível na Rede. Algumas objeções recorrentes evidenciam:

- a evanescência da corporeidade na interação,
- a aridez afetiva da dependência tecnológica e
- a arbitrariedade no deflagrador da dinâmica motivacional.

O texto hipermidiático nos obriga a considerar o papel fundamental do sujeito humano, colocando a perspectiva psicológica sob uma ótica *neo-humanista*, que visa denunciar qualquer hipótese teórica (além de todo projeto prático) de reducionismo tecnológico (Testoni e Zamperini, 2003). A esfera cultural a que o homem tem acesso, graças a seus artefatos, nasce das modalidades situadas e historicamente renovadoras capazes de realizar uma trama repleta de valores (afetivos, sociais, etc.) entre as formas do conhecer e as modalidades do comunicar.

2.1. E-mail e newsgroups

O formato de CMC mais conhecido é o correio eletrônico, ou e-mail. Trata-se de uma forma híbrida de comunicação porque, de um lado, corresponde aos requisitos tradicionais de uma "carta por escrito", isto é, substancialmente, a indisponibilidade fenomenológica de o destinatário estar no eixo espaço-temporal; de outro, evoca o cenário do "diálogo Face a Face", ou seja, a esperada rapidez pela alternância no turno, a reduzida formalidade estilística, o alto comprometimento relacional. De fato, com sua gramática e ética implícitas, a prática do correio eletrônico revela que os traços mais salientes da conversa telemática são "fragmentação da interação dialógica; distância entre os participantes; desmaterialização do ato de escrever; construção de um efeito de contemporaneidade da troca" (Violi e Coppock, 1999, 335).

Os *newsgroups* são ambientes de CMC orientados para a produção e o confronto de assuntos acerca de um determinado tema. Num certo sentido, realizam-se em um regime discursivo muito próximo às práticas tradicionais de interação que cabem ao ato de escrever (da carta à minimensagem). O intento persuasivo não é explícito, mas é localizável de modo mais ou menos claro na motivação que impele os indivíduos a participar da discussão.

A estrutura geral do *newsgroup* exalta a dinâmica plurilógica da conversa, já que todo participante pode escolher entre a modalidade de dialogar com um interlocutor único ou a de enviar sua contribuição a todos os outros. Conseqüentemente, pode modular sua intervenção de modo que apareça como uma simples reação enunciativa ao discurso de alguém ou como retomada diatextual do próprio posicionamento em relação ao que já foi dito por outros. Quem toma parte em um grupo de discussão na rede pode escolher entre emitir a própria opinião acerca de um determinado tema ou pode construí-la em resposta a um determinado texto que a tenha solicitado, ou ainda modelá-la, de modo a posicionar-se em termos de reformulação, tradução, apoio, oposição, cumplicidade ou alteridade em relação e eventuais outras respostas. Portanto, pode-se conjeturar que a escolha entre esses dois procedimentos da argumentação possível nos *newsgroups* corresponde não só às dimensões estáveis da personalidade, mas também a programas interpretativos especiais de todo o contexto interacional. Na verdade, determinados objetos temáticos podem sugerir estilos de participação mais imediata, no regime de "bate-boca", enquanto outros podem favorecer andamentos discursivos mais cautelosos, mais sensíveis às nuances argumentativas facilmente reconhecíveis no confronto com outros sujeitos enunciadores.

2.2. Chat e MUD

O *chat room* é o ambiente de CMC que mais permite às pessoas tecer relações até mesmo estáveis e, algumas vezes, até inspiradas na esfera proteiforme do eros. O novo ambiente do *chat-te-amo* (Di Ruzza, Parsi e Rizzo, 2000) indica os novos cenários nos quais o discurso amoroso (Barthes, 1977) se fragmenta nos gestos do "galanteio" e da "declaração", da "briga", da "traição", da "fisicidade" e da "espiritualidade" que são passíveis de simulação na rede.

As interações discursivas que são praticadas nos *chat* especificam as potencialidades mais gerais do *Multi User Domain* (MUD), um ambiente amplamente difundido na Internet. De fato, estima-se que dez por cento de toda a dimensão da rede seja constituída por MUDs, ou seja, por um tipo de CMC que concretiza o projeto altissonante de uma "Realidade Virtual", sem todavia ter necessidade de todas aquelas aparelhagens infernais – roupas especiais, luvas, capacete, lentes, etc. – que tantos fantasmas (e nem todos simpáticos) evocam no imaginário coletivo sobre o ciberespaço. Basta um computador para entrar na realidade virtual desenhada pelo MUD, porque a interface é completamente textual: tudo o que acontece em um MUD é simplesmente construído pela escrita (Langham, 1994). O mesmo apoio icônico admitido pelo MUD é reduzido quase a zero, já que o programa consiste:

a) em um banco de dados que descreve lugares ("salas") e objetos de um determinado mundo, para o qual pode, portanto, traçar um mapa;

b) em uma série de comandos que permitem aos usuários viver e agir daquele modo.

Os MUD são espaços virtuais que delineiam vários tipos de cenários nos quais os internautas podem projetar as mais diversas faces de sua identidade. Nascidos como *role play* ao vivo, os MUD permitem assumir uma nova identidade e entrar em uma realidade alternativa àquela do lado de cá do teclado do computador. A exploração desse novo mundo é possível por meio de uma série de simples comandos, tais como "*look*", "*go*" e "*take*", graças aos quais o "mudista" (usuário do MUD) pode se deparar com outros usuários que podem entretê-lo, conversando amavelmente com ele, pedir sua ajuda para encontrar algum objeto ou ainda eliminá-lo pelo simples prazer de fazê-lo. Cada MUD corresponde a uma configuração precisa que lhe foi atribuída por seu criador, que pode legitimamente se considerar seu "Deus", uma vez que perdeu tempo para fornecer os dados com as informações para os usuários e para estabelecer as regras para aquele MUD, ou seja, as leis da natureza vigentes no interior desse universo.

2.3. Os blogs

A Internet se impôs no senso comum ancorando-se em uma grande metáfora marítima: "navegar". A imagem do oceano representa muito bem o misto de imensidão ilimitada e vitalidade potente que a rede das redes de computadores traz consigo (Mininni, 2002). Tal metáfora sugere facilmente a possibilidade de um "jornal/diário de bordo" que registre a experiência de vida dos internautas. De fato, entre os vários modos de praticar CMC, desenvolveu-se, com muita rapidez, o "*blog*" (abreviado de *weblog*), ou seja, um tipo especial de site na Internet que faz uma mistura de protótipos textuais.

Trata-se de uma forma muito nova de comunicação telemática que se difunde rapidamente na Internet e induz muitas pessoas a fazer relatos cotidianos de suas experiências revelando um Si construído no cruzamento entre a escrita e a leitura de várias histórias, expressas por meio de metáforas, analogias e imagens. O blog se configura como um emaranhado entre *relato* autobiográfico, oferta de valores, notícias e elaboração coletiva de argumentos. Em nível estrutural, o *blog* é concomitantemente:

1. um site pessoal, que atualiza os "humores" (e os "humores" segundo a antiguidade clássica) cotidianos de alguém;
2. um site informativo, que seleciona e reapresenta um determinado tipo de notícia (políticas, econômicas, literárias, etc.);
3. um site participativo, que (no formato do *newsgroup*) publica comentários, notas, contribuições de outros internautas.

Em nível funcional, o *blog* consiste em uma série de procedimentos que aproveitam as potencialidades da CMC para satisfazer as exigências de autoidentificação e de relacionamento constitutivas do reconhecimento recíproco que os seres humanos fazem do status de "pessoas". Tal hibridação de gêneros discursivos contribui notadamente para elevar não só o poder de atração dos *blogs*, mas também seu potencial semiótico. O equilíbrio entre o valor expressivo, o apelo interacional e a orientação informativa confere ao formato comunicativo dos *blogs* sua característica polifuncional.

A *blogosfera* é a exaltação da natureza discursiva da Internet, um sinal de reconhecimento da centralidade da palavra: boato e poesia, história e ironia, comentário e argumento, conversa e autocensura, todas as potencialidades do dizer marcam encontro no *blog*. Em particular, a construção do *blog*, e a freqüência a ele, pressupõem atores sociais moldados pela estrutura como prática dominante em seu sistema de interação com a realidade. Os *bloggers* podem ser caracterizados como "grafômanos", ou seja, pessoas que vêem no teclado não um simples periférico útil para entrar em mundos de sentido já preexistentes, mas como uma caneta eletrônica capaz de marcar a realidade, construindo novos mundos de referência. Construir e atualizar um *blog* requer uma confiança de base na natureza ativa, idealizadora e potencialmente crítica da escrita como forma de comunicação que exalta processos de atenção controlada, de cuidado textual e de interesse estilístico. A identidade discursiva do *blogger* é definida por uma paixão implícita pela escrita, isto é, pelo desejo de adaptar as potencialidades de tal prática comunicativa às novas oportunidades colocadas à sua disposição pela "rede das redes".

Ao produzir o formato do hipertexto, a modalidade de escritura possível pela CMC já pôs fim a muitos hábitos interpretativos, como a diferença entre "autor" e "leitor" ou à seqüencialidade linear das operações da escrita e da leitura. O *blog* continua a ação inovadora da escrita mediada pelo computador, pois introduz dinamismos originais às possibilidades de reunir as "*formae mentis*" do narrar e do argumentar. Os *blogs* são instrumentos refinados de construção identitária porque unem as potencialidades (e os vínculos) das tecnologias comunicativas (entendidas como "mente exterior") com os traçados discursivos da "mente interior".

Os *blogs* documentam um outro percurso de hibridação, intrínseca às potencialidades discursivas da escrita, que tradicionalmente tende a opor o regime de sentido do "narrar" ao do "argumentar". Enquanto nas interações Face a Face da comunicação cotidiana essas duas funções muitas vezes estão intimamente relacionadas – contamos para persuadir e procuramos influenciar os outros quando os deixamos a par de nossas experiências de vida –, na comunicação escrita impõe-se uma tendência à separação, que agora é recomposta no aspecto multifuncional do *blog* hipertextual.

Assim como a invenção e a prática milenar da escrita contribuiu para justificar a separação da sociedade em classes e o exercício do domínio político, também a hibridação e a prática de modelos escrit+orais têm o valor político de recompor práticas discursivas voltadas para consolar e criticar, entreter e denunciar...

3. Riscos e oportunidades da CMC

A irrupção dos meios (sobretudo de massa) no cenário da comunicação é geralmente interpretada como uma interrupção ou, de certa forma, uma alteração da estrutura dialógica própria da interação face a face. A começar pela invenção da escrita, toda e qualquer tecnologia *como tecnologia* – isto é, entendida como suporte à modalidade produtivo-enunciativa ou à modalidade receptivo-interpretativa – tende a privilegiar o eixo monológico como âmbito no qual se podem inserir os processos comunicativos. Em sua imediata interação natural, a comunicação nos parece intrinsecamente dialógica; quando, ao contrário, é mediada por uma tecnologia qualquer, sua dialogicidade essencial tende a se enfraquecer. O recurso a qualquer tecnologia indica de modo reflexivo que – cada qual por sua conta e com as próprias contas – os interlocutores estão empenhados em uma "forma de vida" capaz de tornar possível um tipo de interação similar à "i-mediata", para a qual, evidentemente, não subsistem as condições de realização.

A nova mídia – isto é, todas as potencialidades comunicativas passíveis de serem praticadas graças ao encontro entre o telefone e o computador – representa um desafio ao monologismo da interação mediada, porque é caracterizada pela tensão de simular, com eficácia, as dinâmicas da interação interpessoal (FaF). Os traços mais salientes da readaptação dialógica da "nova mídia" são a capacidade de alternância, quase em tempo real, no revezamento e, portanto, a possibilidade de construção interativa do sentido a ser atribuído ao que está acontecendo.

A CMC eleva ao grau máximo a natureza *mediada* da experiência humana, porque o computador representa contemporaneamente mais meios de comunicação, ou seja, é uma tecnologia comunicativa em sentidos mais diversos: constitui um veículo de informações, elaborador de significados, potencial de relações, difusor de âmbitos culturais. A novidade da CMC está em sua natureza polifuncional e multifacetada (Morris e Ogan, 1996), que permite às pessoas entrar em um sistema multimídiatico e interativo. O esquema geral de avaliação do impacto psicossocial da CMC registra a tradicional oposição entre "apocalípticos" e "integrados": os primeiros, evidenciam a completa mercantilização das práticas comunicativas e o risco concreto de vigilância totalitária que são inerentes à CMC; os segundos, salientam o potencial emancipador incoercível da comunicação virtual/da Internet, que abre espaços de expressão, informação e participação democrática capazes de assegurar maior autonomia pessoal e social aos internautas. No interior do horizonte interpretativo próprio da psicologia da mídia, esse debate se focaliza em dois problemas específicos: as possibilidades de construção da identidade e os riscos de dependência.

3.1. Identidades fluidas

O tema mais debatido pelos psicólogos da CMC origina-se, sem dúvida, da possibilidade de entender a Internet como um "laboratório de identidades" (Wallace, 1999) pessoais e sociais. Como oportunamente destaca Sherry Turkle (1995), a CMC conferiu concretude de experiência de vida às hipóteses teóricas apresentadas pelos intelectuais pós-modernos, que criticaram as tradicionais versões existencialistas do Si como entidade mental compacta e unitária. O ciberespaço pode ser habitado por identidades múltiplas, por "Sis possíveis" distribuídos em diversas ordens de realidades.

Tanto o avatar quanto o *nickname* dos internautas dão voz às diversas fontes de auto-reconhecimento do Eu. Os ambientes da CMC autorizam a possibilidade de nos pensarmos fragmentados, dispersos e, ao mesmo tempo, heterogêneos. As teorias da "mente modular", sugeridas pelos dados que as neurociências recolheram acerca da diversa auto-representação possível nos dois hemisférios cerebrais, encontram uma confirmação empírica adicional nas práticas da CMC, que legitimam uma trama polifônica do Si.

A imagem de mais janelas interativas abertas na tela de um computador torna evidente a necessidade de pensar o próprio Si como uma junção de posicionamentos enunciadores. Desejos e crenças, necessidades e memórias, fantasias e normas me dizem, de diferentes maneiras, quem sou, e me sugerem uma forma móvel de composição daquela diversidade. Naturalmente, também a natureza fluida da identidade dos internautas não escapa à ambivalência. De fato, se de um lado indica multiplicidade e abertura no possível, de outro evoca incoerência e impossibilidade de decidir, com risco de resvalar para a irresponsabilidade.

Para ilustrar as modalidades especiais oferecidas pela rede/Internet para as práticas de re-construção do Si, as analogias mais esclarecedoras são as que relacionam o fascínio do "laboratório" com o do "teatro". Conversar em um *chat room* ou participar de MUD são práticas que permitem *experimentar* o que se sente quando se passa por Bobo[1] ou por Ringo Starr. Se quero ser reconhecido como "Morgana", preciso assumir essa fisionomia colocando em jogo todos os recursos (cognitivos, expressivos, retóricos) que estão à minha disposição. A Internet permite que formulemos hipóteses acerca da possibilidade de sermos aceitos por nossa aparência, de controlarmos a credibilidade da própria face e de modelá-la continuamente para adaptá-la às circunstâncias mutáveis da interação virtual. A estratégia mais recorrente impele os usuários das salas de *chat room* e os adeptos do MUD a usar a "máscara dos desejos" (Oliverio Ferrarsi e Malavasi, 2001): De acordo com a famosa charge publicada no *New Yorker*: na Internet, além de ninguém saber que você é um cão, todo cão pode acreditar, e eventualmente alguém vai acreditar, que é um leão.

Pela sua crescente taxa de interatividade potencial, a CMC revela qualidades de *empowering* para a imagem do Si, portanto a relação que se dá não é do tipo parassocial. De fato, o impulso motivacional vem não tanto da necessidade de compensação ilusória, mas, ao contrário, do desejo de experimentar os próprios "Si possíveis". A dimensão emanci-

---

1 **Bobo** é um personagem de história em quadrinhos criado por Sergio Staino em 1979, na Itália. Protagonista de histórias muito parecidas com as que acontecem na vida real, Bobo tem 40 anos (hoje quase 60), usa barba, é careca, está acima do peso e é o representante típico da geração de 1968. (N. do T.)

padora da CMC consiste em permitir às pessoas ligar-se a uma versão sem estigmas de si mesmas. Quem se sente marginalizado por motivos relacionados à "esfera privada" (por ex.: por ter certo tipo de prática sexual) e/ou à "esfera pública (por ex.: ter determinado aspecto físico, por pertencer a determinada etnia, por ter certas opiniões religiosas ou políticas, etc.) sabe que na Internet pode se fazer valer pelo que é e por como gostaria de ser aceito.

A nova mídia permite estender a moratória psicossocial normalmente reconhecida aos adolescentes (a partir de Erikson) em relação à tarefa mais relevante que têm diante de si: a reestruturação do Si. Essa fase do ciclo da vida tende a se estender no tempo, porque os indivíduos passam por ela não só onerados pelos vínculos das condições socioeconômicas mais complexas, mas também atraídos pelas novas potencialidades dos artefatos culturais. Aderir a uma comunidade virtual (nas modalidades do *chat room*, do MUD, ou do *blog*) permite aos jovens encarnar os papéis mais diversos, atribuir-se as qualidades mais satisfatórias, dar asas à imaginação para tornar completamente compatíveis as próprias contradições, fundir a matéria dos sonhos para deles destilar uma imagem de Si que seja afirmada e aceita por todos.

3.2. Relações saturadas

Discute-se o grau de fidedignidade das relações interpessoais "on-line" porque o fato de serem imateriais e, ao mesmo tempo, ativadas por identidades tão fluidas, abre uma distância psicológica dificilmente superável pelo prazer do texto. Os vínculos construídos Tela a Tela tendem a parecer embaraçosos, frios, sem sincronia. Pode ser uma prova disso o sentimento de exclusão que é experimentado, e às vezes denunciado, por quem participa de um *talk show* na televisão por videoconferência (por meio de uma conexão via satélite) em relação aos outros convidados presentes no estúdio. A proximidade física dos corpos institui uma pré-construção de entrosamento possível que escapa a quem está presente apenas como imagem enunciativa de sentido.

Os ambientes da CMC autorizam, antes de qualquer coisa, a pensar que sejam caracterizados por "reduzidos indicadores sociais". A *Reduced*

Social Cues Theory (Teoria das Pistas Sociais Reduzidas), apresentada por Sproull e Kiesler (1986), enfatiza a pobreza relacional que cabe à CMC e que deriva da não-disponibilidade dos sistemas pré-verbais e paralingüísticos que, na comunicação face a face, suportam, por sua vez, a confiança recíproca na presença social dos interlocutores. A grande rede da Internet projeta as práticas comunicativas em um novo "vazio social" que, para as pessoas, é fonte ao mesmo tempo de liberdade expressiva e de indiferença às regras, enquanto para as organizações se traduz em um modelo mais democrático, orientado para favorecer acessos à igualização.

Uma abordagem muito diferente foi proposta pela teoria da Individualização da Identidade Social (Spears e Lea, 1992), segundo a qual os ambientes de CMC permitem veicular, em nível implícito, as informações sociais que são constantemente ativadas por aqueles que neles interagem. A língua utilizada, o argumento tratado, os âmbitos culturais nos quais o evento de CMC se insere contém traços acerca das possíveis identidades dos internautas. Os traços pessoais podem ser reconstruídos por meio de uma matriz de categorias voltada para focalizar a afiliação a vários grupos segundo a nacionalidade, a idade, as competências mostradas, as opções declaradas, etc.

Essa perspectiva encontra um desenvolvimento útil na teoria da *Social Information Processing*, apresentada por Palmer (1997), segundo a qual as condutas humanas são tão repletas de sociabilidade que as pessoas tentam estabelecer relações, qualquer que seja o artefato cultural com que estejam interagindo. No caso específico da CMC, os usuários da Internet são elaboradores de informações sociais tanto no tipo de motivações pelas quais são impelidos (como fazem a curiosidade ou a busca pela afinidade) quanto na habilidade específica que têm para se construir impressões a respeito do interlocutor, ancoradas em processos de inferências falíveis, mas muitas vezes produtivos.

Segundo alguns (apocalípticos), o uso precoce e prolongado do computador pelas crianças pode dificultar o desenvolvimento da competência social, favorecendo a tendência a fechar-se em um esplêndido isolamento e pode extinguir a seiva criativa à propensão lúdica, porque as crianças encontram no computador, já prontas, múltiplas opções de mundos possíveis. Segundo outros (integrados), ao contrário, o encontro das crianças com a cultura tecnológica simulada pelo computador é um poderoso suporte motivacional para a aprendizagem e produz um aumento da auto-estima e no sentido da sensação de auto-eficiência, em que pode inserir-se também uma busca/tendência mais consciente para a colaboração. Uma confirmação, ainda que parcial, é fornecida por alguns resultados positivos da *videogame therapy* que permite às crianças com leves distúrbios perceptivos, motores e cognitivos, aliviar suas tensões.

A CMC favorece a construções de nichos de identificação pessoal com determinados mundos de vida, emergentes da hibridação entre "esfera pública" e "esfera privada". Por exemplo, se um adolescente sueco fosse apaixonado por mangás, poderia ter dificuldades em compartilhar esse aspecto de seu crescimento cultural com alguém de seu grupo de pares. Na Internet, ao contrário, pode traçar muito facilmente rotas que assegurem que aquele aspecto de seu estilo de vida é relevante também para outras pessoas.

3.3. Dependência da internet e psicoterapia na rede

Os motivos que podem impelir uma pessoa a "navegar na Internet" são atribuíveis à grade proposta pelo modelo dos "Usos e das Gratificações". De fato, de uma pesquisa de Papachrissi e Rubin (2000) resulta que entre os indicadores do acesso à Rede encontramos:

1. as vantagens interpessoais em estabelecer uma interação "on-line";
2. uma maneira de passar o tempo;
3. a busca de informações;
4. a comodidade;
5. o entretenimento.

As pessoas em dificuldades – com os outros e consigo mesmas – podem recorrer à CMC como a uma alternativa *funcional* à interação social, razão pela qual sua necessidade pode, algumas vezes, resultar em formas de dependência.

Young (1998) estima em 38 horas semanais a amplitude temporal crítica, para além da qual pode se iniciar um perigo de dependência que se manifesta com uma saliência cognitiva especial, de uma alteração emotiva e de uma tolerância (habituação) experiencial (Griffiths, 1999). Os dependentes da CMC consideram o que podem fazer "on-line" mais importante do que aquilo que podem fazer "off-line", portanto, estar conectado suscita neles sensações especiais de euforia. Todavia, para renovar esse estado de excitação, é preciso aumentar progressivamente a duração da vida despendida na rede, até reduzir ao mínimo qualquer outra atividade, do trabalho ao sono e às interações Face a Face.

A síndrome da *Internet Addiction Disorder* foi caracterizada por Ivan Goldberg (1995) como uma modalidade de uso compulsivo da CMC que induz algumas pessoas/internautas a transferir para a rede os nós impossíveis de desatar de sua experiência de vida – dificuldades de relacionamentos, bloqueio afetivo, desajustes sociais, distorções da identidade, etc. As problemáticas que se adensam sobretudo nos pontos cruciais do ciclo da vida – adolescência, maturidade – impelem algumas pessoas a aproveitar a proteção do anonimato para canalizar, nas formas da CMC, as frustrações ligadas a vínculos problemáticos entre casais e/ou familiares, as dúvidas geradas por decisões difíceis e repletas de conseqüências, os distúrbios psicossomáticos inerentes às condições estressantes da vida moderna, as fantasias obsessivas geradas pelo medo da velhice e pela angústia da morte.

Às vezes pode ser útil aplicar à cura de tal síndrome um princípio homeopático, de forma que uma *chat-therapy* possa favorecer a superação da dependência-da-Internet. O psicólogo da/na chat pode fazer valer sua função terapêutica se suas contribuições dialógicas são oferecidas (e aceitas pelos outros internautas) como pontos de referência capazes de ativar recursos de significado aplicáveis em um projeto compartilhado de autonomia do Si.

Na realidade, a possibilidade técnica de realizar uma "psicoterapia on-line" não escapa à ambivalência inerente a todo e qualquer artefato cultural. De fato, ela apresenta uma série de vantagens e desvantagens (Cantelmi et al., 2000). A ambivalência transparece na diferença de possibilidades oferecidas nos eixos de sustentação de todo evento comunicativo: a informação e a relação. Em termos da informação trocada, a psicoterapia on-line é muito vantajosa, porque as pessoas em dificuldades consideram mais simples participar dela: um pequeno aumento na conta telefônica permite-lhes evitar o desconforto do deslocamento físico e da organização temporal. Entretanto, além da redução do ônus na esfera da economia e da organização da vida cotidiana, a maior vantagem encontra-se na redução dos bloqueios ativados pelos mecanismos de defesa nas pessoas que se dirigem ao psicoterapeuta. As condições de anonimato e de proteção automática da "face", garantidas pela rede, permitem antes de tudo que os usuários possam pensar-se como não individuáveis publicamente na necessidade de assistência psicológica e, em segundo lugar, expor os próprios conteúdos dolorosos com maior liberdade.

No plano da relação, ao contrário, as práticas de "psicoterapia on-line" devem registrar uma queda dificilmente superável na eficácia. Antes de tudo, a carência de índices de contextualização não verbal reduz a sintonia da interação, que tende a articular-se mais como sucessão de monólogos do que como a força estruturante do diálogo. Daí resulta o risco de uma relação desprovida da empatia com a qual os psicoterapeutas mais idôneos exercitam as funções de contenção dos medos e de apoio ao potencial humano que lhes são atribuídas pela pessoa que se encontra em dificuldades. A psicoterapia on-line corre o risco de ser ineficaz, na medida em que só pode parecer "fria". Outros déficits relacionais derivam da dificuldade de assegurar um *setting* interacional neutro, isto é, controlável, desprovido de traços que possam distorcer, além do temor, sempre renovado, de violação da privacidade.

3.4. Conclusão

A simulação própria da CMC permite experienciar a complexidade das formas alternativas às quais eventualmente confiamos nossa experiência de vida, garantindo a possibilidade de um distanciamento, também emotivo, que muitas vezes é funcional para a tomada de consciência das regras tacitamente observadas "off-line" (na realidade).

Enfim, a mudança de época marcada pela Internet confirma a ambivalência que alimenta o regime da CMC. De fato, de um lado, a Internet "nos tem nas mãos" já que inerva todas as esferas da experiência humana, do sistema da produção econômica aos procedimentos da reprodução simbólico-cultural; de outro, as pessoas e a comunidade têm milhões de boas razões para "dominar a Internet", tal é o potencial de sentido que lhes é colocado à disposição pela grande Rede.

A psicologia e a ergonomia orientaram para a produção de *softwares* mais "intuitivos", favorecendo a aproximação também de idosos (SeniorNet).

CONCLUSÃO

A PSICOLOGIA DA MÍDIA visa evidenciar como os artefatos culturais fornecem às pessoas os recursos simbólicos que lhes permitem se posicionar como sujeitos interessados em inserir sua experiência de mundo em um âmbito de sentido. Os conteúdos midiáticos oferecem uma base comum a uma densa trama de conversas em família, entre amigos ou entre conhecidos. Desses conteúdos as pessoas não só extraem recursos cognitivos e expressivos para formar a própria opinião acerca de uma série ilimitada de assuntos, mas também modelos de papéis para enfrentar as mais diversas situações de sua vida cotidiana.

As principais relações que ligam as pessoas à mídia configuram cenários de influência, de informação e de entretenimento, que revelam grande capacidade de construção identitária. Enfim, a mudança de época marcada pela Internet exalta de maneira paroxística a ambivalência que alimenta o regime da comunicação midiática. De fato, de um lado, a CMC "nos tem nas mãos", já que inerva todas as esferas da experiência humana (do sistema produtivo econômico aos procedimentos de reprodução simbólico-cultural); de outro, as pessoas e as comunidades têm milhões de boas razões para "dominar a Internet", tal é o potencial de sentido que lhes é colocado à disposição pela grande Rede.

A pergunta mais recorrente e, ao mesmo tempo, mais difícil que os psicólogos inevitavelmente compartilham com outros estudiosos da mídia é a seguinte: os discursos midiáticos (textos e imagens) refletem ou constroem a realidade para as pessoas que os usam? A complexidade dessa questão deriva do fato que obriga ao confronto com um conceito extremamente móvel e fugaz ("realidade"), sem poder determinar de modo preciso e unívoco a força dos artefatos culturais. A trama da relação "mídia-realidade" adquire um valor paradoxal para o psicólogo, porque a "realidade" (refletida ou construída pela mídia) se quebra na linha (*on-line*) traçada pela antiga metáfora ontológica do "recipiente" corporal. Essa é a razão pela qual o psicólogo tem de perguntar como a mídia opera em relação à "realidade exterior" e à "realidade interior", isto é, tanto ao mundo de referência comum quanto ao Self, com o qual cada um de nós se identifica apresentando relatos e acumulando razões.

Portanto, a psicologia não pode mais deixar de se ocupar da mídia, porque o falar comum registra um conhecimento que ela faz penetrar muito profundamente na vida psicológica das pessoas. O discurso da mídia (textos e imagens) dá forma e conteúdo não apenas à sua compreensão do mundo em que vivemos, mas até mesmo a própria experiência que a mídia faz dele. Ela molda a "realidade" das modalidades de construção identitária e de ativação relacional das pessoas.

Na seqüência final do filme *O show de Truman*, de Peter Weir, o protagonista chega até as escadas contíguas a um grande telão, que fecha o mundo no qual, até então, sua história se desenvolvia. Tudo o que ele fazia – suas palavras, gestos, escolhas, em uma só palavra: sua vida – era capturado por milhões de telecâmaras e projetado nas telas de milhares de usuários televisivos. Seu desejo de aventura o leva gradualmente a tomar consciência do jogo cruel do qual é vítima. Enquanto sobe a escada, envia um último sorriso de saudação ao público que se apaixonou pelo show de sua vida. No topo da escada, uma portinhola indica a possibilidade de passar do mundo da "ficção" ao mundo da "realidade", e Truman decide abrir aquela porta, impelido pela esperança de poder finalmente chegar até as verdadeiras ilhas Fiji, do outro lado do mundo. Naturalmente, Truman não percebe que sua corajosa escolha é aplaudida por outros espectadores que se identificaram com ele no filme de sua tomada de consciência.

Caso se atravesse o telão que delimita o espaço representacional do que pode acontecer em um mundo, é para ingressar no espaço delimitado por um outro telão. O véu de Maya não pode ser tirado: não há escadas definitivas que nos permitam sair dos jogos simuladores e modeladores de experiência próprios dos meios de comunicação. Uma porta que se abrisse para um universo sem telão nos faria cair no precipício do não sentido, do silêncio e da morte sociorelacional.

A psicologia da mídia visa indagar as múltiplas relações que as pessoas estabelecem com esses "telões discursivos", ou seja, com os vários artefatos culturais que as fazem capazes de modular as formas de sua participação em um mundo de significados partilhados pelos diversos tipos de comunidades a que pertencem. Quem lê um jornal como o *La Repubblica* ou o *The European* para se manter informado, adota deles o esquema de tradução dos eventos em notícias e a eles adapta a própria "unidade guia" de elaboração de sentido do que acontece no mundo. Ao mesmo tempo, os leitores de ambos os jornais sabem que constituem uma "comunidade interpretativa" específica, definida pela adesão, mais ou menos convicta, à "linha" do jornal, que se manifesta não só em uma determinada posição política, mas também em um quadro de referência de valor, em uma série de procedimentos argumentativos e em uma ordem de opções estilísticas. Uma conversa entre amigos, leitores do mesmo jornal, logo revela afinidades e diferenças no sistema de interpretação das mesmas notícias. Considerada em longo prazo, a leitura de um jornal é uma prática que contribui para construir a identidade da pessoa, tornando-a reconhecível na variável carência de suas crenças, de suas expectativas, de suas valorizações emotivas e de seus gostos.

A natureza construtiva da relação com a mídia depende do fato de ela colocar à disposição das pessoas muitos recursos simbólicos moduláveis tanto na interação social quanto na "parassocial". A mídia permite às pessoas experimentar, em modalidades sempre novas e sempre mais ricas, que sua presença no mundo postula sua capacidade de compor o "mundo de fato" com o "mundo virtual", o "verdadeiro" com o "fictício", o "eficiente" com o "lúdico/fantasioso". A psicologia da mídia visa ilustrar as mais variadas experiências dessa narração do Si, que se reconhece necessitado de acolher a voz do Outro como esta lhe chega por meio dos artefatos culturais com que a humanidade (como espécie global) constrói um mundo de referência comum.

A análise da relação entre as pessoas e a mídia, como aparece nas práticas discursivas do "influenciar", do "informar", do "divertir" e do "dominar a Internet", revela a compenetração recíproca existente entre o sistema da mídia e os processos de construção da identidade pessoal e social. A experiência que cada qual faz de tal nexo, em primeira pessoa, é exposta às múltiplas nuances de uma atribuição de sentido que se desloca ao longo de um *continuum*. Este vai da sensação do "que foi demasiado dito" – quando as pessoas estão completamente em poder dos significados dos quais se nutrem –, à aspiração pelo "ainda não dito", quando as pessoas orientam sua relação com a mídia para um aumento de consciência.

A pesquisa psicológica sobre como a mídia modela as nossas diversas identidades e nossas relações (em formatos de interação social e parassocial) não tem apenas um interesse teórico, mas uma especial conotação prática. Na verdade, o horizonte prático da psicologia da mídia não se limita a fornecer indicações úteis aos psicólogos acerca de como intervir de maneira mais eficaz na mídia, mas abre a ela uma evidente perspectiva *política*.

Uma vez que, em qualquer campo que seja exercida, a psicologia pretende contribuir para fortalecer a autonomia, a dignidade e a cidadania dos homens, a psicologia da mídia considera essencial assumir uma ótica *crítica*. Essa ótica lhe atribui o objetivo de desvelar as circunstâncias e as modalidades em que a mídia se transforma em instrumento de domínio, alienando sua natureza de artefato cultural de gestão compartilhada na condição de empresa imaterial que serve ao exercício de um poder que se tornou insensível aos pressupostos da justiça e da solidariedade.

REFERÊNCIA BIBLIOGRÁFICA

ALLEN, B.C. *Introdução*. In: ALLEN, B.C. (ed.). *To be continued... soap operas around the world*, Londres: Routledge, 1995, p. 1-26.

ANDERSON, D.R., COLLINS, P., SCHMITT, K.L., JACOBVITZ, R.S. *Stressful life events and television viewing*. In: "Communication Research", 23, p. 243-260, 1996.

ANG, I. *Watching Dallas. Soap opera and the melodramatic imagination*. Nova York: Methuen, 1985.

ANG, I. *Desperately seeking the audience*. Londres: Routledge, 1991. (Tr. it. *Cercai audience disperatamente*. Bolonha: Il Mulino, 1998.)

ANNESE S. *L'identità fluida nell'interazione parasociale della televisione*. Tese de doutorado não publicada. Apresentada no Dipartimento di Psicologia dell'Università degli Studi di Bari, 1999.

ANOLLI, L. (ed.) *Psicologia della comunicazione*. Bolonha: Il Mulino, 2002.

ANOLLI, L. *Mentire*. Bolonha: Il Mulino, 2003.

ARCURI, L. *Scompigli per gli acquisti. Fatti e misfatti della persuasione subliminale*. In: "Psicologia Contemporânea", 102, p. 58-64, 2000.

ARCURI, L., CASTELLI, L. *La trasmissione dei pensieri. Un approccio psicologico alla comunicazione di massa*. Pádua: Decibel, 1996.

ARON, A., ARON, E.N., TUDOR, M., NELSON, G. *Close relationships as including other in the self.* In: "Journal of Personality and Social Psychology", 60, p. 241-253, 1991.

BABROW, A.S., O'KEEFE, B.J., SWANSON, D.L., MEYERS, R.A., MURPHY, M.A. *Person perception and children's impressions of television and real peers.* In: "Communication Research", 15, p. 680-698, 1998.

BALL-ROKEACH, S., DEFLEUR, M.L. *A dependency model of mass media effects.* In: "Communication Research", 3, p. 3-21, 1976.

BALTER, R. *From stigmatization to patronization: The media's distorted portrayal of physical disability.* In: L.L. Schwartz (ed.), *Psychology and the media: A second look.* American Psychological Association, Washington, DC, p. 147-172, 1999.

BANDURA, A., ROSS, D., ROSS, S.A. *Imitation of film-mediated aggressive models.* In: "Journal of Abnormal and Social Psychology", 66, p. 3-11, 1963.

BARTHES, R. *Mythologies.* Paris: Seuil, 1957. (Tr. it. de L. Lonzi. *Miti d'oggi.* Torino: Einaudi, 1974.)

BARTHES, R. *Fragments d'un discours amoureux,*, Paris: Seuil, 1977.

BEARISON, D.J., BAIN, J.M., DANIELE, R. *Developmental changes in how children understand television.* In: "Social Behaviour and Personality", 10, p. 133-144, 1982.

BENVENUTO, S. *Dicerie e pettegolezzi.* Bolonha: Il Mulino, 2000.

BERGER, C.R., CALABRESE, R.J. *Some explorations in initial interaction and beyond: Towards a development theory of interpersonal communication.* In: "Human Communication Research", 1, p. 99-112, 1975.

BLANDINO, G. *Il parere dello psicologo.* Milão: Cortina, 2000.

BLAIN, N., BOYLE, R., O'DONNELL, H. *Sport and national identity in the European media.* Leicester: Leicester University Press, 1993.

BORRELLI, D. *Il filo dei discorsi. Teoria e storia sociale del telefono.* Roma: Luca Sossella Editore, 2000.

BOURDON, J. *Introduction aux médias,* Paris: Editions Montchrestien E.J.A., 1997. (Tr. it. de S. Delorme e M. Villa. *Introduzione ai media.* Bolonha: Il Mulino, 2001.)

BRODER, M.S. *So you want to work in the media? 21 things I wish I had known when I first asked myself that question.* In: I.I. Schwartz (ed.), *Psychology and the media: A second look.* American Psychological Association. Washington, DC, p. 25-36, 1999.

BROWN, J.D., SCHULZE, L. *The effects of race, gender and fandom on audience interpretation of Madonna's music videos.* In: "Journal of Communication Research", 18, p. 114-142, 1990.

BRUNER, J. *Acts of Meaning*. Cambridge: Harvard University Press, 1990.

BRUNER, J. *Actual Mind, Possible Worlds*, Cambridge (Mass): Harvard University Press, 1986. (Tr. it. de R. Rini. *La mente a più dimensioni*. Roma-Bari: Laterza, 2003.)

BRUNER, J. *La fabbrica delle storie. Diritto, letteratura, vita*. Roma-Bari: Laterza, 2002.

BRUNSDON, C. *Crossroads: Notes on soap opera*. In: "Screen", 22, p. 32-37, 1981.

BRUNSDON, C. *The feminist, the housewife, and the soap opera*. Oxford: Oxford University Press, 2000.

BRYANT, J., ZILLMANN, D., RANEY, A.A. *Violence and the enjoyment of media sports*. In: L.A. Wenner (ed.). *Media sport*. Londres: Routledge, p. 252-265, 1998.

BURT, M.R. *Cultural mythsand support for rape*. In: "Journal of Personality and Social Psychology", 38, p. 217-230, 1980.

BUSHMAN, B.J. *Moderating role of trait aggressiveness in the effects of violent media on aggression*. In: "Journal of Personality and Social Psychology", 69, p. 950-960, 1995.

BUSHMAN, B.J. *Effects of television violence on memory for commercial messages*. In: "Journal of Experimental Psychology: Applied", 4, p. 291-307, 1998.

CAFFI, C., JANNEY, R. J. "Toward a pragmatic of emotive communication", *Journal of Pragmatics*, 22, 1994, p. 326-360.

CANTELMI, T. et alii. *La mente in Internet*, Pádua: Piccin, 2000.

CAPRARA, G.V. *Tempi moderni. Psicologia per la politica*. Firenze: Giunti, 2003.

CASSATA, M.B. *The soap opera*. In: B.G. Rose (ed.), *TB genres: A handbook and reference guide*. Westport, CT: Greenwood Press, p.131-150, 1985.

CAUGHEY, J.L. *Imaginary social worlds. A cultural approach*. Lincoln: University of Nebraska Press, 1984.

CENTERWELL, B.S. *Television and violent crime*. "The Public Interest", 111, p. 56-71, 1993.

CHAFFEE, S. N., MUTZ, D., C. "Comparing mediated and interpersonal communication data". In R. P. Hawkins et al. (Eds.). *Advancing Communication Science: Merging mass and interpersonal processes*. Newbury Park: Sage, 1988, p. 19-43.

CHARAUDEAU, P., GHIGLIONE, R. *La parole confisquée*. Paris: Dunot, 1997.

CHELI, E. *La realtà mediata*. Milão: Angeli, 1992.

CLARK, H. H., CLARK, E. V. *Psychology and language*. New York: Harcourt Brace Jovanovich, 1977.

COMSTOCK, G., SCHARRER, E. *Television. What's on, who's watching, and what it means*. San Diego, CA: Academic, 1999.

CONDRY, J. *The psychology of television*. Hillsdale, NJ: Lawrence Erlbaum Associates, 1989.

COOK, G. *The discourse of advertising*, Londres: Routledge, 1992.

COOPER-CHEN, A. *Global games, entertainment and leisure: Women as TV spectators*. In: P.J. Greedon (ed.). *Women, media and sport: Challenging gender values*. Thousand Oaks, CA: Sage, p. 257-272, 1994.

CORTINI, M., MANUTI, A. *Il marketing politico sul web: Strategie discorsive di autopresentazione dei partiti politici italiani*, in G. Mininni, (a cura di) *Virtuale. Com: la parola spiazzata*. Napoli: Idelson Gnocchi, 2002, p.123-155.

COUPLAND, J., COUPLAND, N. e ROBINSON, J.D. "'How Are You?': Negotiating Phatic Communion", in *Language in Society*, Vol. 21(2), 1992, p. 207-230.

CRIGLER, A. N., JUST, M., NEUMAN, W. R. *Interpreting visual versus audio messages in television news*, in "Journal of Communication", 44, 1994, p. 132-149.

DAVIES, M., M. *Fake, fact, and fantasy: Children's interpretations of television reality*. Mahwah: Lea, 1997.

DE BOURDEAUDHUIJ, L., VAN OOST, P. *Personal and family determinants of dietary behaviour in adolescents and their parents*. In: "Psychology and Health", 15, p. 751-770, 2000.

DEETZ, S. A. "Future of the discipline: the challenges, the research, and the social contribution." In: S. A. Deetz (Ed.). *Communication Yearbook / 17*, Thousand Oaks: Sage, 1994, p. 565-600.

DI MARIA, F., CANNIZZARO, S. *Reti telematiche e trame psicologiche*, Milão: FrancoAngeli, 2001.

DI MARIA, F., LAVANCO, G. *Donne delle loro brame. Donne, spot e pensieri già pensati*. In: "Psicologia contemporânea", 113, p. 18-27, 1997.

DI MARIA, F., LAVANCO, G. *Maschio delle mie trame. L'immagine maschile nella pubblicità*. In: "Psicologia contemporânea", 11?, p. 18-25, 1998.

DI NUOVO, S., MAGNANO, P. *Le soap opera. Un'indagine sul pubblico delle fiction televisive*. In: "Psicologia contemporânea", 188, p. 4-13, 1993.

DI RUZZA, E., Parsi, M. R., Rizzo, R. *Ch@t ti amo. Sesso e amore in rete*, Firenze: Giunti, 2000.

DUCK, J.M., HOGG, M.A., TERRY, D.J., *Social identity and perceptions of media persuasion: Are we always less influenced than others?* In: "Journal of Applied Social Psychology", 29, p. 1879-1899, 1999.

ECO, U. *Apocalittici e integrati. Comunicazioni di massa e teorie della cultura di massa.* Milão: Bompiani, 1964.

ECO, U. *Il superuomo di massa.* Milão: Bompiani, 1978.

EDWARDS, D., POTTER, J. *Discursive Psychology.* Londres: Sage, 1992.

EDWARDS, D. *Discourse and Cognition.* Londres: Sage, 1997.

ENTMAN, R.M. *Framing U.S. coverage of international news: Contrasts in narrative of the KAL and Iran Air incidents.* In: "Journal of Communication", 41, p. 6-27, 1991.

ERON, L. D. *The problem of media violence and children's behaviour.* New York: Henri Frank Guggenheim Foundation, 1993.

EYSENCK, H.J., NIAS, D.K. *Sesso, violenza e media.* Roma: Armando Armando, 1985.

FARBERMAN, R.K. *What the media need from news sources?* In: L.L. Schwartz (ed.). *Psychology and the media: A second look.* American Psychological Association, Washington, DC, p. 9-24, 1999.

FENTON, N., BRYMAN, A., DEACON, D. *Mediating social sciences.* Londres: Sage, 1998.

FORMENTI, C. *Incantati dalla rete. Immaginari, utopie e conflitti nell'epoca di Internet.* Milão: Cortina, 2000.

FRIEDLAND, L., KOENIG, F. *The pioneers of media psychology.* In: S. Kirschner, D.A. Kirschner (ed.), *Perspectives on psychology and the media*, American Psychological Association, Washington, DC, p. 121-140, 1997.

FURNHAM, A., GUNTER, B., WALSH, D. *Effects of programme content on memory of humorous television.* In: "Applied Cognitive Psychology", 12, p. 555-567, 1998.

GAUNTLETT, D., HILL, A. *TV living: Television, culture and everyday life*, Londres: Routledge, 1999.

GERAGTHY, C. *Women and soap opera.* Cambridge: Polity, 1991.

GERBNER, G. *Dimensions of violence in television drama.* In: G.A.Comstock, E. Rubinstein (ed.), *Television and social behaviour*, vol. 1: *Content and control.* Washington, D.C.: U.S. Government Printing office, p. 28-187, 1972.

GERBNER, G., GROSS, L., MORGAN, M., SIGNORIELLI, N. *Growing up with television. The Cultivation Perspective.* In: J. Bryant, D. Zillmann (ed.). *Media effects advances in theory and research.* Hillsdale: LEA, 1994.

GERGEN, K. J. "The social constructionist movement in modern psychology." In: *American Psychologist*, 40, 1985, p. 266-273.

GERGEN, K. *Realities and relationships*. Cambridge: Harvard University Press, 1994.

GERGEN, K. J. "Technology and the Self: From the essential to the sublime." In: D. Grodin and T. R. Lindolf (Eds.) *Constructing the self in a mediated world*. Londres: Sage, 1996, p. 127-140.

GHIGLIONE, R. *La comunicazione è un contratto*. Nápoles: Liguori, 1988.

GHIGLIONE R., BROMBERG, M. *Discours politique et télévision*. Paris: Presses Universitaires de France, 1998.

GILES, D.C. *Parasocial interaction: A review of the literature and a model for future research*. In: "Media psychology", 4, p. 279-305, 2002.

GILES, D. *Media psychology*. Mahwah, N.J.: *Lawrence Erlbaum* Associates Publishers, 2003.

GILES, D.C., NAYLOR, G.C.Z. *The construction of intimacy with media figures in a parasocial context*. Exposição apresentada no Congresso BPS. Londres: Institute of Education, 19-20/12/2000.

GILI, G. *La credibilità nella comunicazione*. Campobasso: Gruppo editoriale dell'Università di Campobasso, 1999.

GILLESPIE, M. *Television, ethnicity and cultural change*, Londres: Routledge, 1995.

GLASCOCK, S. *Gender roles on prime-time network television: Demographics and behaviour*. In: "Journal of Broadcasting and Electronic Media", 47, p. 656-669, 2001.

GOFFMAN, E. "*The presentation of Self in Everyday Life*. New York: Doubleday, 1959.

GRANDI, R. *I mass media fra testo e contesto*. Milão: Lupetti, 1992.

GRASSO, A. et al. "Talk show, talk power." In: *Problemi dell'informazione*, XXI, 4, 1996, p. 493-512.

GREENFIELD, P.M. *Mind and Media. The effects of television, computers and video games*. S.l., s.n., 1984. (Tr. it. de M.C. Carbone. *Mente e media*. Roma: Armando Editore, 1985.)

GREENWALD, A.G., SPRANGENBERG, E.R., PRATKANIS, A.R., ESKENAZI, J. *Double-blind tests of subliminal self-help audiotapes*, "Psychological Science", 2, p. 119-122, 1991.

GRICE, P. H. *Logic and conversation*. In: P. Cole, J.L. Morgan (ed.), *Syntax and semantics*, vol. 3: *Speech acts*. Nova York: Academic Press, 1975. (Tr. it. in M.

Sbisà (ed.). *Gli atti linguistici*. Milão: Feltrinelli, p. 199-219, 1978.)

GRIFFITHS, M.D. 1999: *Internet addiction: Fact or fiction?* In: "The Psychologist", 12, p. 246-251, 1999.

GRODIN, D., LINDLOF, T. R. (ed.) *Constructing the self in a mediated world*. Thousand Oaks: Sage, 1996.

GUNTER, B. *News sources and news awareness: A British survey*. In: "Journal of Broadcasting", 29, 1985, p. 397-406.

HABERMAS, J. *Theorie des kommunikativen Handelns*. Frankfurt am Mein: Surkamp, 1981. (Tr. it. *Teoria dell'agire comunicativo*. Bolonha: Il Mulino, 1986.)

HAKKEN, D. *Cyborgs@ cyberspace?: An Ethnographer Looks to the Future*. Nova York-Londres: Routledge, 1999.

HALL, S. *Encoding/Decoding in television discourse*. In : S. Hall et al. (a cura di), *Culture, media, language*. Londres: Hutchinson, 1980.

HALLIDAY, M.A.K., HASAN, R. *Language, context and text. Aspects of language in a social semiotic perspective*. Oxford: Oxford University Press, 1985.

HARRÉ, R., GILLETT, G. *The discursive Mind*. Londres: Sage, 1994. (Tr. it. de A. Gnisci. *La mente discorsiva*. Milão: Cortina, 1996.)

HARRIS, R.J. *A cognitive psychology of mass communication*. Hillsdale, NJ: Lawrence Erlbaum, 1989.

HARRISON, R. *Does interpersonal attraction to thin media personalities promote eating disorders?* In: "Journal of Broadcasting and Electronic Media", 41, p. 478-500, 1997.

HOBSON, D. *Housewives and the mass media*. In: S. Hall, D. Hobson, A. Lowe, P. Willis (ed.), *Culture, media, language. Working papers in cultural studies 1972-1979*. Londres: Hutchinson, p.105-116, 1980.

HOIJER, B. *Socio-cognitive structures and television reception*. In: "Media, Culture and Society", 14, p. 583-603, 1992.

HONEYCUTT, J.M., WIEMANN, J.M. *Analysis of functions of talk and reports of imagined interactions (IIs) during engagement and marriage*. In: "Human Communication Research", 25, p. 399-419, 1999.

HORTON, D., WOHL, R.R. *Mass communication and para-social interaction*. In: "Psychiatry", 19, p. 215-229, 1956.

HOVLAND, C.I., JANIS, I.L., KELLEY, H.H. (ed.) *Communication and persuasion. Psychological studies on opinion change*. New Haven, CT: Yale University Press, 1953.

HOWITT D. *Paedophiles and sexual offences against children.*, Chichester: John Wiley, 1995.

HUSPEK, M., COMERFORD, L. *How science is subverted: Penology and prison inmates' resistance.* In: "Communication Theory", 6(4), 1996, p. 335-360.

JACOBELLI, J. *La realtà del virtuale.* Bari-Roma: Laterza, 1998.

JAKOBSON, R. "Linguistics and Poetics". In: T. Sebeok (Ed.), *Style in Language.* Cambridge, MA: M.I.T. Press, 1960, p. 350-377.

JENKINS, H. *Textual poachers: Television fans and participatory culture.* Nova York: Routledge, Chapman & Hall, 1992.

JEWKES, Y. *The use of media in constructing identities in the masculine environment of men's prisons.* In: "European Journal of Communication", 17(2), 2002, p. 205 - 225.

JOHNSTON, W.M., DAVEY, G.C.L. *The psychological impact of negative TV news bulletins: The catastrophizing of personal worries.* In: "British Journal of Psychology", 88, p. 85-91, 1997.

JOINSON, A. *Causes and implications of disinhibited behaviour on the internet.* In: J. Gackenbach (a cura di), *Psychology and the internet.* San Diego, CA: Academic Press, 1998, p. 43-60.

KATZ, E., LAZARSFELD, P. F. *Personal influence.* Nova York: The Free Press, 1955.

KATZ, E., BLUMLER, J.G., GUREVITCH, M. *Utilization of Mass Communication by the Individual.* In: J.G. Blumler, E. Katz (ed.), *The Uses of Mass Communication. Current Perspectives on Gratification Research.* Beverly Hills: Sage, 1974.

KAUFMAN, G. *The portrayal of men's family roles in television commercials.* In: "Sex Roles", 41, p. 439-458, 1999.

KEPPLINGER, H.M., DASCHMANN, G. *Today's news – tomorrow's context: A dynamic model of news processing.* "Journal of Broadcasting and Electronic Media", 41, p. 546-565, 1997.

KIRSCHNER, S., KIRSCHNER, D.A. (ed.) *Perspectives on psychology and the media.* American Psychological Association, Washington, DC, 1997.

KLAPPER, J. T. *The effects of mass communication.* New York: The Free Press, 1960.

KURTZ, H. *Hot air. All talk, all the time.* Londres: Times Books, 1996.

LA Barbera, D., CANTELMI, T. *Il Grande Fratello. Tra abuso mediatico e relazioni fantastiche.* In: "Psicologia contemporânea", 163, 2001, p. 18-23.

LAKOFF, G., JOHNSON, M. *Metaphors We Live By.* Chicago: University of Chicago Press, 1980. (Tr. it. *Metafora e vita quotidiana.* Farigliano: Editori Europei Associati, 1982.)

LANGHAM, D. "The Common Place MOO: Orality and Literacy in Virtual Reality". In: "Computer-Mediated Communication Magazine", Vol. 1(3), 1994, p. 7.

LASSWELL, H. D. *The structure and function of communication in society*. In: L. Brison (Ed.), *The communication of ideas*. New York: Harper, 1948.

LAZARSFELD, P. "The Controversy Over Detailed Interviews - An Offer for Negotiation". In: *Public Opinion Quarterly*, Vol. 8(1), 1944, p. 38-60.

LEVY, M.R. *Watching TV news as para-social interaction*. In: "Journal of Broadcasting", 23, p. 69-80, 1979.

LEWIS, M. *Good news, bad news*. In: "The Psychologist", 7, p. 157-159, 1994.

LIVINGSTONE, S. *Making sense of television. The psychology of audience interpretation* (2nd ed.), Londres: Routledge, 1998.

LIVINGSTONE, S., LUNT, P. *Talk on television. Audiences participation and public debate*. Londres: Routledge, 1994.

LIVINGSTONE, S., BOVILL, M. *Young people, new media*. Relatório do projeto de pesquisa: *Children, Young people and the Changing Media Environment*. Londres: London School of Economics, 1999.

LONGO, O.G. *Il nuovo Golem*. Bari-Roma: Laterza, 1998.

LUCANGELI, D., CACCIAMANI, S., CORNOLDI, C. *"La pubblicità serve a far riposare gli attori..."*. In: "Età evolutiva", pp., 2000.

MAASS, A. et al. *Language use in intergroup contexts: The Linguistic Intergroup Bias*. "Journal of Personality and Social Psychology", 57, p. 981-993, 1989.

MALINOWSKI, B. "The Problem of Meaning in Primitive Languages". In: C. K. Ogden and I. A. Richards. *In The Meaning of Meaning: A Study of Influence of Language Upon Thought and of the Science of Symbolism*. Nova York: Harcourt, Brace and World, 1923, p. 296-336.

MANIN, N. *Métamorphoses du governement représentatif*. Rapport CNRS 9017 A, 1990.

MANTOVANI, G. *L'elefante invisibile*. Firenze: Giunti, 1998.

MANTOVANI, G. *The psychological construction of the Internet: From information foraging to social gathering in cultural mediation*. In: "CybrPsychology & Behaviour", 4, 1, p. 47-56, 2001.

MANTOVANI, G., SPAGNOLLI, A., (ed.) *Metodi qualitativi in psicologia*. Bolonha, Il Mulino, 2003.

MARCARINO, A. "Processi comunicativi nel contesto istituzionale". In: "Sociologia della comunicazione", Vol. 17(31), 2001, p. 75-93.

MAZZARA, B.M. (ed.) *Metodi qualitativi in psicologia sociale. Prospettive teoriche e strumenti operativi*. Roma: Carocci, 2002.

MCCOMBS, M., SHAW, D. L. *The agenda setting function of mass media.* In: "Public Opinion Quarterly", 36, 1972, p. 176-187.

MCLUHAN, M., *Understanding media.* New York: McGraw-Hill Book Company, 1964. (Tr. it. de E. Capriolo, *Gli strumenti del comunicare*, Milão: Il Saggiatore, 1967.)

MCQUAIL, D. *Mass Communication Theory: An introduction.* Londres: Sage, 1994. (Tr. it. de G. Mazzoleni, *Sociologia dei media.* Bolonha: Il Mulino, s.d.)

MECACCI, L. *Psicologia moderna e postmoderna.* Bari-Roma: Laterza, 1999.

MESSARIS, P. *Visual persuasion. The role of images in advertising.* Thousand Oaks, CA: Sage, 1997.

MILLER, D. *The consumption of soap opera:* The Young and the Restless *and the mass consumption in Trinidad.* In: R.C. Allen (ed.). *To be continued... soap operas around the world.* Londres: Routledge, p. 213-232, 1995.

MININNI, G. *Diatesti. Per una psicosemiotica del discorso sociale.* Nápoles: Liguori, 1992.

MININNI, G. *Discorsiva mente.* Nápoles: Edizioni Scientifiche Italiane, 1995.

MININNI, G. "Svolte metateoriche in psicologia: per un sociocostruzionismo autocritico", *Archivio di psicologia, neurologia e psichiatria*, LVIII, 5-6, 1997, p. 646-665.

MININNI, G. *Psicologia del parlare comune.* Bolonha: Grasso, 2000.

MININNI, G.(ed.) *Virtuale.Com.* Nápoles: Idelson Gnocchi, 2002.

MININNI, G. *Il discorso come forma di vita*, Nápoles: Guida, 2003.

MININNI, G., *L'approccio psicosemiotico: testi e immagini.* In: G. Mantovani, A. Spagnolli (ed.), *Metodi qualitativi in psicologia.* Bolonha: Il Mulino, p. 159-197, 2003.

MININNI, G., GHIGLIONE, R. *La comunicazione finzionante. Io, la televisione.* Milão: FrancoAngeli, 1995.

MININNI, G., ANNESE, S. *"Io ritengo non solo opportuno, ma necessario... parlare": Ruoli conversazionali e rappresentazioni sociali del pubblico nel talk show.* In: L. Haarman (ed.), *Talk about showe. La prola e lo spettacolo.* Bolonha: CLUEB, p. 171-188, 1999.

MORRIS, M., OGAN, C. *The internet as mass medium.* In: "Journal of Communication", 46, p. 39-50, 1996.

MOSCOVICI, S. *La psychanalyse, son image et son public.* Paris: Presses Universitaires de France, 1961.

MOSCOVICI, S. «Introduction». In: Herzlich, C. *Santé et maladie.* Paris: Mouton, 1969.

MOSCOVICI, S. *Psychologie sociale*. Paris: Presses Universitaires de France, 1984.

MUMSON, W. *All talk: The talk show in media culture*. Filadélfia: Temple University Press, 1994.

NIR, R. and ROEH, I. "Intifada Coverage in the Israeli Press: Popular and Quality Papers Assume a Rhetoric of Conformity". In: *Discourse and Society*, Vol. **3(1)**, 1992, p. 61-68.

NOELLE.NEUMANN, E. *The Spiral of Silence. Public Opinion – Our Social Skin*. Chicago: University of Chicago Press, 1984. (Tr. it. *La spirale del silenzio*. Roma: Meltemi, 2002).

OLIVERIO, A. *Le verità virtuali. Memoria, apprendimento, emozioni: la mente e i mass media*. In: "Psicologia contemporânea", 131, p. 34-41, 1995.

OLIVERIO FERRARIS, A. *La macchina delle celebrità. Cento modi per diventare famosi*. Florença: Giunti, 1999.

OLIVERIO FERRARIS, A., GRAZIOSI, B. *Cullati dagli spot*. In: "Psicologia Contemporânea", 102, p. 40-48, 2000.

OLIVERIO FERRARIS, A., MALAVASI, G. *La maschera dei desideri. Tra Mud, Irc e Chat: il nuovo gioco dell'identità in rete*. In: "Psicologia contemporânea", 166, p. 30-37, 2001.

ONG, W. J. *Orality and literacy. The technologizing of the word*. Londres: Methuen, 1982. (Tr. it. de R. Calanchi, *Oralità e scrittura. Le tecnologie della parola*. Bolonha: Il Mulino, 1986.)

PACKARD, V. *The hidden persuasers*. New York: McKay, 1957. (Tr. it. *I persuasori occulti*. Torino: Einaudi, 1958.)

PALMER, M. T. *La comunicazione interpersonale e la realtà virtuale: la frontiera delle relazioni interpersonali*. In: C. Galimberti, G. Riva (ed.) 1997, p. 111-132.

PAPACHRISSI, Z., RUBIN, A.M. *Predictors of Internet use*. "Journal of Broadcasting and Electronic Media", 44, p.175-196, 2000.

PELLAI, A. *Il bambino che addomesticò il televisore*. Milão: F. Angeli, 1996.

PETTY, R.E., CACIOPPO, J.T. *Communication and Persuasion*. Nova York: Springer Verlag, 1986.

PINE, K., NASH, A. *The effects of television advertising on young children*. Documento apresentado na British Psychological Society Centenary Conference, SECC, Glasgow (março, 28-31), 2001.

POSTMAN, N. *Amusing ourselves to death: Public discourse in the age of Show Business*. New York: Viking Penguin Inc., 1985.

POTTER, J. *Representing reality. Discourse, Rhetoric and Social construction*. Londres: Sage, 1996.

PRATKANIS, A. R., ARONSON, E. *Age of propaganda. The everyday use and abuse of persuasion.* New York: Freeman & Co, 1992.

PREMACK, D., WOODRYFF, G. *Does the chimpanzee have a theory of mind?* In: "Behavioural and Brain Sciences", 1, p. 515-526, 1978.

PRESTI, G. *Internet per lo Psicologo. Capire e utilizzare la rete.* Milão: McGraw-Hill, 1997.

PRIEST, P. J. "Gilt by association: Talk show participants' televisually enhanced status and self-esteem." In: D. Grodin e T. R. Lindolf (Eds.) *Constructing the self in a mediated world.* Londres: Sage, 1996, p.68-83.

PRINSKY, L.E., ROSENBAUM, J.L. *"Leer-ics" or lyrics? Teenage impressions of rock'n'roll.* In: "Youth and Society", 18, p. 384-397, 1987.

PUGGELLI, R.F. *L'occulto del linguaggio. Psicologia della pubblicità.* Milão: FrancoAngeli, 2000.

REALDON, O., ANOLLI, L. *Mass media e comunicazione.* In: L. Anolli (ed.), *Psicologia della comunicazione,* Bolonha: Il Mulino, p. 333-362, 2003.

REEVES, B., ANDERSON, D.R. *Media studies and psychology.* In: "Communication Research", 18, p. 597-600, 1991.

REITH, M. *Viewing of crime drama and authoritarian aggression: An investigation of the relationship between crime viewing, fear and aggression.* In: "Journal of Broadcasting and Electronic Media", 43, p. 211-221, 1999.

RHEINGOLD, H. *Virtual Community: Homesteading on the Electronic Frontier.* New York: Addison-Wesley, 1993. (Tr. it. *Comunità virtuali: parlare, incontrarsi, vivere nel ciberspazio.* Milão: Sperling & Kupfer, 1994.)

ROSE, D. *Television, madness, and community care.* In: "Journal of Community and Applied Social Psychology", 8, p. 213-228, 1998.

ROSEN, C.S., SCHWEBEL, D.C., SINGER, J.L. *Preschoolers' attribution of mental states in pretense.* In: "Child Development", 68, p. 1133-1142, 1997.

ROSS, B.L. *"It's merely designed for sexual arousal". Interrogating the indefensibility of lesbian smut.* In: D. Cornell (ed.). *Feminism and pornography.* Oxford: Oxford University Press, p. 264-317, 2000.

ROUQUETTE, M. L. *Sur la connaissance des masses,* Grenoble: Presses Universitaires de Grenoble, 1994.

SARTORI, G. *Homo videns.* Roma-Bari: Laterza, 1997.

SCHWARTZ, J.J. (ed.) *Psychology and the media: A second look.* American Psychological Association, Washington, DC, 1999.

SEARLE, J. R. *Mind, Language and Society.* Londres: Longman, 1998.

SEPULVEDA, L. *Historias marginales.* Bad Homburg: Literarischer Agentur, 2000.

SERINO, C. *I percorsi del Sé*. Roma: Carocci, 2001.

SFEZ, L. *Critique de la communication*. Paris: Seuil, 1988.

SHANNON, C.E., WEAVER, W. *The mathematical theory of communication*. Urbana: University of Illinois Press, 1949.

SHAW, R.L. *Vicarious violence and its context. An inquiry into the psychology of violence*. Tese de doutorado não publicada. Leicester: De Montfort University, 2001.

SHOTTER, J., GERGEN, K. J. (Eds.) *Texts of identity*. Londres: Sage Publications, 1989.

SIRI, G. *La Psiche del Consumo. Consumatori, desiderio e identità*. Milão: FrancoAngeli, 2001.

SLAATTA, T. *Media and Democracy in the global order*. "Media, Culture & Society", 20, 1998, p. 335-344.

SPARTI, D. *Epistemologia delle scienze sociali*. Bolonha: Il Mulino, 2002.

SPEARS, R., LEA, M. *Social Influence and the Influence of the "Social" in Computer-Mediated Communication*. In: M. Lea (ed.). *Contexts of Computer-Mediated Communication*. Londres: Harvester Wheatsheaf, p. 30-65, 1992.

SPROULL, L., KIESLER, S. *Reducing social context cues. Electronic mail inorganizational communication*. In: "Management Science", 32, 1986, p. 1492-1512.

STRASBURGER, V.C. *Adolescents and the media. Medical and psychological impact*. Thousand Oaks, CA: Sage, 1995.

STREET, J. *Remote Control? Politics, Technology and "Electronic Democracy"*. In: "European Journal of Communication", 12 (1), 1997, p. 27-42.

SUESS, D., SUONINEN, A., GARITAONANDIA, C., JUARISTI, P., KOIKKALAINEN, R., OLEATA, J. A. *Media use and the relationship of children and teenagers with their peer groups: A study of Finnish, Swedish and Swiss cases*. In: "European Journal of Communication", 13, p. 521-538, 1998.

TESTONI, I., ZAMPERINI, A. *Il mantello di Mefistofele. Psicologia sociale e processi di formazione*. Torino: UTET Libreria, 2003.

THOMPSON, J.B. *The Media and Modernity. A social theory of the media*. Cambridge: Polity Press, 1995. (Tr. it. de P. Palminiello. *Mezzi di comunicazione e modernità*. Bolonha: Il Mulino, 1997.)

TROGNON, A. et al. *La construction interactive du quotidian*. Nancy: Presses Universitaires de Nancy, 1994.

TUMBER, H. e BROMLEY, M. "Virtual soundbites: political communication in cyberspace". In: *Media Culture & Society*, Vol. 20(1), 1998, p. 159-167.

TUNSTALL, J. *The Media Are American*. New York: Columbia University Press, 1977.

TURKLE, S. *Life on the Screen: Identity in the Age of the Internet*. Nova York: Simon and Schuster, 1995. (Tr. it. *La vita sullo schermo*. Milão: Apogeo, 1995.)

TURNER, J.R. *Interpersonal and psychological predictors of parasocial interaction with different television performers*. In: "Communication Quarterly", 41, p. 443-453, 1993.

VALKENBURG, P.M., VAN DER VOORT, T.H.A. *The influence of television on children's daydreaming styles: A one-year panel study*. In: "Communication Research", 22, p. 267-287, 1995.

VALKENBURG, P.M., KREIMAR, M., PEETERS, A.L., MARSEILLE, N.M., 1999: *Developing a scale to assess three styles of television mediation: "Instructive mediation", "Restrictive mediation", and "Social coviewing"*. In: "Journal of Broadcasting and Electronic Media", 43, p. 52-66, 1999.

VALKENBURG, P.M., KANTOR, J. *The development of a child into a consumer*. In: "Journal of Applied Developmental Psychology", 22, p. 61-72, 2001.

VANDENBOSCH, H. (2000). *A captive audience: The media use of prisoners*. In: "European Journal of Communication", 15(4), 2000, p. 529-544.

VAN DIJK, T. A. *News as discourse*, Hillsdale: Erlbaum, 1988.

VIOLANI, C. *L'articolazione a 3 livelli dei nuovi corsi di laurea in psicologia*. In: "Giornale Italiano di Psicologia", 1, p. 7-20, 2002.

VIOLI, P., COPPOCK, P. *Conversazioni telematiche*. In: R. Galatolo, G. Pallotti (ed.). *La conversazione. Un'introduzione allo studio dell'interazione verbale*. Milão: Cortina Editore, p. 319-364, 1999.

WALKER, M., LANGMEYER, L., LANGMEYER, D. *Celebrity endorsers: Do you get what you pay for?* In: "Journal of Consumer Marketing", 9, p. 69-76, 1992.

WALLACE, P. *The psychology of the internet*. Cambridge: Cambridge University Press, 1999. (Tr. it. *La psicologia in Internet*. Milão: Raffaello Cortina Editore, 2000.)

WARD, S. et al. *How children learn to buy*. Beverly Hills: Sage, 1977.

WESTERSTAHL, J. "Objective news reporting. General premises." In: *Communication Research*, Vol. 10, 1983, p. 403-424.

WILLIAMS, C. *Does it really matter? Young people and popular music*. In: "Popular Music", 20, p. 225-242, 2001.

WINSHIP, J. *Inside women's magazines*. Londres: Pandora, 1987.

WINTERHOFF-SPURK, P. (ed.) *Psychology of media in Europe. The state of the art, perspectives for the future*. Opladen: Westdeutscher Verlag, 1995.

WINTERHOFF-SPURK, P., VAN DER VOORT, T.H.A., (ed.) *New horizons in media psychology. Research cooperation and projects in Europe*. Opladen: Westdeutscher Verlag, 1997.

WOLF, M. *Gli effetti sociali dei media*. Milão: Bompiani, 1992.
YOUNG, B. *Children and television advertising*. Oxford: Clarendon, 1990.
YOUNG, K. S. *Caught in the net*. Chichester: Wiley, 1998. (Tr. it. *Presi nella rete. Intossicazione e dipendenza da Internet*. Bolonha: Calderini Ed agricole, 2000).
YUE, X.D., CHEUNG, C. *Selection of favourite idols and models among Chinese young people: A comparative study in Hong Kong and Nanjing*. In: "International Journal of Behavioural Development", 24, p. 91-98, 2000.
ZILLMANN, D., KATCHER, A.H., MILAVSKY, B. *Excitation transfer from physical exercise to subsequent aggressive behaviour*. In: "Journal of Experimental Social Psychology", 8, 247-259, 1972.
ZILLMANN, D., BRYANT, J. *Shifting preferences in pornography consumption*. "Communication Research", 13, p. 560-578, 1986.

Tipologia: Bembo 11,5 / 16
Papel: Chamois 80 gr./m2
Impressão: Bartira